# FILHAS são FILHAS
*Criando Filhas Confiantes e Corajosas*

# FILHAS são FILHAS
*Criando Filhas Confiantes e Corajosas*

## JoAnn Deak, Ph.D.
### Teresa Barker

M. Books do Brasil Editora Ltda.

Av. Brigadeiro Faria Lima, 1993 - 5º andar - Cj. 51
01452-001 - São Paulo - SP  Telefones: (11) 3168-8242/(11) 3168-9420
Fax: (11) 3079-3147 - e-mail: vendas.mbooks@terra.com.br

Dados de Catalogação na Publicação

---

Deak, JoAnn
Filhas São Filhas – Educando Filhas Confiantes e Corajosas /
JoAnn Deak
2004 – São Paulo – M.Books do Brasil Editora Ltda.
1. Parenting

ISBN: 85-89384-25-X

---

Do original: Girls will be Girls
© 2002 by JoAnn Deak, Ph.D.
© 2004 by M.Books do Brasil Ltda.
Todos os direitos reservados.
Original em inglês publicado por Hyperion.

**EDITOR**
MILTON MIRA DE ASSUMPÇÃO FILHO

**Produção Editorial**
Salete Del Guerra

**Tradução**
Melissa Kassner

**Revisão de Texto**
Iná de Carvalho
Vera Lúcia Ayres da Costa

**Capa**
M.M.A e ERJ

**Editoração e Fotolitos**
ERJ Composição Editorial

2004
1ª edição
Proibida a reprodução total ou parcial.
Os infratores serão punidos na forma da lei.
Direitos exclusivos cedidos à
M.Books do Brasil Editora Ltda.

*Para minha mãe,
cujas palavras estão se tornando parte de mim
e para meu pai,
cuja vida breve me transformou significativamente.
Para Rachel e Rebecca, com amor.*

*– THB*

# Agradecimentos

Este livro é o resultado de 20 anos de trabalho com escolas, pais e crianças, além de ser o benefício da sabedoria e dos comentários de colegas, familiares e amigos. Em vez de seguir o caminho tortuoso, eis aqui um fluxo mais circunscrito de apreciação.

Uma escola é mais do que um prédio. Portanto, ao mencionar a Laurel School, refiro-me à comunidade e à cultura, ao passado e ao presente, aos alunos e aos profissionais. Barbara Barnes foi a visionária que inspirou paixão pela educação em todos os seus colegas. Sua sucessora, Leah Rhys, direcionou essa paixão para o desenvolvimento de garotas e assim começou meu trabalho com o projeto Laurel/Harvard, liberado por Carol Gilligan e Lyn Mikel Brown. E, finalmente, a diretoria da Laurel me deu o presente financeiro de uma licença remunerada de dois anos para começar a escrever, pesquisar e consultar.

Em 1998, quando Dory Adams telefonou-me de Nais para pedir que eu escrevesse um livro, o qual recebeu o título de *How Girls Thrive*, meu rumo foi alterado do trabalho como psicóloga/educadora/consultora para escritora e autora. Ela ajudou na edição do livro e continuou a fertilizar meu pensamento e escrita, além de se tornar uma ótima amiga.

Deixo o reconhecimento especial a três organizações americanas cujo foco é o desenvolvimento positivo das garotas e que ajudaram este livro com seu apoio valioso:

- The National Coalition of Girls' Schools: Meg Moulton e Whitney Ransome, as diretoras executivas maravilhosas e engajadas.
- Girls Scouts of the USA: Marsha Johnson Evans, a corajosa diretora executiva.
- Outward Bound USA: Frances Rubacha, a inteligente diretora-presidente, e Robyn Reed, a líder carismática do Girls on the Move 2000.

Tenho ao meu lado as melhores agente e co-autora do mundo: Gail Ross e Teresa Barker, cujo talento e sabedoria tornaram *Filhas São Filhas* realidade. Contudo, eu não teria me reunido a elas se não fosse pela insistência do Dr. Michael Thompson, do qual me orgulho de às vezes ser referida como a versão feminina!

Agradecimentos especiais à Dra. Jeanne Simpson por seu apoio e comentários diários; ela me manteve escrevendo mesmo sob o céu cinzento de um típico inverno em Ohio. E sempre que precisei de uma história especial ou do apoio da família, Dana, sua mãe, Barbara, e seu pai, Allen, estavam dispostos a me ajudar e a compartilhar suas histórias de famílias e seu maravilhoso molho de macarrão Cara de Tomate.

Gostaria que minha mãe pudesse estar aqui para ver a freqüência com que suas palavras me vêm à cabeça e pulam para dentro do livro. E gostaria especialmente de lhe dizer que elas se tornaram minhas palavras — é o maior elogio que uma mãe pode receber.

E, finalmente, uma mensagem para meu irmão: talvez a terceira vez seja o charme, já que você ainda não leu meus dois primeiros livros!

Por favor, escreva-me em inglês por meio do site www.DEAKgroup.com. Gostaria de saber sua opinião sobre o livro *Filhas São Filhas*. E talvez você possa acrescentar sua história para a continuação.

—JoAnn Deak

Um agradecimento de mãe a Rachel e Rebecca, por todas as formas que contribuíram para o ponto de vista das garotas neste livro, a Steve e Aaron, pelo ponto de vista oposto, e aos meus pais, Maxine e George, cujo amor e sabedoria estão aqui presentes. Sou especialmente grata à minha família por seu apoio e paciência que demonstraram ao longo do tempo. Também quero agradecer à generosa contribuição de *insights* e inspirações de todos os que participaram conosco, com um agradecimento especial a Susan, Beth e Tobi Brown, Leslie Rowan, Linda Ellerbee, Leslie Whitaker, Holly Cohn, Martha Decherd, Judi Drew, Kathy Flaherty, Liz Leibowitz, Leah Nakamura, Eve Fine, Donna Patterson, Jamie Sullivan, Valerie Mindel, Nancy Moffett, Karen Wesolowski, Helen Shum, Linda Styskal, Linda Oliva e a todas as meninas que foram minhas fontes. O livro deve sua gênese a Michael Thompson, que previu a colaboração que lhe deu a vida, e à nossa agente, Gail Ross, que cuidou do projeto como uma mãe coruja. A eles e também às suas filhas, muitos abraços. Finalmente, agradeço a Leslie Wells e à equipe da Hyperion por seu trabalho cuidadoso ao levar o livro aos seus leitores. E a JoAnn, um agradecimento profundo pela oportunidade de colaborar e pela alegria de nosso trabalho.

— THB

# Sumário

Introdução ......................................................... 15

**Capítulo 1   A Busca de Perspectiva** ........................................ 23
Dos Silêncios aos Sons do Sucesso: Opções Ilimitadas, Novas Questões .. 26
Território das Garotas: Uma Vertigem para Todos ................................. 28
Mais Experiente e Ainda Mais Vulnerável do Que Nunca ....................... 29
A Teoria do Caos e a Perspectiva dos Pais .............................................. 36
Além do Branco e do Preto: Aprendendo a Lidar com o Cinza ............... 41
A Crise Escolar de Jessie: Processo de Recepção ..................................... 43
Lidando com o Cinza com Pais e Professores .......................................... 47

**Capítulo 2   Os Anos de Formação: Camadas de Natureza,
Criação e Experiência de Vida** ........................... 50
Teoria do Strudel: Construindo uma Vida com Camadas de Experiência 52
O Cérebro das Meninas: No Começo ...................................................... 54
O Sistema Límbico e a "Central de Emoções" ......................................... 56
"Conecte-se" para Melhor Crescimento Cerebral .................................... 59
Acontecimentos e Momentos Cruciais: A Sobreposição de Camadas
   de Significado ...................................................................................... 61
Momentos Cruciais: São as Pequenas Coisas .......................................... 62
Acontecimentos Cruciais: Episódios Importantes Que Definem
   Nossa Vida ........................................................................................... 64
A História do Cobertor Verde: Mamãe Sabe Tudo! ................................ 67
Disciplina: Ensinando um Modo de Vida ................................................ 68
Os Pais na Gangorra: Trazendo Equilíbrio às Nossas Reações ................ 72
Identidade: Lembrar-se de Quem é Quem e o Que Isso Significa .......... 74
Controle: Aprisioná-la ou Deixá-la Solta? ................................................ 77
Últimas Palavras sobre Auto-Estima ........................................................ 79

**Capítulo 3   No Meio do Caminho: Os Anos da
Pré-Adolescência** .................................................. 82
A Idade Chega: Das Brincadeiras para a Camuflagem ............................ 83
Camuflagem: O Código da Conformidade para as Tweens ..................... 86

Menarca: Mais do Que um Marco, o Principal Acontecimento ............... 90
A Ciência do Cérebro: Festa dos Hormônios .............................................. 92
Vivendo os Sentimentos ............................................................................... 93
Segunda Fase do Ensino Fundamental: "A" de "Ajuste" ....................... 94
Passarinhos, Abelhas e o ABC do Corpo: Protegendo as Garotas da
   Inocência e da Ignorância ....................................................................... 97
Podemos Conversar? Mais ou Menos, Sei Lá, Talvez... ......................... 98
Receita Médica: Folia, Família, Amigos Fiéis e Foco ............................ 101
Ajustes na Gangorra para Pré-Adolescentes Mais Velhas ..................... 108
Lidando com o Cinza e Ensinando as Tweens a Fazerem o Mesmo ....... 113

## Capítulo 4  Tudo e Nada: Compartilhando a Luta da Adolescente para Ser e Tornar-se Ela Mesma ......... 116

Acontecimentos Cruciais no Imenso, Intenso e Incrível Caos da
   Adolescência ............................................................................................ 119
O Interior da Adolescente: Os Fundamentos do Cérebro e do Corpo .. 121
Construção do Sujeito: A Força e a Promessa das Adolescentes .............. 122
Qualidades Internas: Os Blocos Internos da Garota ............................... 123
Profundidade e Complexidade do Pensamento ....................................... 125
Confiança e Segurança ................................................................................. 126
Carinho e União ........................................................................................... 127
Inteligência .................................................................................................... 127
Olhando Embaixo da Pedra ........................................................................ 128
Da Fachada à Liberdade: Convidando Sua Filha a Ser Ela Mesma ...... 131
Sexo: A Palavra de Quatro Letras Mais Assustadora ............................. 133
Avaliação: A História Sem Fim Que as Garotas Podem Reescrever ....... 137
Pais Agindo Contra o Instinto: Quando "Vá Embora" Significa
   "Encontre uma Maneira de Ficar" ......................................................... 142

## Capítulo 5  Mães e Filhas: Raízes para Crescer, Asas para Voar . 147

A Linha Contínua da Relação: Mães e Filhas ........................................... 151
A Relação Sinérgica entre Mãe e Filha ...................................................... 151
Obstáculos à Sinergia: Quando o Vínculo Precisa de Sintonia ............... 153
Mães de Marte, Filhas de Vênus ................................................................. 153
Além da Empatia: Quando a Simbiose Gruda Demais (ou Se Torna
   Confusa) ................................................................................................... 155
Temperamento, Personalidade e Compatibilidade ................................... 158
Toc-toc: Quem é? .......................................................................................... 161
As Necessidades de Mudanças da Filha ................................................... 162
Mães Como Modelos: O Que a Garota Quer, o Que a Garota Precisa .. 163

Desconexão: Quando o Vínculo é Falho .................................................. 165
Estando à Altura da Mãe ........................................................................ 166

## Capítulo 6   Pais e Filhas: Almas Gêmeas, Estranhos e uma Dança Delicada .................................................................. 169

Aos Olhos do Pai: A Visão Inicial de Si Mesma ..................................... 171
A História de Amor Original ................................................................. 173
O Que a Menina Precisa, o Que a Menina Quer ................................... 174
O Estudo do Pai: Natureza, Criação e Papéis Sexuais ........................... 175
Pontes e Lacunas entre os Sexos: O Exclusivo Desafio "do Outro
   Mundo" do Pai .................................................................................. 179
A Linha de Continuidade da Relação: Pais e Filhas .............................. 181
Sinergia na Relação Pai–Filha ................................................................ 182
Temperamento, Personalidade e Compatibilidade ................................ 183
Simbiose e Desconexão: Armadilhas dos Sexos e Traições Emocionais .. 185
A Armadilha da Proteção: Do Cuidado ao Controle ............................. 186
A Armadilha da Focalização nos Objetivos: Da Motivação à Dominação 187
Pais Ausentes e Distantes ....................................................................... 188
Pender para o Filho: A Menina Como Cidadã de Segunda Classe na
   Terra do Pai ....................................................................................... 190
Quando os Pais Morrem: O Legado Oculto da Perda .......................... 191
Mães no Meio: Interface ou Obstáculo? ................................................ 192
Alterando os Limites: Hormônios, Abraços e Outras Bases Corporais ... 193
Humor e Abraços Decodificados ........................................................... 196
Mantendo-se Vinculado: O Tempo é a Essência .................................... 196

## Capítulo 7   As Ilhas Galápagos do Desenvolvimento Social nas Garotas ....................................................................... 199

O Que os Pais Vêem e com o Que se Preocupam ................................ 202
Nós Somos Amigas: A Intensidade da Relação é "Coisa de Garota" .... 202
Guia dos Estágios de Desenvolvimento Social no Mundo Feminino ..... 204
Aprendizagem com a Observação e a Interação ................................... 209
Padrões de Amizade: Uma Questão de Sofisticação e Encontros
   Inesperados ........................................................................................ 218
Da Calmaria à Tempestade: Quando a Amizade Machuca ................... 221
Quando as Más Amizades São Boas ...................................................... 222

## Capítulo 8   Querendo Agradar: Além da "Tirania da Bondade" .......................................................................... 225

O Que Há de Tão Ruim em Querer Ser Boa? ....................................... 226
Agradar por Natureza ............................................................................. 232

Agradar por Criação .................................................................................. 234
*Carpe Diem*: Aproveite o Momento para Ensinar os Comportamentos
  de Empenho e de Sucesso ................................................................... 235
"Use as Próprias Palavras!" – Reescrevendo Nossas Respostas .............. 236
Treinando para Abandonar o Comportamento de Agradar: Três
  Coisas a Fazer, Três a Não Fazer ......................................................... 239

**Capítulo 9  Pais sob Pressão: Como Raciocinar Quando a
            Preocupação Entra em Cena ........................................ 246**
Procura-se: Sabedoria Psíquica, Perspectiva de Longo Prazo ............... 251
Além do Caos: Encontrando Perspectiva sob Pressão ........................... 253
As Perguntas de Intervenção: Fazer ou Não Fazer? Quanto e Como? ..... 255
Lições do Lago .......................................................................................... 260
Caminhando pela Praia ........................................................................... 260
Entrando na Água .................................................................................... 261
Indo Mais Fundo ...................................................................................... 262
Chamando o Salva-Vidas ......................................................................... 262
Quando é Hora de Pedir Ajuda, Quem Procurar .................................. 263
Sob Pressão para Estar à Altura da Escola ............................................. 265
Ensinando e Aprendendo Lições para a Vida ....................................... 267

**Capítulo 10  Garotas em Ação: A Mágica do Fazer .................. 269**
O Mito do Poder ...................................................................................... 270
Carência de Poder na Auto-Estima das Garotas ................................... 271
"Sentir-se Bem Consigo Mesma" Não é Suficiente ................................ 272
Emily: Da Região Agreste para a Busca da Autodescoberta ................ 275
A Psicologia dos "3Cs" na Auto-Estima .................................................. 276
Faço, Logo Existo. Mas Fazer o Quê? .................................................... 277
O Fazer Atlético: Corpo São, Mente Sã ................................................. 277
O Fazer Criativo: Mente sobre Matéria ................................................. 280
O Fazer Conectado: Sentindo a Força da Contribuição e do
  Companheirismo .................................................................................. 281
Experiências Não-Relacionadas ao Ser: Atrativo no Mundo em
  Liberdade .............................................................................................. 283
Garotas em Ação: Uma Incrível Jornada do Fazer ............................... 284
Quanto é o Suficiente? ............................................................................ 287

**Epílogo: Garotas em Progresso .................................................. 288**

 # Introdução

A maioria de nós tem uma infância para se lembrar. Eu tenho duas.

Minha família era a família modelo: mãe e pai muito apaixonados, bastante carinhosos com meu irmão mais velho e comigo. Vivíamos em uma cidadezinha em Midwest. Minha mãe nunca trabalhou fora, mas passava o dia todo dirigindo o carro da família, levando-nos junto com todas as crianças da vizinhança que cabiam no carro para a escola pública, o parquinho e para o centro da cidade. Tínhamos até mesmo um *collie*! Essa foi minha primeira infância, que durou 14 anos.

Em uma linda noite de um domingo de primavera, antes da Páscoa do meu primeiro ano do ensino médio, meu pai sofreu um enfarto fulminante. E assim começou minha segunda vida como uma menina que amadurecia. Uma vida que começou com uma adolescente arrancada, literalmente da noite para o dia, de uma infância de sonhos para um pesadelo de perda e uma nova apreciação agridoce das nuanças da vida. Tudo mudou e com essas mudanças veio a consciência dolorida de uma vivência diferenciada para a vida diária de garotas e mulheres.

Depois da morte do meu pai, observei minha mãe ir trabalhar em uma fábrica; ela era uma das poucas mulheres a trabalhar, ali no começo da década de 60. Como meu irmão foi para a faculdade, eu precisava conseguir minha carteira de motorista o mais rápido possível, porque minha mãe trabalhava no período da tarde e não podia mais me levar a lugar nenhum. Uma adolescente que dirigia sozinha até a escola, compromissos e jogos de futebol na escola? Eu não era a única, mas – assim como minha mãe – uma das poucas. O que mais me surpreendia e intrigava era a maneira com que o resto do mundo encarava as mudanças na nossa vida. A melhor amiga da minha mãe ficou com ciúmes quando seu marido foi nos ajudar a dar partida no cortador de grama. Provei ser bastante capaz na minha nova vida, era mais inteligente e, por não ter o apoio entusiástico do meu pai, sentia-me insegura, mais sensível ao que os outros pensavam, sugeriam e insinuavam sobre mim.

Essa segunda infância tornou-se especialmente importante para mim por razões que só pude entender completamente mais tarde, quando passei a trabalhar como psicóloga infantil com meninas. A morte do meu pai foi um acontecimento crucial, um momento em que tudo o que eu sabia, sentia e *era* foi testado. Foi uma prova de fogo pela qual tive de passar e da qual saí mais fragilizada ou muito mais forte ou ambos. Mas seja qual tenha sido o resultado, eu mudei. Sem pensar muito sobre isso na época, sempre separei minha vida em duas partes: antes e depois da morte do meu pai.

Subseqüentemente, em meu trabalho com crianças e adultos, minha noção de acontecimentos cruciais como catalisadores de crescimento e desenvolvimento emocionais se tornou uma ferramenta útil para ajudar as pessoas a verem os efeitos dos fatos da vida sobre seu próprio desenvolvimento emocional e seus relacionamentos com os outros. Através das lentes dos acontecimentos cruciais, é possível enxergar melhor o interior das garotas. Sei disso devido ao meu trabalho e às próprias experiências ao sair da casa da minha família para enfrentar o mundo. Para sempre sentiria uma empatia especial pelas experiências emocionais das meninas e um desejo intenso de fazer com que os pais, educadores e as próprias garotas as entendessem melhor. Mas primeiro tive de navegar sozinha por águas turbulentas e foi uma jornada lenta e deliberada.

Meu amor pela ciência e pelas pessoas me levou primeiramente a procurar uma formação em enfermagem. Mas logo mudei minha atenção para o ensino, graduei-me e consegui um emprego. Porém, no meu segundo ano como professora, quando não conseguia achar uma maneira de atingir e ensinar alguns alunos, tirei um dia de folga para visitar a universidade mais próxima, Kent State, para ver quais eram os cursos de pós-graduação disponíveis que pudessem me ajudar a entender como o cérebro humano funcionava. Em um feliz encontro, descobri um programa de doutorado bastante interessante sobre psicologia preventiva e senti o impulso de abandonar a carreira de professora e retomar os estudos. Com meu título de Ph.D., estabeleci uma clínica particular e comecei uma associação com mais três profissionais da área para desenvolver programas de psicologia preventiva para as escolas. Logo um de nossos clientes, a diretora da Laurel School, recrutou-me para trabalhar como psicóloga da escola, posição que aceitei assumir por um ano, enquanto avaliávamos suas necessidades.

No ano seguinte, Carol Gilligan, autora do livro In a Different Voice: Psychological Theory and Women's Development (*Uma Voz Diferente: Psicologia da Diferença entre Homens e Mulheres da Infância à Idade Adulta*), e sua equipe de Harvard quiseram fazer um estudo de campo na escola. Eu tinha concluído um de seus cursos em Harvard; agora ela me pedia que fosse uma entrevistadora interna durante os próximos seis meses. Como poderia deixar passar essa oportunidade? Fiquei mais algum tempo.

Depois que o estudo de Laurel/Harvard foi concluído, alguém teria de ir a outras escolas e conferências para compartilhar o que tínhamos aprendido. Carol Gilligan estava iniciando outros projetos e ficava ocupada demais. E assim começou minha vida como especialista em sexos. A Laurel School graciosamente permitiu que eu tirasse vários dias de folga todos os anos para trabalhar nisso. Nesse momento, eu também vivenciava as alegrias de ser uma administradora, tendo me tornado diretora dos departamentos de primeira, segunda e terceira infância por causa de outros acontecimentos inesperados e felizes. A diretora anterior aposentou-se em abril daquele ano e a escola estava um caos. Quem melhor do que a psicóloga da escola para preencher o espaço vazio? Seria apenas temporário, garantiu-me a diretora geral da escola. Bem, na verdade não foi. Cinco anos depois, por causa de meus compromissos como palestrante em todo o país e uma lista cada vez maior de pedidos para que apresentasse workshops sobre igualdade entre os sexos para pais, professores, administradores e alunos (meninas *e* meninos), fui convidada pela Associação Nacional de Escolas Independentes a participar de um comitê nacional para mulheres em escolas independentes. Minha agenda bastante cheia de palestras e as exigências cada vez maiores de workshops sobre a igualdade entre os sexos deixaram claro qual seria o próximo passo na minha carreira: tornei-me consultora em tempo integral, trabalhando o ano todo com escolas, organizações de pais e mestres e os próprios alunos nos Estados Unidos e no exterior.

No início da minha carreira como psicóloga, depois de lecionar por vários anos e então me engajar numa variedade de ambientes, e com uma variedade de clientes, desde os mais jovens até os mais velhos, ficou claro que para muitos clientes o tratamento era longo, caro, doloroso e freqüentemente ineficaz. Sendo idealista como sou, minha filosofia central era a filosofia da prevenção, e foi então que voltei minha atenção como especialista.

A psicologia preventiva está ao lado oposto do tipo de prática particular que a maioria das pessoas visualiza quando pensa em um psicólogo ou terapeuta. Continuo orientando as crianças individualmente e suas famílias em particular, mas a maior parte do meu tempo é devotada ao que chamamos de prevenção primária. Avalio fatores nas escolas ou em famílias que causam problemas na saúde mental ou na aprendizagem e trabalho para consertá-los, eliminá-los ou modificar um ambiente para que esses fatores não existam mais. Como palestrante e consultora, trabalho com escolas e comunidades em todo o país, conduzindo workshops para pais e professores que queiram criar escolas e famílias em que as crianças possam ser bem-sucedidas, além de conversar com os alunos sobre suas preocupações e problemas do dia-a-dia. Minha vida e minha carreira tiveram êxitos que eu nunca poderia ter imaginado. Tracei meu caminho como muitas mulheres fazem: seguindo minha intuição e um modelo perfeito de motivação por associação, influenciada pelas pessoas, conexões e impulsos.

Aonde quer que eu vá, geralmente encontro profissionais da escola e pais cuidadosos, carinhosos e determinados, com muito em comum. Em geral, têm altos ideais, desejo de ver tudo mais claramente e a vontade de transformar suas escolas e lares em lugares que propiciam um desenvolvimento saudável para as garotas. Os pais sempre querem saber como ser bons. Os professores querem ser lembrados pelos alunos com carinho, trinta anos mais tarde.

Mas freqüentemente são os problemas, as questões e as preocupações que motivam muitos deles a buscar ajuda, ouvir e tentar fazer alguma coisa diferente. Às vezes, é necessário que um problema surja para chamar a atenção de todos e aí a tarefa é dupla: encontrar uma maneira de solucionar o problema e de mudar as condições para que ele não volte a acontecer. Nessas circunstâncias, freqüentemente encontro uma sensação de medo, um tipo de mentalidade encurralada, que leva os adultos a responderem ao desafio indesejado por meio da proibição, coibindo, antes mesmo que se concretize. O conceito prevalecente nesse quadro é que o desafio ou a mudança são ameaçadores e devem ser eliminados. Isso nunca funciona. Pelo menos não por muito tempo. Não nas famílias e tampouco nas escolas. Não na política e tampouco no governo. Não na natureza. O crescimento *exige* mudanças; como lidamos com elas depende de como reagimos a elas.

As garotas enfrentam um desafio extraordinário em nosso mundo que está em constante mudança. Elas estão lidando com questões mais sofisticadas do que nunca e o fazem com muito menos contato e orientação dos adultos. As estatísticas narram a história de uma população em risco físico e emocional: uma em cada quatro garotas mostra sinais de depressão. Em comparação aos homens, duas vezes mais mulheres tentam o suicídio e há um aumento significativo dos suicídios concretizados por mulheres, começando aos 10 anos e atingindo um ápice aos 24. Uma em cada quatro garotas sofreu em relacionamentos abusivos. Quando perguntadas sobre seus modelos de vida, elas só listam um terço do que consta nas listas dos garotos. A probabilidade de uma garota receber a atenção dos professores é cinco vezes menor do que um garoto. Dos 12 aos 15 anos, as meninas fazem a pior alimentação do que qualquer outro grupo etário, seguidas pelas meninas dos 16 aos 19. Aos 13 anos, 53% das garotas estão descontentes com seu corpo; aos 18 anos, 78% estão infelizes com ele. Oito por cento das meninas de 10 anos fazem regime e o principal desejo de uma adolescente ou jovem adulta é perder peso. Oito milhões de mulheres americanas sofrem de distúrbios alimentares e 90% delas são adolescentes.

Para os pais, todos os dias são apresentados novos desafios à tradição e o futuro é imprevisível, moldado pelas novas influências da mídia, da tecnologia, dos amigos e uma sociedade dissolvida. Contrariamente aos dias em que a sociedade apoiava os esforços dos pais em proteger, cuidar e orientar suas filhas em crescimento, hoje ela é, em si, a realidade que traz alta pressão e alto risco para as garotas, mais vulneráveis do que nunca às pressões de perfeição, à exploração e às experiências casuais, o que pode levar a sérias conseqüências. Os pais freqüentemente não têm as informações ou o discernimento necessários para se sentirem competentes. É fácil perder a confiança em nossa sabedoria intuitiva, incertos às vezes sobre quanto do nosso julgamento fica nublado pela ignorância ou pelo nosso próprio desconforto com as mudanças sociais.

Quer estejamos prontos quer não, há muito se foi o tempo em que havia respostas simples para as perguntas da vida ou receitas prontas para construir a auto-estima e a esperteza nas meninas. Todos nós – garotas, pais e professores – compartilhamos da mesma necessidade de informação, discernimento e de uma perspectiva que nos capacite a entender o panorama e a tomar decisões racionais que protejam e promovam uma vida de possibilidades.

Uma amiga minha diz que, como mãe, ela freqüentemente sente-se como a personagem azarada na história do caipira atrapalhado que sempre ia até a cidade comprar alguma coisa e toda vez que voltava para casa com a compra ele a carregava de um jeito tal que sempre estragava o produto. Ele parece imbecil. A primeira vez, a mãe lhe dá uma bronca e ensina a maneira correta de carregar o pacote, e da próxima vez em que vai até a cidade ele segue as instruções da mãe, mas as circunstâncias mudam, o item comprado é diferente e ele estraga tudo de novo! Ele arrasta a manteiga por uma corda, carrega um burro nas costas; todas as vezes faz o que lhe mandaram da vez anterior, mas não é a coisa certa a fazer *agora*. Suas intenções são boas, mas ele sempre está um passo atrás na capacidade de pensar e agir com eficácia.

Ser pai parece um pouco com isso e as listas arrumadinhas do que fazer e do que não fazer não são capazes de nos ajudar a "*pensar* como adultos", como diz minha amiga.

Todos queremos que nossas garotas tenham sucesso, que vivam suas vidas de maneira a se sentirem competentes, confiantes e ligadas às pessoas e ao grande panorama da vida. Mas não podemos dar isso às meninas, nem podemos fazê-lo por elas. Entretanto, como pais e professores e outros adultos que se importam, *podemos* cultivar oportunidades para que as garotas se vejam dessa maneira. Para tanto, precisamos entendê-las melhor, desenvolver nossa capacidade de pensar como adultos e expandir nosso repertório de reações para sermos efetivos, naquele momento e também a longo prazo, na vida das meninas.

Um dos aspectos mais gratificantes de trazer este livro à vida foi a oportunidade de compartilhar a ciência das garotas com pais e professores que vivem com elas todos os dias no laboratório da vida real. Os avanços na neurociência – o estudo do desenvolvimento e funcionamento do cérebro – estão apenas começando a iluminar as diferenças fascinantes entre os cérebros de homens e mulheres. As pesquisas também avançam rapidamente no estudo dos hormônios e de outros aspectos fisiológicos e psicológicos do crescimento da mulher. Toda nova descoberta científica não apenas informa sobre a verdadeira natureza das garotas – esqueça as melodias infantis ou os estereótipos das gerações – como também enfatiza a necessidade de que pais, professores, escolas e comunidades vejam as meninas com novos olhos e caminhem deliberadamente em direção à igualdade dos sexos em todas essas realidades.

Em *Filhas São Filhas*, compartilho essa ciência e meus princípios para compreender as garotas, entender suas esperanças e sonhos, além de sua luta e sofrimento, e compreender o que podemos fazer, como adultos, para criar ambientes familiares e escolares nos quais elas possam desenvolver todo seu potencial para viverem da melhor maneira possível.

CAPÍTULO 1

# A Busca de Perspectiva

> *"É bastante difícil ser uma garota, hoje em dia. Não se pode ser inteligente demais, nem burra demais, bonita demais, nem feia demais, amiga demais, tímida demais, agressiva demais, indefesa demais, individualista demais, nem programada demais. Se você for demais em qualquer coisa, então os outros terão inveja ou desprezo porque você os intimida ou os deixa com ciúmes. É como ter de ser tudo e nada ao mesmo tempo, sem saber o que é mais necessário."*
>
> — Nora, aluna do terceiro ano do ensino médio

Minha amiga Clara liga-me de vez em quando para confessar histórias sobre ser uma "mãe ruim", aparentemente para fornecer material para minhas palestras e *workshops*. Mas, assim que termina a história, vem o verdadeiro motivo: ela precisa ter certeza de que não arruinou a vida da filha. Ela não é nenhum pouco ruim como mãe – na verdade, é exatamente o oposto –, mas, com uma filha de 12 anos, seu julgamento de mãe está sempre sujeito a críticas e sua confiança é abalada.

Os dilemas paternos que ela descreve são geralmente episódios variados e rotineiros, envolvendo sua filha e a escola, os amigos, a moda e as responsabilidades. Mas, às vezes, até mesmo as decisões simples, como permitir ou não que sua filha compre o biquíni escandaloso da "onda" que ela quer, tornam-se mais difíceis no contexto de alto risco e pressão que as garotas sofrem na vida contemporânea.

Certo dia, Clara telefonou-me e parecia exausta, confusa e deprimida. Tinha acabado de comprar o biquíni que sua filha Robin escolhera. Claro que não foi tão simples quanto possa parecer. O que começou com uma simples ida ao shopping se transformou num episódio em que a opinião e os valores de Clara foram vítimas de uma minúscula roupa de natação de duas peças. Enquanto iam de loja em loja, de shopping em shopping, de biquíni em biquíni, ficou óbvio para Clara que seria quase impossível encontrar um biquíni da moda para adolescentes que não fosse *extremamente* revelador. Robin, geralmente de estilo mais modesto, tinha implorado para comprar um modelo popular de biquíni, aparentemente sem se dar conta do fato de que ele mal cobria sua anatomia. Clara exigiu que ela encontrasse algum um pouco maior. Robin argumentou que alguns anos atrás, antes de ter "peito", podia usar qualquer coisa e achava que ainda poderia, desde que achasse confortável e bonito.

Clara rebateu com algumas palavras previsíveis sobre como as roupas "falam" a nosso respeito e argumentou que, ao mesmo tempo em que Robin sentia vontade de comprar aquele biquíni porque o considerava bonito, elegante e confortável, os homens, na verdade, teriam as próprias interpretações sobre as roupas dela, seu corpo e suas intenções e que as reações deles deveriam ser consideradas. Ela precisava ter muito cuidado para "não passar uma idéia errada", advertiu.

Mas, no mesmo instante em que falava, Clara hesitou ao ouvir o som das próprias palavras e a mensagem que passava para a filha: a de que Robin não era livre para se vestir como quisesse para ir à piscina. Ela tinha que considerar a possibilidade de sofrer conseqüências indesejáveis e, apesar de ter uma visão infantil de si mesma e do mundo, seu corpo falava no tom feminino de uma mulher e *isso* era problemático. Ainda assim, por que uma garota deveria ver o amadurecimento do seu corpo como um perigo em potencial?

Robin não concordou e ficou furiosa. Ela não se importava com o que os garotos pensassem; por que deveria levá-los em consideração?

"O problema é que, por dentro, eu concordava com ela", disse Clara. "Não posso afirmar que honestamente acreditei que pudesse acontecer alguma coisa de ruim com ela, na piscina. Ao mesmo tempo, *há* um elemento real de perigo para as meninas: não se pode ignorar as histórias de abuso sexual e estupro. Mas também existe algo a mais. Para mim, foi deprimente vê-la querendo comprar essa imagem que a mídia nos passa de "mulheres fatais" aos 12 anos! Ela é uma menina maravilhosa, com uma ótima cabeça, muito senso de humor e um bom coração. Não quero que as pessoas fiquem olhando para seu corpo e medindo-a de cima a baixo. É tão humilhante!

"Ela está certa – uma garota deve usar o que lhe agrada. Os garotos não precisam se preocupar com o que vestem, mas a realidade das garotas é diferente. Fiquei brava só de pensar isso e triste por me ouvir dizendo à minha filha que ela deveria seguir regras velhas e injustas porque 'estou mandando'. Mas eu não queria entrar em muitos detalhes sobre os meus motivos, porque não queria que ela ficasse pensando em todo esse lado obscuro que *eu* penso." "Foi", disse ela, citando o título de um dos livros infantis favoritos de sua filha, "uma terrível, horrível, muito ruim, a pior ida ao shopping.".

No entanto, Clara acabou cedendo. Todas as outras meninas do círculo de amigas de Robin tinham o mesmo estilo de biquíni. Vestir-se de maneira diferente daria motivo para que tirassem sarro de Robin, o que seria muito humilhante. Clara ainda se lembra do sofrimento da própria infância (e quem se esquece?). Também havia o fato de que nenhuma outra mãe que ela conhecia tinha se referido ao fato como fonte de preocupação, consternação ou conflito de valores. Talvez não estivesse sendo razoável e sua reação estava exagerada ou protetora demais. Talvez o fato realmente *não* importasse mais. Ela não acreditava nisso, nem tinha certeza de que vencer a batalha pelo biquíni valesse a pena para sua filha – a única a sofrer as conseqüências em seu grupo de amigas. Clara "jogou a toalha" e aceitou o inevitável. Afinal, era apenas um biquíni...

"Mas *ainda* estou triste pela implicação do fato", disse-me Clara. "Só porque todo mundo está fazendo determinada coisa, não quer dizer que seja a certa. Há tantas coisas que 'todo mundo está fazendo' e que não são certas nem saudáveis para as garotas. E como posso esperar que minha filha de 12 anos entenda isso, se eu mesma não consigo?"

Freqüentemente, Clara sente-se como o solitário Zorro combatendo os problemas diários. Mas ela não está sozinha. Em meu trabalho como psicóloga educacional, consultora e palestrante, ouço milhares de mães, pais e professores, além de milhares de garotas, todos com histórias similares de suas lutas para viver neste rico e arriscado panorama contemporâneo.

## Dos Silêncios aos Sons do Sucesso: Opções Ilimitadas, Novas Questões

Quando observado sob certo ponto de vista, pode parecer que as garotas têm tudo, hoje em dia. Estudos confirmam o que freqüentemente vemos no dia-a-dia. Em relação ao desenvolvimento, geralmente as garotas são mais aptas a verbalizar suas emoções, expressar-se com palavras e interagir socialmente do que os garotos. Já com pouca idade, elas tendem a ter bons "cérebros escolares" que as permitem vivenciar sucessos em um ambiente educacional. Revelam, em relacionamentos e no emocional, fundamentos de boa saúde mental. A cada fase de suas vidas, nota-se a amplidão de suas escolhas, enquanto a sociedade caminhou lentamente em direção à igualdade dos sexos.

Diversamente das meninas de gerações passadas, elas têm acesso aos esportes e programas educacionais, antes só acessíveis para meninos. Sob muitos outros aspectos, hoje as vidas das garotas são iluminadas pela liberdade de escolha e aspirações ilimitadas. Elas estão crescendo em companhia de garotas e mulheres cujos talentos naturais encontram uma expressão total no atletismo, nos negócios, nas artes, na liderança política, tanto como na vida em família. Elas vêem pais que ficam em casa enquanto mães trabalham fora. Em outros incontáveis aspectos, estão testemunhando transformações na família e no ambiente de trabalho para que os papéis de mulheres e homens se transformem. Estão começando a pôr em prática seu poder financeiro, como provedoras e consumidoras, e fazendo sua revolução política, como cidadãs e líderes. E, enquanto os meninos ainda trabalham sob o peso da tradição masculina de serem fortes e contidos, as meninas têm permissão social para serem duronas ou suaves e se expressarem emocionalmente.

Ao mesmo tempo, qualquer pessoa que vive ou trabalha junto a garotas sabe que há um lado obscuro no amadurecimento feminino. As pesquisas, observações e as próprias garotas documentam sua luta constante contra a alienação, raiva, depressão, distúrbios alimentares, vitimização física e sexual, gravidez na adolescência, além de preocupações relativas à saúde.

Atualmente, a maioria das meninas, com 10 anos, já ouviu falar de abuso de crianças, estupro e outras explorações sexuais, além de drogas, Aids, HIV e outras doenças sexualmente transmissíveis, seja pela mídia, conversas com amigos, seja nos programas escolares sobre saúde. Nas gerações passadas, pais e escolas lidavam secamente com detalhes da reprodução humana e problemas referentes a drogas, como por exemplo no filme *Christiane F.* Violência e as imagens sexualizadas de hoje se tornaram um freqüente pano de fundo em filmes, MTV, TV e em jogos de computador. A Internet expandiu oportunidades para que as garotas acessem um instigante mundo de conhecimentos, mas também levou a pornografia e o perigo para o computador da família pelas salas de bate-papo e atividades on-line.

Seria errado dizer que a *maioria* das garotas vive apenas esse lado da anorexia, depressão e suicídio ou tem a vida vitimizada por homens ou se degenera na escola. Mas não é exagero dizer que a maioria das garotas está em contato diário com essa triste realidade. Seja por contato pessoal, noticiários ou entretenimento, seja pela Internet, as garotas de todas as idades têm acesso total ao mundo e lutam para saber como trabalhar essa parte de seu cotidiano.

Callie, uma aluna do terceiro ano do ensino médio, apresentou extensa lista das pressões que as garotas enfrentam: desrespeito por parte dos meninos, a interminável exigência da sociedade para terem uma beleza perfeita, a estupidez dos rapazes que faz com que julguem as garotas pelo tamanho dos seios, as cólicas menstruais e o risco de engravidar.

"As garotas têm muito com que se preocupar, muitas coisas que podem sair errado", concluiu ela.

As meninas *e* seus pais têm muito com que se preocupar, ou pelo menos em que pensar, e não se trata apenas dos riscos que desafiam nossa sabedoria. As garotas têm acesso a oportunidades com as quais nós apenas sonhávamos em nossa época. Mas, junto a esse infinito de opções, veio a pressão da competitividade, a obrigação de ser a melhor em tudo.

A mãe de uma alegre e atlética adolescente de 14 anos confessou que estava preocupada por exigir demais de sua filha, para que fosse excelente na escola. "Mas, se eu não exigir, ela ficará feliz com notas B e C e nunca entrará em uma faculdade realmente boa com essas notas – o mundo é muito competitivo!" Ela deu um empurrãozinho, um cutucão e às vezes um chacoalhão só para ter certeza de que as lições de casa da filha tinham qualidade para um "A", por estar certa de que os outros pais estavam fazendo o mesmo. Motivou-se pelo contexto competitivo da atualidade e pelo desejo de ver o sucesso de sua filha no futuro. Mas, ultimamente, ela começou a sentir que tinha ido além dos limites entre seu papel de mãe e de professora particular. Passou a se questionar se havia um limite entre ambas as posturas e se ele deveria ou não existir.

"A competitividade do panorama social não parece certa e isso me incomoda", disse ela. "Mas honestamente não sei o que é melhor. Seria adequado deixá-la fazer as coisas do seu jeito e desperdiçar as chances de ótimas oportunidades no futuro? Se eu me envolver agora, ela será grata daqui a vinte anos por eu ter me preocupado com sua vida? Como saber?"

Outra mãe ecoou o desespero de tantos pais, quando me disse: "Não estou dizendo que ser mãe já tenha sido fácil algum dia, mas meus pais tinham uma idéia muito mais clara do mundo e do que era ou não aceitável e a sociedade os apoiava. Não existe mais um roteiro".

E ninguém mais tampouco quer um roteiro. Com a velocidade em que as mudanças ocorrem hoje em dia, quando aprendemos nossas falas, a peça de teatro já está três cenas à frente. As garotas estão abrindo caminho em um panorama que continua a redefinir termos de família, amizade, educação, recreação, saúde, beleza, amor e sexualidade para criar oportunidades sem precedentes, mas também desafios e perigos. Até mesmo as informações tradicionais sobre desenvolvimento físico estão mudando, conforme um número cada vez maior de garotas passa a entrar na puberdade ainda muito jovens – freqüentemente com 8 ou 9 anos. A transição emocional de menina para moça já apresenta desafios suficientes, o que tem se tornado ainda mais difícil, uma vez que sua maturidade física começa a ultrapassar o desenvolvimento necessário para que amadureçam, entendam e abracem a vida como mulheres.

## Território das Garotas: Uma Vertigem para Todos

Já se passaram vinte anos desde que a feminista Carol Gilligan nos alertou para o silêncio das vozes de garotas e mulheres com o livro *Uma Voz Diferente*. Cerca de dez anos atrás, Mary Pipher, em seu livro *O Resgate de Ofélia: o Drama da Adolescente no Mundo Moderno*, trouxe essas vozes à tona, com os primeiros retratos fiéis de garotas lutando para atravessar as transições mais dolorosas da adolescência. Nos últimos anos, a atenção há muito negligenciada em relação à vida emocional dos meninos retirou o foco dos desafios ímpares que as meninas enfrentam ao lutar com a pressão de ser "tudo e nada ao mesmo tempo". Não estou sugerindo que os garotos e seus pais não tenham problemas. Mas trabalhei extensivamente com meninos e meninas e com pais e professores de meninos e meninas e acredito que o desafio de educar e trabalhar com elas seja muito mais complexo. Vamos dar uma olhada nos motivos biológicos, sociais e emocionais nos capítulos a seguir, mas, neste momento, basta dizer que, quando se combinam as complexidades do desenvolvimento feminino com a gama de oportunidades, desafios e perigos que a vida apresenta às garotas hoje em dia, o panorama pode ser vertiginoso.

## Mais Experiente e Ainda Mais Vulnerável do Que Nunca

Quando eu tinha 5 anos de idade, sabia tudo o que alguém precisava saber sobre o leite: vinha da vaca. Era o suficiente para mim. E era uma delícia tomá-lo com biscoitos depois da escola. Na maior parte da história, isso era tudo o que a maioria das pessoas sabia e se preocupava em relação ao leite, especialmente se tivessem apenas 5 anos. Hoje há muito mais para saber sobre ele e uma garotinha me deu detalhes, durante a espera na fila da cantina, na hora do recreio do jardim da infância que fui visitar.

"Não pegue o leite vermelho, ele é ruim" – disse ela.

"Ruim?" – repeti – "Você quer dizer que azedou?"

"Não" – explicou ela.

Então, ela literalmente explicou a diferença entre os leites "vermelho, violeta e azul" e por que não é bom beber qualquer outro tipo que não o "leite azul". As embalagens azuis continham leite desnatado, sem gordura. As embalagens violetas continham leite com 2% de gordura. As embalagens vermelhas continham leite integral.

"O leite vermelho tem mais gordura e gordura é ruim" – concluiu.

Agradeci por sua explicação e fiquei pasma, em silêncio, por ver uma menina de 5 anos ter uma idéia tão decidida sobre o assunto. O interessante é que ela já aprendera a concepção de leite integral como algo ruim, apesar dos benefícios para a saúde como cálcio e outros nutrientes importantes para o crescimento. Ela também aprendera a assumir que a gordura era ruim. O que ela ainda não tinha aprendido é que a gordura do leite é parte de uma dieta saudável, que é essencial ao corpo para desbloquear o acesso a certos nutrientes na comida e que há gorduras boas que promovem a saúde ativamente e evitam doenças — especialmente em crianças pequenas. Tampouco tinha consciência de como as atitudes em relação à gordura rapidamente transformam a nutrição básica em julgamentos sociais punitivos sobre a imagem corporal e que, para muitas garotas e mulheres, a idéia de gordura como algo ruim se torna um mantra para padrões alimentares de autodestruição e ódio por si mesma. Ela usara um fato sobre a gordura e o leite para formar uma opinião e fazer sua escolha, mas faltou-lhe o entendimento completo e necessário para colocá-los em uma perspectiva mais saudável, útil e de longo prazo. Contudo, esse pequeno conhecimento precoce moldará sua consciência e suas escolhas durante anos e não necessariamente sob um aspecto saudável.

Ironicamente, em sentido puramente intelectual, as meninas hoje são mais espertas do que quando tínhamos a sua idade, o que é uma faca de dois gumes. Elas pensam sobre tudo, pesam prós e contras e tomam decisões pessoais muito mais cedo do que a nossa geração. O tempo reservado para ser uma garotinha brincalhona foi reduzido a pouco mais do que um momento na marcha em direção a uma vida mais sofisticada. E, mesmo assim, em aspectos muito significativos, essa educação precoce sobre as coisas do mundo só as tornou mais vulneráveis. Conforme crescem, os assuntos rapidamente se tornam mais sofisticados e os riscos maiores.

Recentemente, estive no Texas trabalhando com um grupo de meninas do segundo e terceiro ano do ensino médio, entre 16 e 17 anos. Apresentei-me como uma especialista em estudo de sexos e abri espaço para perguntas. Ninguém se pronunciou nem ergueu a mão. Estava claro que as questões de diferença entre os sexos não era um assunto interessante ali. Finalmente, eu disse: "Não há nada que vocês gostariam de saber sobre os garotos?"

Uma menina levantou a mão. "Eu quero saber sobre as zonas erógenas", disse ela. "É verdade que a ponta do pênis de um garoto é muito sensível?"

"Sim, é verdade", respondi, "mas por que você quer saber?"

Ela respondeu que ao sair com os rapazes, quer fossem namorados oficiais quer não, "eles esperavam que fizéssemos certas coisas". Ela e outras garotas continuaram explicando que o sexo oral é uma expectativa comum. Disse que não é realmente considerado sexo, que não é perigoso e que as garotas deveriam praticá-lo para ter um namorado. Elas não estavam felizes com essa idéia, mas sentiam-se obrigadas a ficar boas nisso. Ou era assim ou não teriam sucesso com os namorados.

Essas garotas não estavam perguntando sobre maneiras de "dizer não". Elas tinham informações confusas sobre o sexo oral e não percebiam que a AIDS e outras doenças sexualmente transmissíveis poderiam ser contraídas dessa maneira. Sua preocupação inicial era sobre o aspecto do desempenho no relacionamento com os garotos e elas queriam ampliar seus conhecimentos.

Uma menina de 5 anos não devia ver suas opções de alimento e preocupar-se com a quantidade de gordura, a menos que houvesse um sério problema com sua dieta e ela estivesse sendo orientada por um profissional. Uma garota no colegial não deveria se preocupar por não gostar de sexo oral e logo assumir que não terá namorados e será socialmente descartada por causa disso. Quando digo que essas questões não são preocupações "pertinentes" para meninas dessa idade, não estou apenas falando dos *meus* padrões morais. Estou dizendo que o desenvolvimento do cérebro delas não está pronto para absorver essas informações com o discernimento necessário para uma perspectiva mais madura.

Esses tipos de pressuposições e riscos que as garotas de hoje enfrentam são tão penetrantes e permanecem tão inquestionáveis que elas freqüentemente os aceitam como fatos. Os comportamentos de alto risco ou destrutivos, que costumavam ficar à margem do convívio social, agora são parte da cultura principal e as garotas lutam para conciliá-los. Os efeitos são traiçoeiros, às vezes visíveis, não tanto no que fazem, mas em como se vêem e sobre o que pensam sobre ser mulher neste mundo. Esse comprometimento com os valores centrais acontece repetidas vezes com as meninas.

Há dois anos, no Central Park, em Nova York, um grupo de jovens corredoras foi molestado por uma gangue de homens bêbados que fazia arruaça perto da pista de cooper. Na época, eu estava trabalhando no interior, com um grupo de garotas de idades variadas do colegial. Quando conversamos sobre esse incidente, parte do que elas disseram foi que o ataque contra as mulheres "foi culpa delas".

"Fomos educadas para saber que, quando há um bando de rapazes na farra e bebendo, você se colocará em risco se ficar por perto", explicou uma garota. "Aquelas mulheres não deveriam ter ido ao Central Park, não deveriam estar lá."

Nos noticiários da época, as mulheres defendiam seus direitos de fazer cooper como sempre fizeram nesse parque público. Uma delas disse, em essência: "Eu deveria estar segura ao correr na pista de cooper que uso todos os dias. Só porque há um bando de caras bebendo cerveja, eu não deveria deixar de ir ao parque, onde gosto de correr".

As meninas foram quase unânimes na opinião de que esse pensamento era estúpido, que as mulheres deviam entender que homens bêbados são perigosos e precisavam mesmo ficar longe do parque. O que me surpreendeu em sua firme declaração foi que a frustração expressada não foi em relação aos homens que molestaram as mulheres, mas, sim, a elas por "serem tão estúpidas" e "procurarem confusão".

Em meu trabalho com meninas, quando elas têm tempo, espaço e apoio para realmente analisarem seus sentimentos sobre acontecimentos perturbadores como esse, acabam dizendo que sentem que a situação é injusta para as mulheres e não querem que o mundo seja assim, embora sua experiência com relação a ele lhes diga que tudo funciona desse modo para as mulheres. Admitem que o abuso masculino é uma possibilidade incontestável para qualquer mulher. Assim como a menstruação faz parte da vida feminina e abre as portas para o risco da gravidez, também a agressão sexual é um risco sempre presente e inquestionável. Não é uma situação agradável, mas é o funcionamento imutável do mundo.

Em outras palavras, nossa cultura contemporânea lançou uma nova e mais forte luz sobre os eternos padrões de desenvolvimento que antes eram vivenciados inconscientemente pelas meninas. Por exemplo: um ano e meio antes de uma garota ter sua primeira menstruação, ela tem um ganho de peso típico. Essa é uma normal e saudável reação hormonal na qual o nível de estrógeno aumenta e indica ao corpo que ele está prestes a passar por um grande salto do desenvolvimento: sairá da infância para o estágio de fertilidade, iniciando a menstruação. O código genético feminino dá o impulso inicial na maturidade reprodutiva somente quando o corpo pode atingir um determinado e suficiente nível de gordura (em tempos primitivos) para resistir ao trauma e superar as dificuldades de sobrevivência; a natureza diz simplesmente que a menina deve arredondar-se um pouco para que seu desenvolvimento reprodutivo normal siga em frente. Isso significa que, por volta dos 9 ou 10 anos, as meninas naturalmente desenvolvem o que se pode chamar de aparência rechonchuda. Quando a maioria de nós tinha essa idade, não era esperado que as meninas na pré-puberdade se parecessem com as modelos glamorosas. Simplesmente tínhamos a liberdade de ser rechonchudas e passar por isso, como a maioria das garotas faz – ou faria, se a natureza tivesse permissão de seguir seu curso natural e saudável.

Em vez disso, o ideal de magreza como beleza tem sido transmitido para uma população ainda mais jovem de meninas e seus pais, resultando em pânico intergeracional quando a fase mais cheinha começa. Hoje não é difícil pais e filhas reagirem com alarde a esse ganho de peso e imediatamente estabelecerem uma dieta a ser seguida, consultas em clínicas de emagrecimento, aulas de ginástica e um enfoque singular sobre a perda de peso. Ao agir dessa maneira, eles inadvertidamente incomodam o sistema natural de controle de peso do organismo, que reage a uma perda de peso indesejável, armazenando mais gordura imediatamente e queimando-a com lentidão.

Em algumas garotas, a obsessão segue um rumo patológico e, no esforço para protelar a menstruação, perder peso e, talvez, outras complexidades da vida de uma mulher, passam fome ou se exercitam em excesso para manter o corpo com um nível baixo de gordura, o que não é natural.

O que uma garota precisa saber? Precisa ouvir de uma fonte confiável: "Fique ligada" e "Confie em mim. Em um ano, tudo estará diferente contanto que você coma direito, seja ativa e siga com sua vida. Se lutar agora, será pior, porque seu corpo está disposto a agir dessa maneira. Quanto mais você reduzir as calorias, mais o metabolismo do seu corpo cairá para que você não perca peso".

O que uma garota recebe em vez de palavras como essas? Milhares de sacudidas das propagandas, por intermédio da mídia e da nossa cultura, e às vezes dos pais, sobre a imagem do corpo e como as mulheres devem ser – artificialmente magras, é claro.

As garotas realmente têm muito com o que se preocupar.

Quando as meninas são confrontadas com atitudes e acontecimentos que consideram desconcertantes, ficam um pouco atordoadas; fecham-se em si mesmas, se retraem e é aí que o silêncio das garotas começa. Elas não conseguem entender o que aconteceu; o mundo não parece certo, mas todos caminham bem com ele. Elas não falam sobre o assunto porque não têm palavras para se expressar e nessa época estão em uma idade que não *querem* falar, nem pensar sobre o que as desagrada. Freqüentemente, as garotas me dizem que não acreditam que seus pais não consigam ver as coisas como elas vêem.

Quando está no meio do ensino fundamental, uma menina começa a sentir que há coisas sobre as quais ela definitivamente não quer falar com os pais. Ela está convencida de que seus pais não a entenderão ou que terão uma reação exagerada e desmedida ou subestimarão o que ela está passando ou talvez nem se importem. Mas quem precisa disso? Não estando cientes dos detalhes da vida de uma menina, muitos pais não podem alertá-la para certas preocupações. Mas, embora estando cientes, talvez não saberiam o que fazer com essas informações. No passado, os pais eram uma fonte completamente confiável de informações e conselhos, pelo menos até que a criança atingisse a adolescência, a idade do "eu sei mais que você". Hoje, até mesmo as crianças mais novas sabem mais sobre tecnologia e cultura popular do que seus pais. Como as meninas geralmente vêem os adultos reagirem com alarde às novas tendências, hesitam em perguntar aos pais sobre suas dúvidas. A tradicional ladainha dos pais sobre os "não pode" não só é ineficiente, como também amplia o conflito de gerações em um momento que as meninas desejam desesperadamente que os adultos sejam parceiros em suas reflexões.

Minha tia Anna vem à minha lembrança. Ela sempre me pareceu velha, mesmo quando (como percebo agora) era uma mulher jovem. A vida foi uma longa série de nãos para tia Anna. "Não pule do degrau da varanda ou você vai quebrar a perna. Não saia no sereno ou pode pegar pneumonia." Sua angústia não evitou que zombássemos dela, somente fez abalar sua credibilidade conosco e excluí-la de nossa lista de adultos adequados com os quais sentíamos que podíamos contar para solucionar dúvidas sobre isso e aquilo. Tia Anna não deixou de nos amar. Ela simplesmente via o mundo como um lugar complexo e ameaçador e sua única reação a essa complexidade era o medo, a retração e os conselhos alarmistas. Francamente, não era a lição que qualquer um de nós quisesse ou precisasse. Quando os adultos costumam se preocupar extremamente com o que vêem na cultura popular, o que fazem com freqüência, as garotas são deixadas ainda mais à deriva para se defenderem sozinhas e aprenderem longe de seus familiares.

Eve, uma aluna da quarta série, veio até mim com um dilema. Sua amiga Caren encaminhara um e-mail com um poema sexual bastante explícito que se destinava a adultos com muita experiência de vida e não a meninas de 9 anos. Eve, apesar de não se sentir à vontade para conversar com a mãe, mostrou-lhe o poema e perguntou o que significava. A mãe de Eve ficou chocada e incomodada com o e-mail e quis saber o nome de quem o tinha enviado – a amiga de Eve – para que pudesse telefonar para os pais da menina. Eve se recusou a dedurar a amiga e agora estava sendo castigada. Ela se arrependeu de ter ido conversar com a mãe. Para piorar ainda mais as coisas, ela contou a Caren sobre o ocorrido e a menina ficou apavorada com a possibilidade de seus pais descobrirem. Ela tinha certeza de que nunca a deixariam encostar no computador novamente. Ambas as meninas sentiam-se encurraladas. Estavam muito infelizes por esse poema ter causado tanto tumulto. Seus pais estavam compreensivelmente preocupados, mas reagiram exageradamente e não estavam dispostos a ouvir ou tentar entender a situação. E, o que era pior, para começo de conversa, Caren tinha mostrado o poema a Even porque ela mesma não tinha entendido e não podia perguntar aos pais porque tinha medo de ser punida.

Precisa ser dessa maneira? Precisa ser oito ou oitenta? As meninas não podem conversar com seus pais porque eles não as entenderão e elas serão punidas – ou as meninas conversam com os pais, mas se sentem traídas no final? Os pais precisam ser tão autoritários – ou então são pais que não estabelecem limites e visam somente ser amigos condescendentes da filha?

## 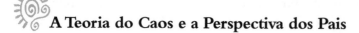 A Teoria do Caos e a Perspectiva dos Pais

Os físicos se referem à "teoria do caos" para descreverem o relacionamento entre a ordem e a desordem no universo e nossa capacidade de vê-lo e compreendê-lo. Isso se aplica a tudo, desde o nascimento de uma estrela a várias galáxias daqui até as mutações genéticas que permitem aos insetos adaptarem sua dieta à rotação das plantações para sobreviver. Acho que isso também se aplica perfeitamente aos pais.

Basicamente, a teoria do caos começa com a idéia de que tudo no universo se encaixa em um padrão de conexão com tudo mais. Temos dificuldades para ver o quadro maior porque estamos perto demais ou às vezes porque estamos focalizando o objeto errado. As fotos da Nasa tiradas por satélites em órbita no espaço, que mostram padrões celestiais que antigamente não éramos capazes de ver pelos telescópios da Terra, dão ainda mais credibilidade a essa teoria. Quando não podemos ver a floresta por causa das árvores, reconhecemos que se trata de um problema de perspectiva. Em termos concretos, se olharmos de perto, através de uma lente de aumento, para a unha do dedo (não importa de que cor esteja pintada), ela preenche seu campo de visão e parece ser uma entidade totalmente singular. Mas, se recuarmos a lente o suficiente para focalizarmos o dedão, então veremos a unha apenas como uma parte e o dedão passa a ser o todo – até que recuemos ainda mais a lente para vermos a mão. Então, veremos que o dedão é apenas uma parte e que a mão é o todo – até que recuemos ainda mais a lente para vermos o braço e assim por diante.

Como isso se relaciona com a tarefa dos pais, especificamente? Todos os dias, muitas vezes por dia, vemos uma menina através das lentes da nossa experiência e percepção e devemos decidir como reagir a um comportamento singular, uma declaração singular ou uma decisão singular. É difícil sabermos onde focar as lentes ou se podemos recuá-la o suficiente para termos mais clareza do panorama geral. Tudo está interconectado e a perspectiva dos pais não é apenas limitada, como também irrevogavelmente misturada com sua moralidade pessoal e filosofia de vida.

Talvez você não queira que o mundo seja um lugar onde uma garota de 12 anos, como Robin, tenha de pensar em questões de segurança e respeito quando compra um biquíni, mas sua perspectiva mais ampla de adulto em relação ao mundo obriga-a a interceder por uma segurança maior. Aquele biquíni é como um farol iluminando a ânsia da sociedade em tratar as jovens mulheres como nada além de um pacote físico e sexual. Você não quer isso para sua filha. Não quer que seja vista dessa maneira, nem quer que ela se veja assim, acreditando que suas roupas, peso e pele sejam suas qualidades mais importantes.

Enquanto isso, Robin, e todas as meninas da sua idade, vê o biquíni como uma declaração da moda e forma de pertencer a um grupo de amigos que se encaixa perfeitamente em sua visão. Mesmo que você expresse suas preocupações – aponte para a floresta óbvia que você pode ver com a ajuda da consciência adulta – elas não podem vê-la, por estarem voltadas somente para as árvores. Não quero dizer que estão decidindo ignorá-la. Quero dizer que realmente não *conseguem* ver a floresta. A dificuldade é a mesma de pedir ao nenê que começa a engatinhar que seja capaz de amarrar os próprios cadarços. Não dá para fazer; ainda não. E se fôssemos capazes de avançar dez anos e conversar com Robin aos 22 anos, e com seus pais, é provável que a escolha de biquíni para aquele verão aos 12 anos teria pouca ou nenhuma conseqüência. (A menos que tivesse sido forçada a comprar o biquíni que a tornou alvo de zombaria e ainda sentisse a dor da humilhação.) Então, por que parecia tão importante na época? Será que o conflito era realmente sobre o biquíni? Ou seria sobre questões morais? Resistir à pressão dos amigos? Segurança? Seria sobre o controle dos pais ou sobre a luta de uma garota por sua autonomia?

Cada um de nós, em determinado momento, acha difícil, ou até mesmo impossível, recuar as lentes o suficiente para ver o panorama geral. No começo da história da procura de Robin por um biquíni satisfatório, apesar de não poder ver as questões através das lentes da mãe, ainda é importante para a Mamãe descrever o que ela vê. Isso ajuda Robin a pelo menos entender um pouco os motivos para a reação diferente de sua mãe a situações como essa. E, quando ficar mais velha, ela se lembrará dessas conversas, que começarão a fazer sentido. É como ler um livro quando se é jovem e então pensar sobre ele mais tarde. Você entende os conceitos mais sofisticados que não conseguiu entender com menos maturidade. Pelo menos, quando Robin se tornar uma jovem adulta, agradecerá o esforço de sua mãe em desempenhar bem o seu papel, ou talvez isso ocorra somente no momento em que ela se tornar mãe!

Nós também limitamos nossa perspectiva quando focalizamos um elemento do quadro e excluímos os demais. Alguns físicos sugerem que a luz existe simultaneamente tanto na forma de partícula como de onda, mas não podemos ver ambas as qualidades ao mesmo tempo. Há instrumentos que nos permitem ver a luz na forma de partícula e outros que nos permitem vê-la na forma de onda; mas não temos instrumentos que nos permitam ver ambas as propriedades ao mesmo tempo. No nosso relacionamento com meninas, quando focalizamos exclusivamente uma faceta do momento, nosso foco pode nos cegar para outros pedaços significativos do quadro.

Sandy, uma aluna da terceira série, estava discutindo com a mãe sobre abandonar seu curso avançado de patinação no gelo. Ela praticava patinação desde os 3 anos e tinha se desenvolvido muito em cinco anos sobre o gelo. Sua treinadora dizia que ela possuía um talento natural e a incentivava, além de seus pais, a não desistir agora. Sandy queria parar.

"Simplesmente não quero mais patinar", disse Sandy, ao pedirem que se explicasse. "Eu quero fazer outras coisas".

Sua mãe entrou em pânico. "Não posso vê-la simplesmente desistir agora, depois de tanto trabalho, depois de tudo o que investimos", disse. "Não suporto a idéia de ver tudo ir por água abaixo."

A mãe de Sandy tinha investido mais do que tempo e dinheiro nas aulas de patinação. Seu investimento emocional de orgulho e expectativa dificultava ainda mais a mudança de lentes através das quais visualizava sua filha. A experiência bem-sucedida de Sandy durante cinco anos como patinadora pode ser vista mais objetivamente como uma conquista, um treinamento para a autodisciplina e determinação que seguirão com ela por toda a vida. Será que seu desejo de experimentar novas coisas, aos 8 anos, transformaram essa conquista em uma perda de tempo? Será que ela estava desistindo, como afirmava sua treinadora, ou talvez estivesse acordando para um mundo mais amplo onde expressaria suas idéias e desenvolveria seus interesses?

A teoria do caos também nos ensina sobre o crescimento.

Na vida cotidiana, pensamos em caos como uma desorganização indesejável. Na verdade, geralmente vemos toda a desorganização como indesejável no processo ordenado em que tentamos criar nossas vidas. A teoria do caos nos fala não apenas que tudo está conectado a um padrão maior, como também que o caos é uma parte natural e necessária desse padrão. A essência do crescimento está nas mudanças e elas exigem reorganização e transformação, quer estejamos falando do crescimento de uma galáxia quer de uma célula, uma idéia, uma família, uma escola – ou de uma menina.

Podemos perceber isso no crescimento físico das crianças e, como foi mencionado antes, nas garotas, especialmente quando seus corpos começam a se arredondar, preparando-se para a puberdade. Lembro-me de Alexa, uma aluna da sexta série, aos 11 anos, olhando com infelicidade para seu abdômen. "Sou gorda", resmungava, apertando sua barriga, que ainda apresentava a lembrança daquela curva mais acentuada da infância. Mas, no seu 13º aniversário, ela ficou maravilhada ao ver que as curvas estavam muito bem colocadas: a natureza tinha realizado sua reorganização há muito esperada e totalmente previsível.

As mudanças em termos de sabedoria, conhecimento e compreensão das coisas do mundo acontecem dessa maneira também. Sua filha cresce, parece estar amadurecendo e se sentindo bem com seus pensamentos. E então – *Boom!* – tudo vira um inferno. Mas, quando a poeira assentar, ela estará em novo estágio de seu desenvolvimento, terá alguns ganhos e a vida continuará. Lembro-me disso com muita freqüência quando estou perto de adolescentes. Em um momento, estão conversando sobre maquiagem e o que vestir para o grande baile, e no instante seguinte estão enfiando seu bichinho de pelúcia favorito na fronha do travesseiro para dormir na casa de uma amiga e fazer aquela bagunça. Um pai preocupado descreveu seu estado contínuo de confusão ao se comunicar com a filha de 15 anos: "Antes de dar-lhe uma resposta sobre qualquer coisa, tenho que descobrir se estou falando com uma menina de 5 anos ou uma de 21. Nunca sei se ela vai dar risada das minhas tentativas de ser engraçado ou se gritará comigo por tratá-la como um bebê".

Se observarmos de perto o que realmente está acontecendo no meio do caos, podemos ver que não é tanto uma desorganização, mas uma reorganização e reformulação do que está prestes a produzir uma mudança de paradigma. Se tentarmos controlar o caos, no esforço de estruturar e clarificar a situação, corremos o risco de controlar a criatividade e o crescimento.

Isso parece ser verdade especialmente para as garotas. Pergunte às professoras que trabalham com centenas de garotas e elas dirão que as meninas tendem a gostar de aritmética mais do que matemática. No mundo educacional, existe uma diferença significativa entre as duas matérias: a aritmética se refere aos cálculos básicos como adição, subtração, multiplicação e divisão. A matemática se refere ao pensamento conceitual, à solução de problemas ou aos teoremas geométricos; é preciso ter uma boa mente matemática para realmente entendê-los. Se você é bom em aritmética, pode ser um bom contador, mas para ser um físico é preciso ser um bom matemático. O que vemos nas escolas é que a maioria das garotas prefere a aritmética. Elas gostam de saber que existe somente uma resposta correta e não de um assunto sobre o qual se precisa pensar, lutar, sem ter clareza sobre ele durante um bom tempo.

No próximo capítulo, falaremos mais sobre alguns padrões do desenvolvimento neurológico, bem como das maneiras aprendidas entre as garotas que permitiram esse pensamento. Agora, só direi que é amplamente visto e aceito que a maioria das garotas é menos sujeita à ambigüidade e, portanto, menos disposta a arriscar-se do que os garotos. Os meninos geralmente vêem a ambigüidade como um jogo, um desafio, uma diversão. Para as meninas, ela freqüentemente as deixa pouco à vontade, inseguras e incertas. Portanto, não é preciso muito para parar totalmente um pensamento divergente de uma garota, e a investigação intelectual e a caminhada pelas águas rasas do desconhecido que resultam desse pensamento. Ainda assim, é disso que se trata a vida, o crescimento e a aprendizagem. A natureza da vida é ser imprevisível. Várias permutas e situações variadas chegam até nós todos os dias.

O ser humano mais saudável e bem-sucedido é aquele que sabe lidar com a ambigüidade, descobrir como negociar em situações em que o caminho ou a conseqüência não estão claros. Provavelmente a pior coisa que podemos fazer como adultos, para limitar as garotas, é encorajá-las a querer ou precisar que tudo esteja em ordem ou totalmente controlado. Elas já têm uma inclinação para esse sentido. O melhor que podemos fazer é ajudá-las a aprenderem como crescer em um clima onde o caos – interno ou externo – está sempre previsto por um período de três dias.

## Além do Branco e do Preto: Aprendendo a Lidar com o Cinza

A tarefa dos pais, na verdade, é ajudar a garota a lidar com o aparente caos da vida. Chamo a isso "lidar com o cinza". O mundo apresenta muito mais tons de cinza do que preto no branco. Ajudar sua filha a entender e a lidar com as áreas cinzentas é o que a ajudará a ser forte e bem-sucedida.

O que transforma a negociação com o cinza em um desafio tão grande é o fato de que a maioria de nós está ajudando nossas meninas a lidarem com o cinza, ao mesmo tempo em que nós estamos lidando com ele, tanto nas próprias vidas como em nossos papéis como pais e professores de meninas! A maioria dos adultos com quem converso está lutando com a própria identidade, prioridades e valores. Além disso, a sociedade não fornece mais a clareza de como ser pai, onde estabelecer os limites, o que permitir e o que não permitir.

Sob alguns aspectos, voltamos à época de Colombo na qual não havia um mapa do Novo Mundo. Os mapas em nosso novo mundo estão sendo redesenhados e parecem incompletos. Então, como podemos lidar com o cinza?

O primeiro passo é pensar no que você mais valoriza e pelo qual está disposta a brigar. Isso se tornará o fundamento do seu raciocínio enquanto você e sua filha estiverem lidando com áreas cinzentas. No caso de uma família com pai e mãe, trata-se de um trabalho em conjunto. Trata-se realmente de catalogar seus valores como uma família e chegar a um acordo quando houver diferenças. É melhor fazê-lo antes que as crises com os pais apareçam.

Ainda assim, as crises com os pais trazem mais discussões e forçam-nos a identificarem mais e mais seus valores e objetivos.

Lidar com o cinza é um processo. Assim como aqueles problemas cabeludos de matemática exigem raciocínio e não simplesmente cálculos, existem várias estratégias possíveis para lidar com o cinza. Talvez você não saiba exatamente o que fazer ou como ajudar sua filha, mas precisa estar o mais certa possível do objetivo final, o valor central ou a filosofia que você tem, como mãe. Depois disso, é preciso *realmente* entender o problema. A única maneira de fazê-lo é interagindo, unindo-se e conectando-se à sua filha.

Freqüentemente presumimos entender qual é o problema e passamos imediatamente às conseqüências ou "consertos". Em vez de agir dessa maneira, é importante ouvir e tentar compreender a complexidade da situação sob o ponto de vista da sua filha. Ajudá-la a raciocinar sobre os problemas, identificar opções e ponderar fatores lhe darão melhores instrumentos para lidar com situações imprevistas e não identificadas no futuro.

Mais do que "positiva" ou até mesmo "empática", vejo essa atitude como uma "conexão" que envolve a busca de entendimento sobre o que ela está dizendo, perguntas para entender seu ponto de vista, valorizar seus sentimentos, discutir opiniões e os melhores passos a serem dados. Certamente, adicionar seus valores e sabedoria é uma parte importante, mas não única. A garota pioneira também traz conhecimentos, perspectivas e sabedoria dos quais você precisa para o momento. As conversas entre pais e filhos são assim; são diálogos entre você e sua filha nos quais os dois lados fazem contribuições valiosas e enriquecedoras que trazem sentido a uma e a outra. Uma atitude de ligação não nega a necessidade de os pais determinarem conseqüências para um comportamento inaceitável. Simplesmente significa que o processo é mais completo e que entender sua filha e o que ela enfrenta, decidindo a melhor atitude a ser tomada, exige menos reação e mais interação.

A teoria do caos para os pais também sugere que há muitos momentos em que é preciso deixá-la viver em meio a situações caóticas e ambíguas, lutando por si só. Ao fazer descobertas sozinha, ela não apenas fica mais sábia, mas também desenvolve um tipo de competência e confiança que fará com que se torne um ser humano mais forte, confiante e seguro. Você pode ajudá-la, comunicando claramente seus valores familiares, estabelecendo limites e geralmente apoiando seus esforços. Mas, se você fizer demais, ajudar demais ou até mesmo tentar explicar as coisas demais, poderá interferir na experiência que a ensinará a lidar com o caos da vida.

## A Crise Escolar de Jessie: Processo de Recepção

Pat estava passando por uma crise de dúvidas. Sua filha, Jessie, que tinha apenas iniciado a oitava série, saiu pela porta da escola em uma tarde de sexta-feira, apenas uma semana após o início das aulas, e anunciou que não podia e não voltaria para lá. "Por favor não me force a ir", implorou a filha. "*Não posso* voltar para lá!"

Sua família tinha acabado de mudar-se para essa comunidade no ano anterior, confiantes de que a escola pública muito elogiada, apesar de grande, serviria muito bem. Era uma boa escola, mas Jessie teve dificuldades para fazer amigos, o que não era de surpreender, dado o estilo isolador do colegial e o fato de Jessie ter uma personalidade calada e reservada. Durante o verão, Jessie participou de um pequeno acampamento para garotas onde fez amizades rapidamente, durante sua estada de duas semanas, e agora se sentia desesperada para ser aceita e encontrar a mesma camaradagem na vida escolar. Ela explicou precisamente o que estava acontecendo para seus pais e implorou para estudar em casa ou mudar para uma escola particular e menor. Seus pais nunca a tinham visto tão desesperada e infeliz com a escola e a pressionaram para que explicasse melhor o problema. Alguém tinha dito alguma coisa? Feito alguma coisa? Jessie disse que não, que não era nada específico, era *tudo*. A situação não tinha esperanças; ela preferiria *morrer* a voltar para a escola. Pat telefonou para o colégio, mas a orientação foi de pouca ajuda.

Sem o desejo de render-se ao pânico da filha, mas não querendo ignorar seus sentimentos de desespero, concordaram em analisar alternativas. Após três semanas intensas acompanhando suas pesquisas por meio de provas de admissão e algumas visitas a outras escolas, chegou o momento de escolher entre a escola pública e as várias outras opções. Jessie tinha ficado maravilhada com as boas-vindas que recebeu de alunos e professores em outras escolas, impressionando-se com o tratamento individual e a sensação mais pessoal de comunidade em ambientes escolares menores. Sua escolha final? Ficar onde estava. Sua explicação? "Agora tudo está bem."

Seus pais não podiam acreditar. Como "tudo" poderia ter mudado nessas três semanas? Mas na verdade tudo mudou. A ansiedade da primeira semana na escola abriu espaço para uma sensação mais confortável de fazer parte do lugar. Muitos amigos do ano anterior voltaram a ser amigos esse ano. Os professores começaram a demonstrar sua personalidade e carinho. As aulas não eram tão ruins e as atividades posteriores às aulas ofereciam uma diversão em potencial. Até mesmo a comida da cantina tinha dias melhores. Foi difícil acreditar que Jessie estivesse falando do mesmo lugar que há pouco tinha sido descrito – e vivenciado – como um inferno.

Pat ficou aliviada por Jessie estar mais à vontade com a situação, mas sentiu-se exausta e desconcertada com o frenético episódio.

"O que foi tudo aquilo?", disse, aborrecida. "Estou feliz por ter acabado tudo bem, mas fico pensando se não poderia ter lidado com a situação de maneira diferente e evitado toda a confusão."

Não foi uma crise do nível de uma anorexia nem uma tentativa de suicídio, mas oferece um bom exemplo da teoria do caos e de como lidar com o cinza em uma das questões mais normais do crescimento: como uma garota se sente em determinado ambiente e como seus pais podem ajudá-la a lidar com o contexto diário de sua vida. É extremamente difícil observar sua filha vivenciar o desconforto, a dor ou o conflito nem que seja por um momento, que dirá por um período de três semanas! Depois de tudo o que foi dito sobre a importância de vivenciar a ambigüidade e aprender a lidar com os aspectos cinzentos da vida, talvez seja a tarefa mais difícil para os pais saber como intervir, qual a extensão dessa intervenção ou se simplesmente não devem interferir. Voltaremos a ver esse aspecto da tarefa dos pais em outros capítulos, quando abordarmos a vulnerabilidade das garotas frente a emoções negativas e à possibilidade de efeitos de curto e longo prazo. Por agora, essa história representou o dilema clássico dos pais: até que ponto é preciso deixar que sua filha lute sozinha, quanto é suficiente e sinaliza a necessidade de envolvimento dos pais? Lembre-se: os dias de padrões e pontos fixos já se foram. Como você lidará com o cinza?

**Passo 1: Conscientemente, expresse suas relações com um envolvimento ativo. Não mergulhe de cabeça: molhe os pés na água e veja até onde precisa ir.** Ao ficarem atentos às preocupações de Jessie, seus pais estabeleceram o processo que eventualmente os levaria, passo a passo, a uma análise mais profunda dos sentimentos da filha e, com essa base, a uma resolução que precisaria somente de um pouco mais de tempo e paciência.

**Passo 2: Ouça sem julgar e sem pressa de identificar um conserto.** Ouvir e agir como um espelho sempre pode fazer parte da equação, o que não impede que uma garota descubra como agir sozinha. Entretanto, essa fase é freqüentemente comprometida pelos pais quando passam ao ponto de conselhos e consertos cedo demais no processo. É preciso fazer o que chamamos de "ouvir ativamente". Quando Jessie disse: "Estou infeliz e não quero mais voltar para a escola", nossa reação imediata poderia ser ir direto para uma discussão de opiniões e soluções. Às vezes, é suficiente para uma menina simplesmente ser ouvida por alguém que dê valor aos seus pensamentos, sentimentos e situação. É saudável que a princípio os pais digam algo como: *"Fico feliz por você me contar isso, e realmente deve ser muito difícil voltar para a escola agora. Mas prometo que continuaremos conversando para resolver o que fazer se as coisas não mudarem"*. Missão cumprida: a tristeza verbal e emocional encontrou um porto seguro.

**Passo 3: Continue ouvindo e oriente-a para que entenda a situação.** Se os sentimentos e a situação permanecerem iguais sem redução de força, por assim dizer, então siga com sua negociação com o cinza. Agora é o momento de ouvi-la e orientá-la para que compreenda a situação. *"Quando disse que odeia a escola, você mencionou algumas coisas. Será que você poderia me ajudar a entender melhor com mais exemplos?"* É importante ajudar Jessie a entender o que está acontecendo, a real situação, o que faz com que se sinta dessa maneira. Durante essa fase, você está dando um novo passo para lidar com o cinza: desfazendo todos os nós desse emaranhado que se chama eu-odeio-minha-escola. O objetivo é ajudá-la a ver tudo com mais clareza.

**Passo 4: Discuta estratégias de ação.** Se a situação continuar, o próximo passo é examinar opções e técnicas para remediá-la. As opções e técnicas oferecidas por Jessie devem ser exploradas em primeiro lugar. *Nessa fase é importante não julgar seu pensamento.* Por exemplo: se ela disser que uma opção viável é abandonar a escola, morda a língua e evite dizer que é uma opção estúpida. Em vez disso, discuta os prós e os contras dessa opção. Aqui, o objetivo é deixá-la praticar o raciocínio de estratégias e pesar seu potencial de sucesso ou fracasso. Você tomará um atalho no processo se lhe der a resposta. Trata-se muito mais de orientá-la nos passos de um problema matemático que ela deve resolver sozinha. Somente *depois* que ela tiver esgotado seu repertório de estratégias possíveis é que você oferece os próprios pensamentos e opções. Se fizer isso logo de cara, ela deixará de pensar por si só e dependerá do seu raciocínio e de suas intervenções. É o que acontece em uma sala de aula, cujo aluno mais brilhante sempre responde a todas as perguntas do professor: logo, os demais param de pensar em qualquer questão e esperam pela resposta do colega. Se os pais sempre se apressarem em responder ou solucionar os problemas, o resultado será o mesmo: uma garota que pára de tentar negociar com a vida e permite que você o faça por ela. Ou, o que é pior, ela deixa de conversar sobre seus problemas porque não quer que você assuma a direção de sua vida.

Chegando à fase das estratégias, é onde seu conhecimento de mundo ou das liberdades e restrições da família pode ser compartilhado. Talvez sua filha não saiba que existem outras cinco escolas em que ela poderia estudar, nem que a situação financeira da família não permite pagar a mensalidade de uma escola particular na cidade. Seu conhecimento e sabedoria entram em cena aqui.

Ao escolher quais estratégias experimentar primeiro, lembre-se de que não se trata de um concurso onde se quer obter sucesso na primeira rodada. Se sua filha optar por uma estratégia que acredita que funcionará e você sentir que não a levará a lugar nenhum, deixe-a tentar, a menos que os riscos sejam muito altos. É dessa maneira que ela aprenderá a fazer escolhas bem-sucedidas no futuro. Também é importante entender que só o fato de assumir uma abordagem ativa ao lidar com uma situação já é uma lição importante na negociação com o cinza. No caso de Jessie, visitar outra escola deu-lhe a sensação de que tinha controle sobre sua vida, de que estava tomando atitudes que lhe davam outra alternativa que não ficar presa. Isso também deu-lhe tempo para aliviar seu desespero na busca por uma saída e permitiu que ela relaxasse, continuasse freqüentando a escola e se sentisse mais à vontade nesse novo ambiente.

**Passo 5: Resolução por meio de ação ou aceitação.** O passo final se torna óbvio: ou a situação se resolve com o tempo ou você caminha gradualmente para a resolução escolhendo agir ou aceitar. Trata-se de um processo contínuo, que talvez consuma muito do seu tempo; mas, se continuar ouvindo ativamente e orientando sua filha por ele, a resolução surgirá.

*Durante todo o processo de lidar com o cinza, não importa o passo ou a fase, não hesite em fazer declarações de valores filosóficos ou morais.* Não é o mesmo que dizer à sua filha como resolver seu dilema. Por exemplo: se ela disser que deveria jogar lixo nos armários das meninas que a estão importunando, compartilhe imediatamente de seus valores e regras sobre não prejudicar as pessoas nem suas propriedades. Não é hora de conversar sobre os prós e os contras dessa ação! Certas coisas não são negociáveis na educação dos filhos nem na vida, e estabelecer limites claros é muito importante. Como a maior parte do mundo é cinza, é essencial para as crianças, *e também um alívio*, ver as áreas que os pais sabem que são preto e branco.

## Lidando com o Cinza com Pais e Professores

O mesmo processo de lidar com o cinza se aplica a todos nós, pais, professores e demais pessoas responsáveis por criar ambientes onde as meninas terão sucesso. Quando abraçamos o processo de nos conectarmos, ouvirmos e compartilharmos estratégias, criamos oportunidades para um crescimento genuíno nas meninas, em nós mesmos e também em nossas instituições.

Como administradora e consultora em escolas por todo o país, conversar com pais e professores tem sido uma parte contínua, consistente e integral do meu trabalho. Nos últimos anos, conforme os noticiários e nossas próprias experiências começam a apontar para uma incidência cada vez maior de maturação física precoce entre as garotas – por exemplo, a menstruação em idade precoce – na Laurel School, percebemos que precisávamos voltar nossa atenção às questões dessa nova maneira. Não havia nenhuma literatura de pesquisa formal para nos orientar; como pioneiras, junto com nossas garotas, tínhamos de lidar com essa área cinzenta. Desenvolvemos um processo cuidadoso para reagir a essa questão. Era a enfermeira da escola, com maior freqüência, quem tomava consciência de quando as meninas começavam a precisar de absorventes íntimos. Conversamos com grupos de pais na escola primária e secundária e consultamos pediatras. Todas as fontes apontavam para um desenvolvimento fisiológico cada vez mais precoce em nossas meninas e, portanto, a necessidade de as conversas com elas se darem mais cedo.

Dez anos atrás, tínhamos o que era chamado de "conversa sobre hormônios", no começo da quinta série. A psicóloga e a enfermeira da escola passavam várias sessões conversando com as meninas sobre os aspectos fisiológicos e psicológicos das mudanças hormonais e o começo da menstruação. Cinco anos atrás, tivemos que alterar o currículo para encaixar essas conversas no final da quarta série, já que boa quantidade de nossas meninas iniciava sua menstruação nessa época. Três anos atrás, alteramos novamente o currículo para o começo da quarta série. Há dois anos, levantou-se a hipótese de colocar tais conversas no currículo da terceira série.

A decisão sobre quando começar a conversar sobre essas realidades e ramificações de um corpo feminino em amadurecimento não é frívola nem fácil. Assim como muitos outros aspectos da vida, conversar sobre questões sérias cedo demais, antes de a criança estar pronta e madura o suficiente para lidar com todos os detalhes, pode causar efeitos colaterais negativos. Tradicionalmente, o foco tem sido grande sobre as conseqüências terríveis da atividade sexual e da gravidez. No entanto, não há uma atenção suficiente sobre o amadurecimento físico como um processo normal e saudável para as garotas. Especificamente, elas podem sentir medo, frustração ou desejo de evitarem o crescimento, o que pode levá-las à anorexia, no esforço de manterem o corpo pequeno.

A instalação do desenvolvimento físico precoce não parece estar relacionado com um desenvolvimento emocional precoce nem a sabedoria para tomada de decisões. A dificuldade está no fato de que as meninas estão se tornando mulheres fisicamente, mais atraentes aos meninos e capazes de ficar grávidas em estágios muito precoces. Por outro lado, a maioria delas não está pronta para a atenção sexualizada que recebem, as roupas fornecidas pela indústria da moda e promovidas pela indústria da propaganda, a pressão para que namorem muito cedo e assim por diante. Continuamos a lidar com o cinza nesse aspecto importante da vida das meninas, vendo a necessidade de informações e orientação não apenas para as garotas, como também para pais e professores.

Felizmente, para as garotas e para todos nós, ao lidarmos com o cinza, os resultados não nos prendem a um contrato de cinco anos. Dá-se justamente o oposto. Todos estamos aprendendo com a prática e nossa função é lidar com a vida. Isso nos oferece – a todos nós – a oportunidade ilimitada de seguir dialogando, abrir novos tópicos para a discussão, cometer erros, aprimorar nossas capacidades e fazer melhor em uma segunda vez. No Capítulo 2, exploraremos como funciona a concessão ao educar jovens meninas, e como esse processo molda a visão que uma garota tem de si mesma e do mundo à sua volta.

### Colar de Pérolas

Gosto de pensar em algumas percepções básicas sobre as garotas com pérolas de sabedoria. Talvez você as ganhe de alguém, como seus pais ou amigos, ou talvez as encontre sozinha, como sei que acontece com todos os pais e professores em algum momento. Não importa quão perfeitas sejam essas pérolas; isoladamente elas não causam muito efeito. Mas, quando você as coloca em um cordão para formar um colar, então você tem uma jóia nas mãos.

Quando falamos sobre a vida para as meninas e com as meninas, nossas percepções são úteis somente até o ponto em que as trazemos todas de uma só vez. Uma por vez são apenas informações que podem expandir nosso entendimento. Juntas em um colar, elas têm um efeito muito mais drástico. Aqui estão suas primeiras pérolas, esperando para se transformarem em colar – um presente de interação que você pode dar à sua filha!

*Pérolas para os Pais e Pérolas para as Garotas*
- Não há problema em trabalhar como porteiro. Tente evitar pelo menos a entrada das mensagens mais tóxicas da sociedade, limitando o acesso a alguns sites da Internet, programas de TV etc.
- Se não se pode vencê-los, *equilibre-os*. Tente equilibrar o que não pode ser evitado com discussões familiares consistentes e periódicas.
- Agarre-se aos seus valores e regras, mesmo quando ouvir: "Mas todo mundo faz isso!"
- Tenha uma postura inteligente em relação a propagandas ordinárias! Quando lidar com o cinza, acostume-se a iniciar as frases com: "Você poderia explicar? Não tenho certeza se entendi..."

CAPÍTULO 2

# Os Anos de Formação: Camadas de Natureza, Criação e Experiência de Vida

*"O que mais gosto em ser menina é que geralmente quando a sala de aula entra em apuros, os meninos são sempre culpados. Além disso, sendo menina, você pode fazer mais coisas divertidas com suas amigas do que os meninos."*

— Ilana, quarta série

Meu avô tinha um ditado favorito, sua versão de um famoso provérbio grego: "Antes tarde do que nunca". Sua tradução, com uma influência bilíngüe suavemente eslava, fez com que fixasse na minha cabeça ainda mais. É tão pertinente em qualquer discussão sobre a atuação dos pais e a corrida frenética para estarem sempre um passo a frente da curva de aprendizagem dos seus filhos! Freqüentemente penso que seria bom ter uma criança-cobaia para praticar nossas habilidades educacionais e poder cometer erros, aprender e ajustar; em resumo, para se tornar uma mãe mais inteligente e talentosa, antes que as tarefas realmente comecem.

Entretanto, a tarefa dos pais se parece mais com um estágio: aprender com situações reais da vida. Todos os pais cometerão uma série de erros, freqüentemente passarão mais tempo contando com uma boa intuição do que com uma previsão. As situações e decisões dos pais acontecem tão rapidamente e com tanta freqüência que não há como estarem preparados adequadamente na chegada do seu primeiro filho. E, assim que você se sente um pouco mais estável como mãe, duas coisas acontecem: seu filho entra em uma fase diferente e você se sente em terreno estranho *novamente*, ou você tem um segundo filho que é suficientemente diferente do seu primogênito para que as técnicas e estratégias que lhe serviram tão bem não sejam mais eficientes.

E assim vai, durante todos esses anos importantes de sua formação, desde o nascimento até cerca dos 8 anos. O termo *anos de formação* poderia ser aplicado acertadamente tanto ao desenvolvimento dos pais como ao dos filhos. Como os pais freqüentemente lamentam, seu novo pequeno ser humano não vem com instruções nem manual. E quer seja seu filho biológico quer adotivo, o instinto raramente parece ser suficiente para que os pais se sintam seguros de suas decisões em uma infinidade de situações que enfrentam diariamente. Desde a fase de engatinhar até a de andar e ler, conforme as crianças atravessam momentos marcantes do desenvolvimento, todos suspiramos aliviados, sentimos um pouco mais de confiança como pais e seguramos a respiração, esperando pelo próximo estágio. Temos dias bons, temos dias ruins e dias que passam correndo. E é o efeito cumulativo de tudo isso que, com o tempo, constrói nossa confiança e competência como pais.

Eu costumava pensar no primeiro ano em que lecionei e nos erros que cometia. E, como faço tantas coisas de maneira diferente, agora que aprendi, "antes tarde do que nunca", como educadora e psicóloga, esperava que aquelas trinta crianças alegres de 8 anos para as quais lecionei no primeiro ano ficassem bem. Quinze anos mais tarde, voltei para visitar minha antiga escola, quando fizeram uma festa para reunir ex-alunos antes de demolir o prédio. Cinco meninas dentre as minhas alunas do primeiro ano estavam lá e correram até mim para relembrarem algumas histórias de nosso ano juntas. Todas correram para dizer que tinha sido o melhor ano da escola.

Perguntei como isso podia ser possível e comecei a contar as histórias dos erros que cometi ou acontecimentos que pareceram desastrosos naquela época – como cair escada abaixo no primeiro dia de aula e deixar que a sala toda visse minha calcinha. Cada uma delas, à sua maneira, expressou o mesmo sentimento simples: "Você se importava tanto conosco! Nós sabíamos que você queria que déssemos nosso melhor, então tentamos, aprendemos e crescemos naquele ano".

Ainda não tenho certeza sobre as habilidades matemáticas e de leitura acumuladas, mas essa é uma de muitas histórias que as crianças me contaram para confirmar a premissa básica e central da educação infantil: enquanto você progride em uma curva de aprendizagem para se tornar a mãe mais inteligente e eficaz, a curva de aprendizagem de sua filha permanecerá alta e positiva, contanto que ela saiba quanto você se importa com ela e que você está tentando ao máximo ajudá-la a crescer e prosperar. Tradução: as crianças nos perdoam por termos que aprender como ser pais, desde que mostremos que levamos nossa responsabilidade de pais a sério, que nos importamos e continuamos tentando. Do mesmo modo, é o efeito cumulativo da natureza, da criação e da experiência de vida que modela uma criança. E isso acontece de maneiras muito especiais, desde o princípio, quando essa criança é uma menina.

## Teoria do Strudel: Construindo uma Vida com Camadas de Experiência

Para as crianças, a maior tarefa de desenvolvimento durante os anos de formação é a disciplina. Com isso, quero dizer definir e estabelecer seus padrões comportamentais e morais. Veremos a disciplina em maiores detalhes mais adiante, neste capítulo, mas primeiro vamos examinar alguns aspectos do desenvolvimento do corpo e do cérebro femininos que criam, em cada garota, o ambiente interno único no qual esses padrões se desenvolverão.

Toda vez que vemos um garotinho ir até a caixa de blocos de montar enquanto sua amiga corre para o cantinho das roupas, vemos o pano de fundo para o debate "natureza *versus* criação": Será que as preferências dos sexos são resultado de herança genética ou de influências sociais do ambiente? A resposta ainda é ardentemente debatida em alguns círculos, mas somente em termos de "quanto". Já há um consenso: um indivíduo é moldado pela natureza e pela criação. O "quanto" de cada e de que maneira parece flutuar com a genética individual, a força e o volume das experiências de vida que agem sobre a criança.

Portanto, a partir do ponto de vista dos pais, desde a concepção do feto, as camadas sobrepostas de experiências e acontecimentos a cada minuto do dia têm um efeito moldador. Isso ao mesmo tempo nos conforta e nos assusta. Podemos e realmente influenciamos como nossos filhos serão, embora não se saiba exatamente em que extensão. Do mesmo modo, todos os pais sabem que, dentro da mesma família, com os mesmos pais, com o mesmo ambiente, as crianças acabam se tornando muito diferentes. Quando observamos especificamente as garotas, as novas informações sobre diferenças entre os sexos, hormônios e outros conhecimentos científicos do cérebro e do corpo lançam uma nova luz sobre a maneira com que as meninas vivenciam o efeito da natureza, da criação e da experiência de vida, especialmente nos anos de formação.

É mais fácil ilustrar essa dinâmica com a minha Teoria do Strudel no desenvolvimento infantil. A Teoria Básica do Strudel diz que cada um de nós nasce com o principal ingrediente (natureza), mas são as camadas disso com outros ingredientes (criação) e a interação de todos juntos (experiência de vida) que criam o produto final.

Para ir um pouco mais a fundo com essa ilustração, pense na personalidade da sua filha e vamos chamá-la de cerejas doces ou maçãs azedas. Sendo esse o ingrediente principal, vamos imaginar que adicionamos uma xícara de açúcar (que representa nosso amor e atenção, claro!), um pouco de sal e condimentos (interações familiares e com amigos), uma massa crocante (ambientes domésticos e escolares) e levamos ao forno (as pressões do dia-a-dia) para assar tudo. Não importa a precisão com que você mediu ou misturou esses ingredientes: cada strudel sairá um pouco diferente, dependendo das características das maçãs, cerejas e condimentos e da química que ocorre ao misturar e assar.

Agora você tem uma explicação elaborada do porquê o desenvolvimento individual é tão complicado e por que não há uma maneira exata de saber quanto de tudo isso é natureza e quanto é criação, nem prever qual será o resultado. Por outro lado, o efeito de misturar as camadas significa que cada camada individual é temperada pela presença das outras.

Em termos humanos, a Teoria do Strudel diz que, sejam quais forem as qualidades que a natureza básica de uma garota traz para a mistura, sua experiência de vida será a camada que moldará a pessoa em que ela se transformará. Isso também significa que podemos e devemos sobrepor experiências com o tempo, o que a ajudará a crescer forte, confiante e segura. Tendo isso em mente, vamos examinar o que as pesquisas nos dizem sobre a natureza das garotas e o desenvolvimento distintamente feminino do sistema neurológico central, o que inclui pensamento, percepção, sentimentos e movimento.

## O Cérebro das Meninas: No Começo

Alguns pontos simples sobre o desenvolvimento do cérebro ajudam a estabelecer o panorama para compreender a experiência de vida e a aprendizagem femininas desde os primeiros dias de vida.

Cada um de nós nasce com um padrão e um número existente de neurônios, ou células nervosas, que conduzem os impulsos do cérebro e para o cérebro através do corpo. Entretanto, com cada experiência e com as camadas sobrepostas de experiências que usam os mesmos conjuntos de neurônios, ocorrem dois fatos:

Primeiro: o axônio, ou corpo nervoso central, fica mais grosso com a adição de camadas de mielina, uma cobertura de gordura sobre o nervo que, quanto mais espessa, mais rapidamente conduz os impulsos e com maior eficiência. Todo neurônio fica mais espesso por meio desse processo que chamamos de mielinação. Em outras palavras, conforme um neurônio ou conjunto de neurônios é usado, mais espesso e melhor ele fica.

Segundo: os dendritos, que são como pequenas ramificações que conectam um neurônio ao outro, também ficam mais ramificados com o uso. Com pouco ou nenhum uso, os dendritos não crescem e, com o tempo, são naturalmente arrancados do sistema. Os neurônios com mais dendritos conduzem os impulsos, ou pensamentos, com maior eficiência e eficácia. Então queremos que nossos dendritos cresçam e tenham áreas "ramificadas" em muitas partes do nosso cérebro.

Desde o nascimento até os 3 anos, o sistema nervoso humano está preparado para crescer. Assim como uma árvore, ele cresce rapidamente durante esse estágio inicial e esse crescimento estabelece o padrão básico para um desenvolvimento continuado. Essas áreas que desenvolvem mais ramificações (dendritos) e os ramos mais fortes serão a parte mais robusta da árvore ou, nesse caso, do cérebro.

Agora sabemos que esse processo de crescimento dos dendritos pode e na verdade acontece durante toda a vida. Entretanto, assim como a árvore, é mais difícil podar os galhos maiores ou hábitos do que os galhos menores, como aprender incorretamente que dois e dois são cinco. Portanto, depois que algo é aprendido ou sentido por um período de tempo suficiente, é mais difícil mudar. Também é mais fácil desenvolver galhos maiores no início da vida da árvore do que mais tarde, quando os padrões de crescimento já foram estabelecidos.

Não há pesquisas suficientemente conclusivas sobre a mielinação, ou espessamento da célula nervosa, para se ter uma idéia clara das implicações desse crescimento, como acontece com outros aspectos do crescimento cerebral. Mas, nesse momento, a mielinação parece ser aprimorada com o uso, a experiência e a idade e certamente facilita o uso do neurônio. Existe alguma evidência menos clara, porém muito interessante, de que a mielinação também possa estar relacionada com a prontidão. É possível que, com o começo da leitura, por exemplo, a audição de sons vocálicos possa estar relacionada ao momento em que essa parte do centro nervoso auditivo sofre mielinação ou está pronta para ser usada. Esse desenvolvimento pode variar entre os sexos, embora as evidências até agora sejam apenas circunstanciais. Por exemplo: está claro que a maioria dos meninos não está pronta para a fonética e para pronunciar palavras tão cedo como a maioria das meninas. Se isso está relacionado com o crescimento físico dos neurônios, o que chamamos de maturidade cognitiva, então iniciar a fonética cedo demais pode ser no mínimo frustrante e possivelmente prejudicial ao sistema.

A prontidão do sistema, não apenas psicologicamente, mas em termos de funcionamento do cérebro, é muito importante ao se pensar sobre as primeiras reações dos pais com as meninas. Homens e mulheres parecem ter uma linha temporal diferente do desenvolvimento físico e cerebral, especialmente durante os anos de formação.

Em termos de prontidão fonética e ortográfica, as meninas se desenvolvem na leitura antes que os meninos, freqüentemente com dois anos de antecedência. Os meninos são capazes de realizar tarefas espaciais, como construir modelos com as peças de Lego, muito antes que as meninas. Costumávamos acreditar que isso era devido à experiência, aos brinquedos e a outras influências que vinham de um estereótipo dos sexos. Agora as pesquisas mostram claramente que a estrutura do cérebro feminino e masculino é diferente desde o nascimento, aparentemente como resultado das taxas de estrógeno ou testosterona no útero. Em outras palavras, os cérebros femininos apresentam mais neurônios em certas áreas do que os masculinos, como resultado da presença de mais estrógeno durante o desenvolvimento fetal.

## O Sistema Límbico e a "Central de Emoções"

Agora vamos considerar o cérebro inferior ou intermediário, chamado de sistema límbico. Você ouvirá muito mais sobre o sistema límbico porque se trata do centro do sistema emocional. Mais especificamente, uma pequena parte do cérebro intermediário em forma de amêndoa, chamada de *amídala*, é o lar das emoções. A amídala, apesar de pequena, tem uma influência poderosa sobre todos os pensamentos e comportamentos, especialmente nas mulheres, as quais parecem ter uma amídala mais sensível e ativa. O processo de pensar, tanto nos cérebros femininos como nos masculinos mescla a atividade do córtex (a substância cinza em forma de noz, que é o centro do pensamento racional) e da amídala, o centro emocional do cérebro. Isso significa que não existe um pensamento totalmente racional; nossos pensamentos sempre trazem o envolvimento da amídala. Contudo, as pesquisas indicam que o cérebro feminino geralmente tem maior envolvimento da amídala do que o cérebro masculino sob as mesmas circunstâncias. As pesquisas ainda não encontraram uma explicação para o fato, mas os cientistas, que pensam em termos de evolução, sugerem que deve haver uma vantagem de sobrevivência para que as fêmeas de uma espécie estejam preparadas para sentir certas emoções, especialmente as negativas, de maneira mais freqüente e mais intensa do que os machos.

O que tudo isso significa? Para usar nossa metáfora da Teoria do Strudel, o strudel feminino é muito diferente do masculino, em seu nível mais básico. A combinação dos diferentes ingredientes entre os sexos e os indivíduos mesclada com as experiências que se acumulam com o tempo exercem forte influência na maneira como as coisas são moldadas e seus resultados.

Então, do que são feitas as meninas? Qual é sua natureza?

- A maioria das mulheres está predisposta, devido ao seu sistema neurológico banhado por estrógeno, a essas áreas cognitivas: facilidade com línguas, capacidade auditiva, habilidade motora fina, pensamento seqüencial/detalhado. Para explicar de maneira simples, o estrógeno parece aprimorar as funções neurológicas armazenadas no lado esquerdo do cérebro.

- Pesquisas cerebrais avançadas também indicam que, em comparação ao cérebro masculino, as mulheres têm um cérebro mais descentralizado que utiliza várias partes para uma única função; maior integração do cérebro, que utiliza os dois hemisférios na maioria das tarefas e um corpo caloso mais desenvolvido, que é a ponte entre os hemisférios esquerdo e direito, que permite a comunicação e aprimora a integração dessas atividades cerebrais.

- O sistema límbico, onde está a amídala, o centro emocional do cérebro, parece ser mais sensível e ativo nas mulheres. Seus pensamentos estão integrados com o sistema emocional com maior freqüência e maior intensidade do que a maioria dos pensamentos dos homens. Por exemplo: as mulheres podem sentir a depressão em níveis muito mais elevados do que a maioria dos homens; alguns pesquisadores acreditam que até cinco vezes mais. Nas atividades diárias, uma garota vivencia o momento com as partes tanto racional como emocional do cérebro, fazendo com que situações aparentemente desvinculadas das emoções contenham um componente emocional.

A jovem menina vem ao mundo com essas três predisposições acima como resultado de seu cérebro feminino diferenciado. Eventualmente, é provável que ela fale mais cedo, aprenda a ler mais rápido, escreva letras cursivas melhores e lembre como amarrar os sapatos melhor que seu irmão. É possível que também leve um pouco mais de tempo para raciocinar sobre uma tarefa e talvez também seja mais sensível ao tom de voz dos pais do que o irmão.

Isso é pura interpretação. Mas nada é 100% puro. Existe uma gama de características femininas, não uma quantidade específica de cada característica para cada indivíduo. Portanto, existem diferenças dentro da população feminina e também há homens com sistema neurológico mais parecido com o de uma mulher. Em seu livro *The Owner's Manual for the Brain: Everyday Applications from Mind-Brain Research*, Dr. Pierce J. Howard se refere a um segmento da população masculina que tem cérebros femininos diferenciados e a um segmento da população feminina com cérebros masculinos diferenciados. Dr. Howard sugere que cerca de 80% das mulheres apresentam cérebros femininos diferenciados com as três predisposições acima, claro que com certa variação; cerca de 20% dos homens têm cérebros femininos diferenciados com as três predisposições acima. Cerca de 80% dos homens têm cérebros masculinos e cerca de 20% das mulheres também o têm.

Os termos *masculino* e *feminino diferenciado* se referem ao estilo de aprendizagem, não necessariamente ao sexo ou orientação sexual. Isso parece significar que esses sistemas neurológicos receberam uma quantidade um pouco maior dos hormônios do outro sexo (estrógeno e testosterona) no útero. Há certa evidência de que o excesso de hormônios do outro sexo tenha efeito sobre a orientação sexual, mas essa pesquisa ainda está nos estágios preliminares em relação a esses extremos. Em geral, o estereótipo do estilo masculino de aprendizagem em uma mulher *não* significa que ela seja lésbica; nem o estereótipo do estilo feminino de aprendizagem em um homem indica que ele seja gay.

Em termos de predisposição cognitiva do cérebro no nascimento, o mundo intervém e muito. Experiências prematuras podem exacerbar essas predisposições ou modificá-las no sentido oposto. Durante os anos de formação, tudo que é feito tem impacto significativo no desenvolvimento do cérebro e da personalidade. Por exemplo: em uma pré-escola com meninos e meninas, se as crianças puderem escolher como passar o tempo, você verá escolhas semelhantes em crianças do mesmo sexo. Tendo em mente a minoria de 20% de cada grupo mencionada acima, para deixar mais claro, farei referência a esses grupos como os "20%" de meninos e meninas.

As observações mostram que os meninos tendem a passar boa parte do tempo brincando com blocos de montar, junto com os 20% de meninas. As meninas passam uma boa parte do tempo no cantinho das roupas ou escrevendo e desenhando, junto com os 20% de meninos. Certamente há outros tipos de transferências de gênero em algum ou em todos os momentos, mas o padrão geral na escolha de atividades reflete as predisposições neurológicas listadas acima.

Tenha em mente que o uso amplia a ramificação dos dendritos e o crescimento dos neurônios; que esse crescimento aprimora a facilidade de pensar na área usada e que os anos de formação são a época de maior crescimento neurológico, o que significa que os garotos que estão grudados em seus blocos de Lego usam seus neurônios espaciais porque são bons nisso e há um fator de conforto cerebral nessa atividade. Quando iniciam esse tipo de brincadeira, seus dendritos estão aumentando gradativamente e tornando essas conexões neurológicas ainda mais fortes. As garotas, por outro lado, quase não estão passando tempo nenhum com os blocos de montar e, portanto, não estão apenas *não* aumentando o crescimento de dendritos e o fortalecimento neurológico nessa área, como também estão reduzindo o número de dendritos devido ao pouco uso. Essa é a área do cérebro que lida com matemática e a capacidade de solucionar problemas com base na lógica e que será necessário mais tarde na vida. Assim, essa é uma área importante do desenvolvimento do cérebro feminino em termos de sucesso posterior na escola e na vida em geral.

## "Conecte-se" para Melhor Crescimento Cerebral

Refiro-me ao uso e tempo gasto com uma determinada área de habilidade como tempo de "conexão". É importante que as meninas (e os meninos) tenham um tempo de conexão nas áreas contrárias ao seu núcleo neurológico. Explicando mais claramente, para melhor equilíbrio e crescimento neurológico por toda a vida, geralmente as garotas precisam passar muito tempo brincando com blocos de montar, enquanto os garotos precisam passar muito tempo escrevendo e desenhando. Vivenciadas de maneira agradável, essas experiências contrárias ao núcleo neurológico do gênero ajudam a criar um cérebro bem-equilibrado que é melhor equipado para lidar com a variedade de tarefas e desafios que terá de enfrentar durante toda a vida. Esse conceito pode ser expandido para várias áreas. As jovens meninas precisam passar certo tempo em todas as áreas que não estão predispostas a escolher por conta própria:

**Tarefas de capacidade motora grossa:** pular corda, andar de bicicleta, escalar

**Tarefas espaciais:** quebra-cabeça, dobradura, carpintaria, direções

**Estratégia e solução de problemas:** jogos e esportes em equipe, jogo de damas

**Arriscar-se:** fazer algo que lhe exija certa dose de coragem

Isso pode variar tremendamente de indivíduo para indivíduo.

Se sua filha faz parte dos 20%, então ela precisará passar algum tempo em atividades como:

**Tarefas de capacidade motora fina:** pintura, desenho, amarrar, fechar zíperes

**Tarefas de audição:** livros gravados em fita, rimas, leitura de poemas e histórias em voz alta

**Pensamento seqüencial e detalhado:** brincar de forca, palavras cruzadas, colocar coisas em ordem, colocar palavras em ordem alfabética

**Conectar-se com os demais:** jogos cooperativos, trabalho voluntário

Em visita a uma escola de meninas, certo dia, ouvi uns gritos no corredor. Naturalmente, corri para ver o que estava acontecendo e encontrei várias meninas da pré-escola agachadas em um canto escuro. Seus gritos eram de contentamento: tinham visto uma centopéia e tentavam capturá-la e levá-la para o laboratório de ciências porque "A Sra. Farrell vai achar isso demais". Uma das garotas ergueu-se triunfante com a centopéia na mão e todas saíram correndo pelo corredor. Uma das alunas novas da escola, não-acostumada ao trabalho prático de ciências, ficou paralisada no meio do corredor e estava pálida feito cera. Ela me olhou e disse: "Como elas têm coragem de pôr a mão naquela coisa horrível?"

Isso certamente mostra a importância de modelos, como a Sra. Farrell para as meninas, mas também o efeito das experiências precoces e consistentes. As garotas empolgadas vinham tendo aulas de laboratório desde os 3 anos e estavam acostumadas a perceber que as criaturas antes vistas como assustadoras podiam ser espécimes científicos muito interessantes. Provavelmente, se pudéssemos ver esses cérebros em ação, veríamos dendritos muito diferentes nos córtex e amídalas das garotas empolgadas, se comparados aos da garota perturbada que permaneceu de pé no corredor, diante de mim!

## Acontecimentos e Momentos Cruciais: A Sobreposição de Camadas de Significado

Agora que temos uma idéia dos efeitos das camadas da natureza, da criação e das experiências de vida, e especialmente dos aspectos femininos dessa mistura, estamos prontos para ver mais de perto as experiências que influenciam mais profundamente as vidas das garotas. Chamo-as de "acontecimentos e momentos cruciais".

O dicionário define "crucial" em primeiro lugar como algo em formato de cruz, cruciforme e, em segundo, como algo difícil, árduo, uma prova de fogo. Os acontecimentos ou momentos cruciais são aqueles que moldam o ser humano com o fogo. Essa transformação faz com que o ser humano fique mais forte ou mais frágil, ou ambos; mas os acontecimentos cruciais não nos deixam intactos.

Eu uso a palavra *acontecimentos* e *momentos* para descrever duas dimensões diferentes das experiências cruciais das meninas. Um acontecimento conota algo mais amplo e mais importante do que um momento e é isso que significa aqui. Um acontecimento crucial, nesse contexto, é algo que acontece em determinado momento da vida de quase todos e tem certa significância. Para as mulheres, esses acontecimentos cruciais freqüentemente estão relacionados às conexões e relacionamentos, mas não exclusivamente. Os exemplos incluem mudanças, amizades, disciplina, assumir riscos, mortes e perdas. Embora claramente imprevisível, o trauma também é um acontecimento crucial por causa de sua força emocional. Por exemplo: estupro e outros abusos físicos e sexuais são acontecimentos cruciais que continuam a delimitar ou parecerem reais na vida emocional de uma garota, muito tempo depois de terem terminado.

A palavra momento conota algo menor, mais transiente, possivelmente de menor significância, e é esse o seu sentido aqui. Momentos cruciais podem acontecer várias vezes ao dia ou durante a semana. Eles simplesmente acontecem, não são antecipados e, no esquema da vida, parecem não ter importância. Entretanto, é o acréscimo desses momentos cruciais, com o passar do tempo, que funciona como o acúmulo de finas camadas de farinha no strudel: eles fazem a diferença e realmente nos moldam de maneira tão significativa quanto os acontecimentos cruciais. Ao observarmos a vida em retrospectiva, freqüentemente são os acontecimentos cruciais que permanecem vívidos na memória e nos esquecemos do lento acréscimo de momentos cruciais. Depois de tudo isso dito, sabemos que eles têm a mesma importância.

## Momentos Cruciais: São as Pequenas Coisas

Então, vamos começar com os que geralmente são ignorados ou pelo menos subestimados: os momentos cruciais. Todos os pais e professores têm histórias como essas, mas não há uma única história que capture tão bem essa realidade.

Uma professora ficou de lado no parquinho, observando suas crianças da pré-escola durante o recreio. Uma das garotinhas veio até ela e disse: "O Joey não me deixa brincar no escorregador!" A princípio, ela olhou a professora com um pouco de raiva nos olhos, mas, quando a viu hesitar, as lágrimas começaram a brotar. Acho que a maioria dos adultos está de alguma forma programada, seja pelo ambiente ou pela genética (eu diria que por ambos) a ter uma reação imediata a esse tipo de situação: a reação de proteger o mais fraco ou resolver o problema. Nesse caso, a professora entendia o conceito de momentos cruciais muito bem. Ela disse: "Hannah, por que você não vai até o Joey e fala bem grosso com ele, dizendo que é sua vez de escorregar?"

Hannah ficou perplexa por um instante; então se virou, foi até Joey e disse em voz alta: "É minha vez!"

Joey, surpreso com essa mudança em Hannah, deu-lhe a vez. Um pouco mais tarde, conversaremos sobre mudanças de pêndulo e como essa nova atitude assertiva inicialmente levou Hannah a ser um pouco mandona, exigindo certas intervenções para trazer seu pêndulo novamente ao centro. Mas, por enquanto, trata-se de um exemplo claro de um momento crucial que ajudou a moldar uma menina na direção da independência, tornando-a capaz de assumir o controle das próprias necessidades. Apenas imagine a sobreposição de camadas na outra direção, caso a professora tivesse respondido somente com empatia e resolvido o problema com Joey pessoalmente.

Os pais têm a oportunidade de ajustar lições que as meninas aprendem todos os dias dessa maneira. Por exemplo:

*Reconhecemos e usamos suas perguntas como uma maneira de ajudá-la a ver e raciocinar sobre as complexidades das situações da vida?* Com muita freqüência, os pais e professores acreditam que as perguntas são simplesmente algo a que devem responder. Precisamos abandonar nossa mentalidade de "perguntas e respostas" e visualizar as dúvidas como uma oportunidade, um convite para entrar no mundo dela e explorar as complexidades da vida. Uma pergunta é um presente.

*Em geral, a reprovamos por cometer erros ou usamos o erro como uma oportunidade de lidar com o cinza?* Novamente, a importância do erro está na porta que ele nos abre para entrar em seu mundo, a oportunidade de nos unirmos a ela no processo de raciocínio sobre o momento. Essa é a atitude de pais em conexão com a filha, pois transformam um momento de "fracasso" em oportunidade de crescimento.

Em geral, lhe damos tarefas que consideramos como coisas para mulheres ou freqüentemente redistribuímos as tarefas domésticas para usar esse suave efeito de sobreposição de camadas em contraposição ao êxito nada sutil das atitudes estereotipadas no mundo fora de casa e da escola? Se em casa você rompe com os estereótipos relativos ao sexo com freqüência, ao atribuir todas as tarefas para as meninas e os meninos, então fornece a seus filhos a experiência que constrói a competência, a confiança e a expectativa de justiça. Você lhes fornece lentes para ver as atitudes estereotipadas em outros lugares como realmente são. Pode-se falar até perder o fôlego sobre a igualdade entre os sexos – ou qualquer outra coisa – mas, se eles não passarem por experiências que forneçam essas lentes, não poderão enxergá-la. É a presença diária de ações e sensações, desde cedo, que desenvolve os olhos da experiência que os permitem ver.

## Acontecimentos Cruciais: Episódios Importantes Que Definem Nossa Vida

Quando se dá um acontecimento crucial, os pais e os professores geralmente devem dispor de mais tempo para pensar, já que boa parte desses acontecimentos estará presente em algum momento da vida da maioria dos seres humanos. É importante analisar a melhor maneira de reagir, de modo a moldar uma garota, tornando-a mais forte, mais capaz, mais corajosa e segura e melhor preparada para lidar com sucesso nos demais acontecimentos da vida.

Como vimos anteriormente, a maioria das mulheres está predisposta a levar os relacionamentos muito a sério, a sentir-se em profunda conexão com as pessoas. Não é de surpreender, portanto, que muitos acontecimentos cruciais na vida das meninas girem em torno desses relacionamentos. As amizades e as perdas são dois exemplos bastante claros desses acontecimentos. Toda essa área de desenvolvimento social e seus estágios serão analisados em um capítulo posterior. Portanto, de maneira condensada, levando em conta as questões de amizade que são acontecimentos cruciais, direi apenas que a maioria das garotas apresenta grande necessidade de ter uma melhor amiga dos 9 até os 14 anos e, às vezes, dependendo da sua personalidade, muito antes disso.

### *Dana e Kathryn: Ganhos e Perdas da Amizade*

O relacionamento de Dana e Kathryn começou quando tinham 2 anos, como vizinhas cujas mães eram amigas. Conforme os anos foram passando, elas acabaram freqüentando escolas diferentes, apesar de ainda morarem uma ao lado da outra, passarem o tempo livre juntas e se tornarem grandes amigas. A amizade das duas era como uma âncora no oceano da vida. Uma podia confiar na outra, trocar confidências, desabafar e encontrar apoio. Quando o pai de Kathryn foi transferido para um emprego em outra cidade e eles tiveram que se mudar, esse fato teve efeitos profundos em ambas as meninas, na época com 10 anos.

Os pais de Dana estavam confiantes de que sua filha se ajustaria bem, mas também se preocupavam com a tristeza dela de perder a amiga mais antiga e mais querida nessa idade. Eles respeitaram a necessidade de Dana chorar e se sentir muito triste como parte do processo de crescimento pela experiência.

Frases rápidas para confortar ignoram a necessidade do processo emocional interno. "Você encontrará novas amigas". "A vida continua". "Vocês ainda podem se falar pelo telefone e se ver de vez em quando". Não quer dizer que essas frases sejam falsas, só que a princípio não ajudam e não dão valor ao efeito que a perda de uma amizade pode ter sobre uma menina.

A mãe de Dana foi maravilhosa ao lidar com a situação. Todas as noites ela a encorajava a falar sobre seu dia, dizer-lhe o que teria contado a Kathryn. Eles passaram a pagar um provedor de Internet para que as meninas pudessem enviar e-mails uma à outra e obterem respostas imediatas. As meninas podiam conversar pelo telefone a cada dois dias, no começo, e depois duas vezes por semana. Os pais compraram uma agenda para cada uma das garotas e marcaram as datas de visitas durante os feriados prolongados e as férias.

Acontecimentos cruciais como esse são comuns durante nossas vidas. Várias categorias deles ocorrerão na vida de cada garota. Sabemos que nossas meninas vivenciarão problemas de ligação com as pessoas: perdas, mortes, dificuldades dolorosas com as amizades, problemas disciplinares, problemas para assumir riscos e amadurecer. Além do mais, temos enfrentado certa variação de todos esses tipos de questões em nossas vidas. Então parece prudente manter uma reserva de experiência e sabedoria da qual surgirá um roteiro calmo e premeditado, sempre que um acontecimento crucial aparecer no caminho. Ainda não encontrei pais que se sintam assim. Por quê? Por que sempre que um acontecimento crucial surge, os pais se sentem tão despreparados, tão cegos, tão inseguros sobre como reagir?

*Porque nos importamos demais.* Não se trata apenas de um problema objetivo a ser resolvido, trata-se de nossa garotinha. Vê-la magoada ou triste interfere em nosso processo cognitivo. Mais tarde direi que, em altos níveis de emoção, achamos difícil pensar claramente. Trata-se, também, de instinto, no reino animal, proteger nossos filhotes, querer evitar a dor e a frustração imediatamente, não prolongá-las nem continuar a viver com elas por um longo período. Em essência, temos que ir contra nossa carga genética e emocional para lidar efetivamente com os acontecimentos cruciais, o que é incrivelmente difícil de ser feito.

*Porque queremos resolver melhor a situação para nossas filhas do que quando enfrentamos a mesma situação.* Será que ela não pode aprender com os nossos erros? Ganhamos sabedoria a partir do nada? Aplicamos os dados e as situações das nossas vidas com ela e é impossível haver uma combinação perfeita. Não somos os mesmos indivíduos idênticos, nas mesmas situações idênticas. O mundo não é o mesmo e as situações similares são realmente diferentes o suficiente para que nossos mapas e orientações da estrada estejam ultrapassados. Os velhos mapas não funcionam e não podemos decifrar os novos mapas sem a ajuda de nossa filha. Que impasse! Você quer ajudá-la, mas precisa de sua ajuda para fazê-lo.

*Parece mais fácil controlar os aspectos externos do acontecimento do que lidar com os aspectos internos – intelectuais e emocionais.* Isso exige muito do nosso tempo, muito da nossa paciência e toda nossa sabedoria! No exemplo acima, seriam necessários apenas três segundos para que a mãe de Dana dissesse: "A vida segue em frente; arranje outras amigas". Foram necessários anos de trabalho para atravessar esse acontecimento crucial e para acumular as camadas de todas as coisas que a tornariam mais forte no final. Parece uma grande escalada na montanha.

*Quanto mais complicado for, mais inseguros nos sentimos para lidar com o problema.* Há passos demais e não temos certeza de quais são, que dirá a seqüência exata dos passos a serem tomados! É como a diferença entre aritmética e matemática. Podemos somar dois e dois, mas aquele problema terrível do trem que viaja a 80 quilômetros por hora durante 3 horas e um que viaja a 50 quilômetros por hora durante 10 minutos e onde eles se encontram – ser pai às vezes parece essa loucura da matemática!

Então, o que podemos fazer para ajudar nossas filhas a lidarem com o cinza dos acontecimentos cruciais da vida? A atuação próxima dos pais sugere que participemos do processo e respeitemos a complexidade que só pode se revelar com o tempo. Tempo é a palavra-chave. Meu primeiro conselho é: pense por algum tempo, converse com seu marido ou esposa, procure o aconselhamento e a sabedoria de outras fontes, mantenha-se distante para ter melhor perspectiva. Quando desaceleramos o ritmo e utilizamos algum tempo para ouvir e refletir, oferecemos um modelo muito forte para nossas meninas, mesmo se o processo não produzir uma resolução rápida – e não deveria ser assim. Minha mãe ensinou-me isso naquela noite memorável, e a "História do Cobertor Verde" permanece como um dos meus relatos favoritos sobre ela.

### A História do Cobertor Verde: Mamãe Sabe Tudo!

Minha mãe a chamava de "amor de filhote". Sempre achei o título estranho: Jay não era um filhote. Ele era o garoto ruivo da outra turma da primeira série. Eu o achava o máximo. O ponto alto do meu dia era o recreio, quando caminhávamos pelo parquinho de mãos dadas, conversando sobre coisas interessantes. Jay me achava legal! Realmente não tinha nada a ver com o fato de ele ser menino e eu menina – éramos amigos. Então uma menina loira mudou-se para a cidade. No dia seguinte, quando chegou a hora do recreio, corri para o pátio e procurei por Jay. Ele estava conversando com *ela*! Eu tinha sido esquecida. E assim se seguiu por várias semanas.

Meus pais sabiam que algo estava errado. Sou uma pessoa matutina e adorava a escola, mas parei de saltar da cama e correr para ela. Eles perguntaram o que estava errado, mas eu não suportava a idéia de contar-lhes que eu deveria ser feia ou que havia alguma coisa de errado em mim porque agora ele gostava *dela*. A alegria tinha ido embora da escola e de mim.

Certa noite, na hora de ir para a cama, minha mãe sentou-se ao meu lado. Ela me cobriu com o cobertor – o cobertor verde do meu pai – até o queixo e disse: "Agora, você pode me contar o que está te incomodando?" Eu estava cansada, triste, minha guarda estava abaixada: confessei minha feiúra e falta de valor. Nunca me esquecerei do olhar no rosto da minha mãe, enquanto ela dizia: "Você é a menina mais linda de todas as primeiras séries do mundo. E vou pensar sobre isso e conversar com o seu pai; talvez amanhã à noite a gente possa conversar, os três juntos. Não importa o que aconteça, você sabe que nós a amamos e que a ajudaremos a sentir-se melhor".

Não me lembro dos detalhes da recuperação do meu coração ferido, mas nunca me esquecerei da sensação daquele cobertor verde e das palavras da minha mãe.

Portanto, meu conselho é muito simples. Lidar com os acontecimentos cruciais da vida pode ser difícil. Primeiro: encontre sua própria versão do cobertor verde. Segundo: encontre tempo para você. Terceiro: dê à sua filha uma sensação de esperança de que há luz no fim do túnel. Quarto: procure ajuda e aconselhamento. Quinto: não deixe de conversar nem de estar por perto o tempo suficiente para experimentar algumas coisas ou resolverem isso juntos.

## Disciplina: Ensinando um Modo de Vida

O pensamento e o comportamento morais são a principal tarefa de desenvolvimento de uma criança nos anos de formação, os quais, para os pais, são traduzidos em disciplina ou na modelagem dos padrões comportamentais e morais de uma criança. Disciplina é, assim, muito mais do que punição, mas é nela que a maioria das pessoas pensa quando ouve a palavra *disciplina*: punição. As duas palavras não são sinônimas. É como dizer que mão e dedo são a mesma coisa. A disciplina é a mão toda; a punição é o dedo, apenas uma parte. A disciplina é o sistema total para ensinar a uma criança o que é adequado e o que não é, a que devemos dar valor e o que acreditamos ser certo ou errado. Como adultos na vida das crianças, é claro que usamos a punição e as conseqüências, mas também usamos o elogio, o amor, as recompensas, as discussões e outros meios de afirmar o que gostamos. É tudo isso: a casca, o caroço e tudo o que vem dentro.

É por esse motivo que fórmulas rígidas que dizem "Se você fizer A, então B acontecerá" não funcionam. Essas fórmulas não levam em conta a situação total, o que ensinaria melhor à nossa filha como lidar com eventos similares no futuro e transformar as experiências como essa em oportunidades de aprender e crescer. Também é muito perigoso para as jovens garotas começarem a ver o mundo como preto e branco em termos do que é bom e o que é ruim. Como veremos no Capítulo 8, as meninas parecem ter grande necessidade de adequar-se e agradar. Se há conseqüências preestabelecidas para cada transgressão percebida, as meninas são desencorajadas a assumirem riscos nos anos de formação, então correm para uma postura que seja mais agradável e freqüentemente tornam sua auto-imagem e sua auto-estima dependentes das reações do mundo em relação a elas.

Um exemplo disso foi uma situação que surgiu com as meninas da quarta série da minha escola. Havia virado moda usar palavrões com freqüência e abundância. Entretanto, sendo meninas inteligentes, elas nunca o faziam perto do ouvido dos professores. Contudo, isso começou a alterar o clima da quarta série, antes amigável e seguro para algo mais tenso e um pouco cruel. As garotas que não queriam falar palavrões sofriam muita pressão dos colegas: entravam na onda do grupo ou ficariam de lado. O péssimo linguajar cresceu gradualmente, transformou-se em um comportamento ruim e o clima começou a mudar. As alunas da quarta série eram as mais velhas da escola primária e, desse modo, serviam como modelo para as meninas mais novas.

Assim, como diretora, reuni as 36 garotas daquela série, certa manhã, expliquei que sabia o que estava acontecendo e qual a repercussão do fato na nossa escola, nosso recanto especial, nosso santuário. Expliquei que sabia que não estavam agindo daquela maneira para serem malvadas, mas que suas atitudes estavam magoando os demais. Estabeleci o limite, por assim dizer, e avisei que, se esse linguajar prosseguisse, o tratamento seria severo porque era importante que nossa escola continuasse a ser o refúgio contra boa parte da porcaria que todos temos de enfrentar no resto do mundo.

Você adivinhou! Eu mal saí da sala, quando Sylvia, uma das líderes naturais no grupo, virou-se para todas as colegas de classe e disse: "A Sra. Deak não pode fazer [palavras excluídas] nenhuma sobre isso".

A política-padrão da escola teria sido dizer-lhe que aquilo era ruim e errado, puni-la e deixar a mensagem clara de que o mesmo aconteceria com as outras garotas. No entanto, apesar de inadequado, Sylvia estava exibindo sua ousadia de líder. Quando as meninas são punidas em público ou cedo demais, sem a parte geral de disciplina/aprendizado, isso freqüentemente leva a diminuir seu espírito e força. Por outro lado, há padrões sociais e necessidades do grupo a serem considerados. A disciplina envolve muitos mais passos do que simplesmente aplicar corretivos, o que explica por que não podem haver muitas fórmulas efetivas para o comportamento inadequado, especialmente com as garotas.

Sylvia levou suspensão de um dia. Mas, em uma reunião particular, também disse que sempre admirei sua força, como quando ela defendeu sua amiga no parquinho. Uma mensagem similar foi dada à turma: Sylvia era uma grande líder em potencial e uma boa pessoa, mas tinha dado um passo errado na sua estrada da liderança. Eu esperava realmente que ela continuasse a ser respeitada pela classe.

Uma das partes mais importantes da minha reação com as garotas foi o que chamo de discurso de Alzheimer: todos cometemos erros e tenho muitas coisas na cabeça para me lembrar de tudo. Portanto, amanhã já terei esquecido o fato e ainda considerarei cada uma delas como um ótimo ser humano. Finalmente, foi importante para mim sorrir e conversar com Sylvia alguns dias depois, dar-lhe uma importante tarefa pública e deixar claro que a vida continua, e que podemos aprender com nossos erros.

Você pode ver que a punição é apenas uma pequena parte do paradigma da disciplina. A disciplina é o sistema total de modelagem do caráter e do comportamento de uma criança. A punição é uma pequena parte desse sistema que se refere às conseqüências negativas de uma ação. De papel igualmente importante no desenvolvimento do caráter e do comportamento está o outro lado da moeda da punição: elogio e reforço. Na verdade, as pesquisas sugerem que o reforço e o elogio são ferramentas incrivelmente poderosas no desenvolvimento do caráter e do comportamento com efeitos colaterais menos negativos do que a punição.

Entretanto, nas últimas décadas, a importância do reforço e do elogio às crianças tem sido elevada às alturas do Monte Everest. Em um artigo do *New York Times*, o autor lembrou-se de ver pais na base da montanha coberta de neve gritando para seus filhos e elogiando como estavam indo bem no seu trenó. Caso tivesse sido a primeira tentativa da criança, esse comportamento teria sido compreensível, mas os gritos de elogio se seguiram por mais de uma hora.

A questão é: se todo comportamento e ação de uma criança forem elogiados, o elogio não apenas perde seu impacto, mas gradualmente leva a criança a acreditar que tudo o que faz é ótimo, desde rabiscar uma folha de papel até escrever *Guerra e Paz*. É possível imaginar todas as ramificações disso: desde a falta de motivação interna até a necessidade de elogios de todos ou a raiva por receber respostas negativas.

Se o elogio excessivo tivesse um rótulo de advertência, ele diria:

***O elogio excessivo pode levar ao desenvolvimento de:***

*Uma criança muito egoísta que quer elogios de tudo e todos.*

*Uma criança muito carente que não trabalha bem sem os comentários constantes dos pais.*

*Uma criança muito complacente porque tudo é visto da mesma maneira.*

*Uma criança muito agressiva porque, inevitavelmente, terá interações com pessoas que não serão tão efusivas quanto ao seu comportamento ou terão padrões mais elevados para os elogios.*

*Uma criança muito confusa porque o mundo externo não é o mesmo que o mundo no seu lar.*

*Uma criança muito preguiçosa porque o mínimo esforço é recompensado.*

Minha mãe costumava dizer: "Que o castigo seja de acordo com o crime". Eu acrescentaria: "Que o elogio seja de acordo com o feito".

No mundo escolar, os professores também estão sendo guiados a dar elogios específicos para trabalhos específicos. Um exemplo seria dizer: "Gostei da maneira pela qual você usou gráficos para enfatizar a comparação das alturas das meninas com suas mães", em vez de "Ótimo trabalho!". O resultado do elogio específico e merecido é o mesmo do castigo específico e merecido: dá à criança um retorno claro para que ela entenda seu comportamento e seja capaz de usar essa informação para considerar as escolhas e ramificações de comportamentos futuros. E, por fim, é uma parte significativa que leva ao sistema geral de crenças e moral dessa pessoa feminina.

Toda a questão do elogio e do reforço está fortemente relacionada ao sexo. Por exemplo: o livro *Failing at Fairness: How Our Schools Cheat Girls*, de Myra e David Sadker, e muitos outros pesquisadores identificaram diferenças claras no retorno dado às meninas e aos meninos na escola. As meninas geralmente recebem comentários positivos gerais como "Bom trabalho". Os garotos geralmente recebem retornos mais específicos como "Você precisa ter a letra legível para que eu consiga ler o que você quer dizer". Sabemos que as meninas freqüentemente reagem às críticas ou ao retorno negativo sentindo-se magoadas, pensando que você não gosta delas. Os meninos, por outro lado, parecem receber o comentário negativo com maior facilidade. Os resultados finais, concluem muitos pesquisadores, é que os adultos em geral são desnecessariamente positivos em seus comentários com as meninas e muito específicos, com críticas construtivas, em seus comentários com os meninos. Isso permite que os garotos gradualmente aprimorem seus desempenhos ou comportamentos porque recebem as mensagens específicas que os orientam para eles. As garotas aprendem desde cedo que os padrões são mais baixos para elas, e assim ficam dependentes dos elogios ou ele perde sua validade.

## Os Pais na Gangorra: Trazendo Equilíbrio às Nossas Reações

No resto do mundo animal, outras espécies parecem ter conhecimento instintivo de como educar sua cria. Os leões sabem instintivamente o que fazer quando seus filhotes vagueiam para longe de casa. As focas sabem quando seus pequenos estão prontos para aprender a nadar e sabem como ensiná-los. E quanto a nós? Acho que boa parte do trabalho dos pais pode ser bastante intuitivo, em um nível básico. Estamos programados para proteger nossa cria, alimentá-la e fornecer abrigo. Certamente, há pais desprovidos de instinto, mas a grande maioria possui esse impulso interno e conhecimento de base. Freqüentemente digo aos pais que, quando em dúvida, devem confiar em seus instintos. Mas o problema é que as vidas dos seres humanos evoluiu a um estado de complexidade que não há um meio possível de estar programado para todas as eventualidades. Ademais, entre os animais, há a seleção natural que ajuda a facilitar a tarefa dos pais. Se houver um filhote teimoso que simplesmente não os obedece, ele sairá vagando por aí e acabará sendo devorado. Quando temos uma criança teimosa que simplesmente não obedece, não se trata de algo tão simples como acontece com os animais. Portanto, ofereço a Teoria dos Pais na Gangorra como ajuda para lidar com o nível conceitual de todas as eventualidades que cada um de nossos filhos nos traz.

De maneira simples, a Teoria da Gangorra diz que você ajusta sua reação de acordo com a personalidade de sua filha, seu temperamento, sensibilidade e a situação, somente para citar algumas variáveis. Trata-se do equilíbrio yin e yang, reagir com discernimento, adequando intensidade e tom de suas necessidades. A Teoria da Gangorra diz respeito a equilibrar suas reações.

Os psicólogos e especialistas da área sempre defenderam a consistência; assim, a idéia de uma gangorra, ou o movimento e a flexibilidade que ela implica, pode parecer contrária a esse conselho, mas não é. A consistência refere-se à solidez de valores e postura filosófica, não necessariamente as mesmas conseqüências para determinadas ações. Nosso sistema legal reflete essa postura no sentido em que aplica conseqüências amplamente diferentes ao mesmo comportamento. Os motivos são levados em conta. A ignorância pode não ser uma desculpa, mas um fator atenuante.

A palavra *obsessão* nos leva suavemente para um subconjunto da Teoria da Gangorra. Não se trata apenas de uma teoria de reações, mas também pode ser vista, de certo modo, como um estado de ser pai. Isso é difícil, já que todos os pais têm o próprio temperamentos e sua personalidade. Não estou falando em ser uma pessoa diferente com cada criança, mas talvez ajustar suas emoções e reações à situação, personalidade ou temperamento de cada uma. Um exemplo seria responder a uma criança que fica triste facilmente, chora facilmente e empolga-se facilmente. Na maioria das situações, o lugar onde se deve sentar na gangorra é um pouco mais atrás, para equilibrar os altos níveis emocionais. As situações só ficam ainda mais exacerbadas quando os pais reagem com altos níveis emocionais ou energéticos contra as emoções e energias elevadas de uma criança. É mais fácil falar do que fazer, mas vale a pena o esforço.

Esse tipo de situação freqüentemente faz com que ter dois pais seja um luxo, o que permite que o mais equilibrado esteja do outro lado da gangorra. O que não é tão equilibrado também tem papel essencial e com freqüência será a pessoa que entende completamente os altos e baixos e estará disponível para suprir as necessidades do cobertor verde.

Já falei o bastante. Você verá essa parte da Teoria da Gangorra vinculada em todos os capítulos e exemplos a seguir. Agora vamos dar uma olhada em dois aspectos da nossa personalidade e temperamento – identidade e controle – que entram em cena nas interações do dia-a-dia com nossas filhas. A identidade e o controle colorem nosso estilo de educar, modelam nossas tarefas de pais e afetam o modo como nossas reações oferecem – ou às vezes não logram fazê-lo – disciplina e equilíbrio à garota do outro lado da linha.

## Identidade: Lembrar-se de Quem é Quem e o Que Isso Significa

Erik Erikson não foi o primeiro psicólogo a falar sobre o vínculo e a confiança entre a criança e os pais, mas é provavelmente o mais conhecido e lembrado. Ele fez a declaração absoluta de que tocar, abraçar, amar e estar perto são ações fundamentais durante os primeiros meses de vida de um bebê com um adulto importante, geralmente um dos pais ou ambos. É esse sentimento de segurança física e bem-estar emocional que permite que a pessoa em desenvolvimento confie no mundo e nas pessoas o suficiente para crescer, para desabrochar e explorar. Assim como em relação à maioria dos conceitos ou características relacionadas aos humanos, essa identificação estará presente em outros momentos. E, assim como em relação à maioria dos conceitos e características, pode haver demais ou de menos. É o demais que freqüentemente pode se tornar um problema com as garotas e que pode levar a alguns problemas de identidade e com o que chamo de *aprisionamento da identidade*.

Deixe-me primeiro dizer que amar uma criança profundamente ocasionará uma inevitável sobreposição de identidade. Trata-se da sua filha, uma parte de você, alguém de quem você tem a responsabilidade biológica e/ou moral de cuidar, suprir e educar com sua melhor capacidade. É simplesmente lógico que periodicamente você misture seus sentimentos sobre as decisões com o que você acredita que sua filha está sentindo. Ou você pode acabar misturando, não intencionalmente, seus objetivos com os objetivos da sua filha. É normal, acontecerá com freqüência e, a longo prazo, será percebido por sua filha como algo normal que os pais fazem. Entretanto, quando essa sobreposição se torna uma prisão, os pais precisam recuar e pensar sobre o aprisionamento e a separação de identidades.

Nesses anos de formação, a questão de identidade é possivelmente ainda mais espinhosa entre mães e filhas do que entre pais e filhas, por motivos óbvios. Mães e filhas são mulheres. A mãe costuma saber, no sentido mais profundo da palavra, como é estar nas situações que suas filhas estão enfrentando. Sabemos o que é desejar ser amada, fazer parte do grupo, ver nossos corpos mudarem e crescer, como acontece com as meninas. Já passamos por isso e em geral queremos abreviar a curva de aprendizagem da nossa filha ou garantir que ela tenha ou faça coisas das quais nos arrependemos de não termos feito quando meninas.

Além disso, as mulheres possuem grande necessidade de união e estão predispostas pela natureza a cuidar dos demais, especialmente de sua cria. Seja do ponto de vista de Darwin, da biologia social ou educacional, a fêmea de uma espécie – a mãe – tem essa união. O cordão umbilical é ao mesmo tempo uma união literal e figurativa. Combine esse fato ao de que uma filha é uma fêmea e você terá grande necessidade de união e identificação de ambos os lados. Em resumo: é muito difícil separar nossas emoções, necessidades e sonhos dessa versão reduzida, embora diferente, de nós mesmas. Sentimos frio, então mandamos nossa filha vestir um casaco. Nossa filha está arrasada por causa de um comentário maldoso de um amigo e nós ficamos inflamadas.

Conheço uma mulher de uma independência bastante firme e que se importa profundamente com a igualdade dos sexos e a capacidade que as mulheres têm de fazer qualquer coisa. Quando sua filha nasceu, ela teve visões de que a menina seria extrovertida, aberta e vigorosa. Em vez disso, minha amiga foi abençoada com uma filha tímida e medrosa. No parque do bairro, certo dia, ela a observava, consternada, enquanto sua filha chorava porque queria ir nos balanços com as outras crianças, mas que não se aventurava. Frustrada, ela disse à filha que bastava ir até lá e balançar! A menina disse que não conseguia e chorou ainda mais. A frustração da minha amiga intensificou-se e ela acabou gritando com a filha: "O que há de errado com você?!", o que, naturalmente, resultou em mais choro.

Foi um momento de aprisionamento de identidade. Minha amiga acreditava que as mulheres não deveriam ser "violetas murchas"; ela própria não era e não queria que *sua* filha o fosse. Proibiu-a de ser! A visão que tinha da filha conflitava tão profundamente com a que tinha de si mesma e com o tipo de garota que sua filha deveria ser que era incapaz de se afastar o suficiente para ver que ela precisava de ajuda para desenvolver a confiança e as habilidades necessárias para superar situações como aquela.

Apesar de ser normal a mãe querer que sua filha seja independente para que enfrente os desafios da vida mais facilmente, a profundidade do que ela sente e acredita pode distorcer a mensagem. Nesse caso, se minha amiga pudesse separar sua visão altamente filosófica das mulheres do que sua filha estava vivendo, encontraria uma maneira alternativa para lidar com a situação. Ela poderia ter dito, por exemplo: "Brincar na balança é muito divertido. Que tal se formos juntas? Posso empurrar o balanço para você por algum tempo".

Da próxima vez que uma situação similar apareceu, minha amiga tentou mudar sua abordagem com a filha e descobriu que, com um pequeno empurrãozinho, a filha desenvolveu sua confiança rapidamente. Com o passar do tempo, ela passou a precisar cada vez menos da ajuda da mãe e deixou para trás a fase da violeta murcha.

Um jeito rápido de você saber se está afundando na areia movediça do aprisionamento de identidade é ouvir as próprias palavras. Conforme aumenta a freqüência de frases que começam com "Eu quero...", seus ouvidos deveriam entrar em alerta. "Eu quero que minha filha tenha boas notas". "Eu quero que minha filha faça ginástica olímpica". Novamente, é normal que os pais digam "Eu quero..." em relação aos seus filhos. Entretanto, quando percebe que está dizendo essas duas palavras com muita freqüência, pode ser uma boa idéia perguntar-se por quê.

"Por que quero que minha filha faça ginástica olímpica?" Se a resposta for "Porque quero que ela tenha um corpo bonito", há muitas outras escolhas e os interesses dela, além do tipo físico, que podem levá-la a preferir jogar futebol, por exemplo. Se a resposta for que você sempre se arrependeu por não ter feito ginástica olímpica... bem, comece a pensar em futebol ou algum outro esporte, a menos que a ginástica olímpica também seja um sonho da sua filha.

## Controle: Aprisioná-la ou Deixá-la Solta?

"Vá para o inferno", disse a menina de 6 anos, enquanto me chutava, sua diretora, na canela. Ela tinha sido enviada até o meu escritório porque tivera a mesma atitude com a professora, quando recebeu a ordem de compartilhar as canetinhas coloridas com uma garota de quem não gostava.

Quando conversei com os pais dela, eles certamente não aprovavam seu comportamento. Mas, ao mesmo tempo, tinham se esforçado muito pouco durante esses anos para estabelecer limites claros para tais reações. Seus motivos eram bons: os dois adoravam a idéia de educar uma menina forte, que defendesse o que acreditava e que não se calasse. Eles não queriam que ela crescesse querendo agradar aos outros, como acontece com muitas garotas que se calam, marginalizam suas próprias necessidades ou medem sua valia pela sua capacidade de receber a aprovação dos pais, professores, amigos e outras pessoas. Entretanto, esse reino de liberdade, acrescido do temperamento da filha como uma menina que está sempre ultrapassando os limites, tinha nos poupado de uma garota que só quer agradar e nos fornecido uma que mais parecia uma pequena tirana.

O controle é outro conceito-chave do trabalho dos pais nos anos de formação. Há livros inteiros devotados a esse assunto, tanto do ponto de vista psicológico como sociobiológico. Relaxe, não vamos viajar por toda essa estrada! Mas há uma parte dela que é importante conhecer nos anos de formação. Para simplificar: uma criança cresce e se desenvolve em sua extensão mais ampla e positiva quando não há nem excesso nem falta de controle. Aqui estamos nós, lidando com o cinza novamente!

Alguns pais têm mais necessidade de controlar do que outros e deveriam estar cientes de que essa qualidade pessoal pode nublar a visão que têm da filha e afetar a maneira com que praticam a disciplina. Para as meninas, essa questão tem sido tradicionalmente de controle excessivo. Espera-se que uma garota exercite o controle desde cedo: para ser legal, para rir discretamente, para sentar, levantar e ter boa aparência, para controlar sua raiva. As garotas não devem comportar-se de formas que sugiram falta de controle ou modos arriscados, seja subindo em uma árvore, seja expondo suas idéias em um desafio de autoridade. Controle, demarcações, instruções

– onde os pais devem estabelecer os limites? Para as meninas, o controle excessivo leva a uma dependência precoce e/ou uma atitude selvagem, mais tarde. Contudo, a falta de controle leva a uma atitude selvagem precoce à dependência tardia.

Certamente, a Teoria da Gangorra na disciplina nos dá alguns indícios de como proceder. Mas o ambiente proativo e preventivo no qual haja *suficientes* instruções, limites e demarcações é algo que os pais devem considerar, discutir e decidir, antes que essa menina comece a andar. Um estudo realizado em Harvard há vários anos, chamado "Elevando o Nível da Água", é um exemplo básico de como conceder liberdade suficiente dentro dos limites estabelecidos.

"Elevando o Nível da Água" referia-se a colocar coisas perigosas, frágeis ou inadequadas a uma criança em um nível mais alto do que o que a criança pode alcançar. Assim, durante o estágio em que ela está engatinhando, a fruteira de vidro ficava em cima da mesa. Assim que ela conseguiu se levantar e ficar de pé ao lado da mesa, a fruteira de vidro foi parar em uma estante na altura dos olhos de um adulto e substituída por um vaso de plástico com flores. Quando a criança se tornou capaz de subir nos móveis, a fruteira de vidro foi guardada em um armário, junto com as demais porcelanas. Ademais, o movimento também é muito importante. Portanto, em vez de colocá-la em uma prisão como um berço ou uma cadeira, bloquear as escadas com protetores é uma alternativa menos controladora. A pesquisa mostrou que crianças cujos pais utilizaram essa estratégia em casa durante os primeiros anos eram mais inteligentes, mais inquisitivas e mais capacitadas para resolver problemas do que as crianças cujos pais não a utilizavam.

A primeira coisa que muitos pais dizem ao ouvir isso é: "As crianças não deveriam aprender o conceito de *não*?" A resposta é *sim*. Mas já há muitos *não* para serem ditos todos os dias. O movimento e a exploração sem o controle constante e o som da palavra *não* propiciam um aprendizado e um crescimento muito maiores (lembre-se de que desenvolver dendritos depende do uso!). Tudo tem seus limites: puxar o cabelo do irmão recebe um *não*, porque deixá-lo careca só para "elevar o nível da água" não faz parte do plano.

## Últimas Palavras sobre Auto-Estima

A auto-estima é um termo que tem sido tão usado que perdeu a transparência de significado e, pior, tornou-se um rótulo fácil, usado como explicação para todos os problemas e questões femininas. Já ouvi o termo sendo utilizado como diagnóstico de uma única palavra para tudo, desde transtornos alimentares até problemas fonológicos. Como palavra-chave, ela nos poupa de qualquer tensão ao eliminar a necessidade de destrinchar um problema e lidar com sua complexidade.

A auto-estima implica confiança e satisfação consigo mesmo; se sua auto-estima é boa, significa que você tem boa opinião sobre si mesmo. A auto-estima é parte essencial da vida interna de uma garota, um ingrediente no strudel que sobrepõe mais uma camada. Entretanto, a auto-estima não é algo à parte. Os estudiosos que a pesquisam descrevem e debatem sobre os vários componentes que se unem na criação desse estado interno. Meu ponto de vista é que três aspectos são essenciais à auto-estima: competência, confiança e conexão. Se qualquer um desses três Cs estiver ausente, é impossível que a auto-estima de uma menina seja alta.

Não se pode *dar* auto-estima a uma garota: ela precisa alcançá-la à moda antiga – por merecimento. Competência, confiança e conexão não podem ser ensinadas nem aprimoradas com discussões. Esses elementos precisam ser vivenciados e quanto mais cedo melhor, dado o que sabemos sobre o desenvolvimento do cérebro nos anos de formação. Em termos da Teoria do Strudel, não podemos controlar se as meninas terão experiências negativas em uma de suas camadas – afinal, experiências negativas são parte da vida – mas podemos criar oportunidades para que vivenciem cada um dos três Cs o suficiente para aprimorarem a auto-estima. Uma experiência muito dramática pode mudar o curso da vida, mas, em geral, essas experiências entrarão nas camadas do strudel com o tempo.

Também é importante considerar a sinergia desses três componentes, pois todos precisam estar presentes em igualdade para gerar o maior nível de auto-estima. Por exemplo: uma menina com um alto nível de conexão, mas com baixos níveis de confiança e de competência, estará menos propensa a assumir riscos ou enfrentar o conflito do que se tivesse níveis mais altos dos três Cs.

Há muitas maneiras de criar oportunidades para que as garotas vivenciem os três Cs na vida cotidiana em casa e na escola. Exploraremos essas maneiras nos próximos capítulos. Por agora, é importante saber que não podemos assumir que uma determinada experiência desenvolva os três ingredientes. Nossas suposições e as experiências de uma menina podem estar em dois mundos diferentes. Lembro-me de uma garotinha da primeira série que só tinha nota E (de excelente) no boletim. Ela era inteligente, responsável e bem-comportada: a aluna perfeita e uma criança feliz dentro de casa.

Kate estava chegando ao final do primeiro ano escolar quando, certa noite, durante a conversa ao pé da cama com sua mãe, começou a chorar por causa da idéia de ir para a segunda série. Ela era muito esperta e poderia facilmente ter saltado o segundo ano completamente sem nenhum prejuízo acadêmico. Então, sua mãe ficou surpresa com essa onda repentina de ansiedade. Quando perguntou a Kate por que estava preocupada, ela respondeu entre lágrimas: "Todo mundo diz que a segunda série é difícil e eu nunca aprendi a *fazer* nada difícil!" Suas lágrimas eram infundadas, mas reais, e sua competência não combinava com falta de confiança.

É no fazer que o efeito em camadas das experiências nos anos de formação cria uma base para novas dimensões de crescimento, enquanto as garotas deixam de viver no mundo das "pequenas meninas" e se movem para a área conturbada da adolescência: os anos intermediários.

## Pérolas para os Pais e Pérolas para as Garotas

- Estabeleça o limite. Algumas coisas não exigem nenhum processo e você só precisa ser um adulto "chato" e estabelecer o limite claramente. Sua filha pode revidar, mas ela precisa dessa ajuda para estabelecer agora os parâmetros da sua vida.
- Conte-lhe a história do cobertor verde ou sua própria versão.
- Use as frases "O que você acha?" e "Como se sente?" ao conversar; assim, ela se acostumará a analisar seus pensamentos e sentimentos.
- Quando surgir a questão da disciplina, explique as conseqüências naturais dos seus atos.
- Faça yoga ou algum tipo de atividade para reduzir o estresse; você precisará disso para atravessar esse e os próximos estágios!
- Comece a cultivar e manter um pequeno grupo de adultos como um conselho de pais e rede de apoio para as milhares de vezes em que você terá dúvidas sobre seu julgamento ou se perguntará o que dizer ou como lidar com um assunto.
- Lembre-se: sua filha a está observando! Palavra crítica: MODELO. Observe-se em termos do que diz e fala, através dos olhos dela.

CAPÍTULO 3

# No Meio do Caminho: Os Anos da Pré-Adolescência

> *"O bom é que não somos mais bebês, sabemos coisas sobre o mundo que as crianças pequenas não sabem, como menstruação, por exemplo. Mas ainda não somos adolescentes, então não temos que nos preocupar com todas aquelas coisas como garotos, faculdade e dirigir um carro – ainda."*
>
> — Rebecca, 10 anos

Quando eu era menina, costumávamos passar as tardes de primavera brincando em um rio límpido e rochoso perto da nossa casa, só para nos divertirmos. Pescávamos peixinhos com as próprias mãos e depois os deixávamos ir. Levantávamos as pedras para surpreender os pitus e vê-los nadarem rapidamente para a próxima pedra e sumirem nas sombras. Junto com essa diversão de explorar o rio estava a alegria lenta e diária de observar uma massa gelatinosa de ovas de pererecas ou sapos se transformar em girinos. A partir de nada mais do que um ponto preto em uma gosma pegajosa, durante o curso de poucas semanas, os girinos surgiam, alguns antes que outros, e cresciam para se tornar nadadores independentes. Primeiro apareciam as pequenas guelras, depois vinham as menores pernas do mundo, que continuavam a crescer conforme o rabo se recolhia. Em qualquer dia, era possível ver um monte de girinos em volta de uma folha boiando no rio. Às vezes, precisávamos procurar melhor para encontrá-los escondidos na sombra oscilante de uma planta aquática. Se tivéssemos sorte, conseguíamos ver de cabo a rabo – literalmente! – a metamorfose, ver um sapo ou uma perereca quase "prontos" e perfeitamente formados, do tamanho de um feijão branco. Eles então saíam para viverem suas vidas secretas como sapos, no rio e na mata ao redor.

Os pré-adolescentes são os girinos do *homo sapiens*. Quando vemos através das lentes da teoria do caos, isso tem muito sentido. Ao participamos, como pais, da experiência pré-adolescente, notamos que esse é um período de mudanças constantes e a tensão e a alegria que vêm variam muito de garota para garota, de dia para dia e até de hora para hora! Sua energia desafiadora faz com que a garota alterne entre sentir-se estúpida, meiga, séria, brava, agoniada e desafiadora. Em um momento estão brincando de faz-de-conta, no outro estão dando saltos inacreditáveis no desenvolvimento em direção à adolescência. Já ouvi esses anos intermediários serem descritos como os "terríveis Ds" – deliciosos, desordenados e desafiadores. Se você recuar suas lentes e observar o panorama geral, como nos ensina a teoria do caos, o que mais isso poderia ser do que o estágio de girino na vida? O corpo – incluindo o cérebro e o sistema límbico, o centro do desenvolvimento emocional - está literalmente sendo reorganizado, crescendo e se transformando em uma forma mais complexa. O que parece ser o caos é apenas um período de reorganização, que permitirá a evolução desse organismo para um ser quase completamente novo.

## A Idade Chega: Das Brincadeiras para a Camuflagem

Costumávamos chamá-las de garotas pré-adolescentes, uma espécie de transição na qual as garotas são primariamente definidas pelo que ainda não são – adolescentes. Ao mesmo tempo, havia um conhecimento silencioso do que elas não eram mais: meninas. Passaram a ter dificuldades de encontrar roupas: os tamanhos infantis eram pequenos ou graciosos demais, mas a numeração juvenil era muito grande e todos os vestidos e blusas (muito antes dos vestidos tubinho e das regatas de cotton!) tinham um recorte estranho que admitia que os seios estavam crescendo e precisavam ser acomodados. Você se lembra de experimentar sutiã? Treinando para o quê? – podemos nos perguntar agora. Mas, naquela época, e por algumas décadas, tudo nessa fase de pré-adolescência era antecipação.

Hoje, na língua inglesa, as chamamos de *tweens*, termo popularizado pela indústria de propaganda e marketing, que talvez tenha sido a primeira a reconhecê-las como uma população distinta e poderosa – de consumidores. O dinheiro tem o poder de atrair a atenção no mundo dos adultos. As garotas desse grupo pré-adolescente – entre 8 e 13 anos – gastam suas mesadas e o dinheiro dos pais em tudo, desde roupinhas de boneca, até CDs de música pop. Essa faixa infinita de produtos de consumo inclui revistas, pôsteres, adesivos, balas, chicletes, camisetas, mochilas, brilho labial e quase tudo que traga um ícone pop ou pareça bonitinho ou engraçado. Ralph Lauren e outros designers das grandes marcas da moda iniciaram coleções dirigidas para *tweens*. Lojas populares nos Estados Unidos como a Gap e a Limited Too voltaram-se quase exclusivamente para essa clientela. Na nossa cultura consumista, as *tweens* não são mais pré-nada, elas já chegaram lá!

Em todos os setores, nossa sociedade está lutando para definir essa faixa etária: seus interesses, sua capacidade de compra, sua moda e seus corpos. Para pais, professores e outros adultos responsáveis, há um grito coletivo, um protesto protetor e até mesmo irritado que ouço em todos os lugares aonde vou, e é algo assim: "Nossas garotas são *mais* do que consumidoras e viciadas em MTV. São indivíduos com promessas infinitas. Mais do que tudo, queremos nutrir suas esperanças e sonhos e orientá-las por meio de sua luta para tornarem-se jovens mulheres confiantes, capazes e conectadas." Não que sempre expressemos nossas ambições mais profundas dessa maneira ou sejamos recebidas com aplausos em algum lugar que não em nossas mentes, é claro. Muito pelo contrário.

A longa descrição de uma garota em sua fase *tween* inclui estas declarações familiares:

*Pare de me tratar feito um bebê! Já tenho idade suficiente para... [ir ao shopping sozinha, sair com um garoto, decidir a que horas vou dormir].*

*Você espera demais de mim. Eu só tenho _____ anos! (Esse é o ponto de vista do girino.)*

*Nenhum outro pai... [ é tão rígido, tão estranho, tão intrometido, tão malvado]. (Um sinal claro de que está se preparando para negociar.)*

*Eu não tenho... [amigos, roupas para vestir]. (Sintoma do dilema "Não me encaixo".)*

No universo paralelo dos pais, a problemática da *tween* ressoa em perguntas como as que os pais me fizeram:

*É razoável permitir que sua filha de 12 anos vá até o shopping com as amigas sem a supervisão de um adulto? (Todo mundo deixa...)*

*Assistimos ao filme Erin Brockovich em casa e nossa filha de 10 anos adorou porque a personagem feminina era muito forte e estava lutando para ajudar os outros. Mas os pais da sua melhor amiga não deixam que a filha veja o filme porque a censura é de 14 anos. Será que tomamos uma decisão errada? (Será que ela tem idade suficiente para...)*

*Uma menina da turma da sétima série da minha filha convidou-a para uma festa em casa, mas não conhecemos a garota nem os pais dela. Deveríamos deixá-la ir? (Não nos sentimos bem com isso...)*

*Minha filha da quinta série quer usar a hora permitida para assistir à TV para ver um programa popular que mostra videoclipes que considero sugestivos e explícitos demais, especialmente para uma garota tão nova. Todas as amigas dela assistem ao programa. Estou sendo superprotetora? (Não tenho certeza...)*

*As meninas que começam a namorar com essa pouca idade estão mais propensas a iniciar uma vida sexual ativa? (Não sei o suficiente...)*

*Será que as escolas de ensino fundamental deviam promover um baile em uma sexta-feira à noite para alunos da quinta e sexta séries? (Não tenho certeza...)*

A tensão nesse dilema contínuo de "ela pode – ela não pode?" e "será que devo – será que não devo?" permeia a vida com as *tweens,* precisamente porque elas são, por definição, mutantes e mutáveis, todos os dias. As *tweens* dão a impressão de que estão prontas para tudo. Mas será que estão? A realidade é que seus corpos estão se desenvolvendo mais cedo e o mundo as está vestindo e tratando como se fossem – bem, como se não fossem crianças.

A administradora de uma escola de ensino fundamental descreveu o dilema que ela enfrenta em sua escola, onde as garotas começam a usar sutiãs e a desenvolver um corpo curvilíneo já na terceira série. "Eu sei o que elas ouvem e vêem na televisão e acredito que tornar-se um ser sexual aos 8 ou 9 anos e postergar o casamento até os 30, ou até mais, seria um problema, apesar de haver métodos contraceptivos por aí. Quanto uma menina de 8 anos pode entender de sexualidade? Quantas meninas acreditam que beijar, tocar e outras carícias levam a qualquer outra coisa que não seja beijar e tocar? Como conversarmos com uma garota sobre o fato de que a maneira como se veste afeta o modo de os meninos e homens olharem para ela? Nossas meninas da primeira série vestindo minissaia não fazem idéia de como se sentar..."

Todos estamos em território novo. O rio da minha infância era um lugar calmo, intocado e cercado pela mata que sustentava um mundo de plantas indígenas e vida selvagem, incluindo os girinos. Com o tempo, esse ambiente foi alterado drasticamente por milhares de novas casas, shoppings e outros prédios comerciais, seguidos pelo trânsito, lixo, poluição do ar e da água. O rio está lá, nele não tenho visto nada saudável, como os girinos, há muito tempo.

O cenário atual para as garotas pré-adolescentes mudou com a mesma intensidade. Se antes eram ignoradas, agora são alvo de sofisticadas estratégias de marketing e outras investidas de um mundo que está mais interessado no seu dinheiro e no seu corpo do que em sua saúde e bem-estar. Dessa forma, nosso desafio é ainda maior hoje do que na época dos nossos pais. Nesse ambiente altamente explorador, precisamos trabalhar com o que temos e sabemos, e somente às vezes com o que lembramos dos nossos anos de pré-adolescência, para entendermos nossas *tweens* e o que elas precisam para ter sucesso nessa transição da infância para a adolescência.

## Camuflagem: O Código da Conformidade para as *Tweens*

Antes das *tweens* serem definidas como fenômeno de mercado, os pesquisadores da área de psicologia feminina identificaram essa idade como um período de significância essencial, embora mal-estudado e pouco compreendido. A autora e acadêmica feminista Carol Gilligan, em um estudo feito em 1993 com vários colegas, notou que as meninas são profundamente afetadas por suas experiências durante esses anos "à beira da adolescência", mas que esse período de transformação freqüentemente é negligenciado ou ignorado, em parte porque o objeto em questão – as próprias meninas – parecem fugir de foco quase intencionalmente, desaparecendo na multidão por escolha própria.

Nesse estudo e em outros relacionados, os pesquisadores disseram ter descoberto que as meninas de 7 e 8 anos "geralmente eram bem expressivas e corajosas, dispostas a dizer o que sentiam e pensavam, mesmo quando essa atitude incomodava os demais, e eram capazes de resistir às pressões externas e de não abrirem mão de seus pontos de vista, sentimentos e julgamentos". Entretanto, eles disseram que aos 11 ou 12 anos "essas capacidades psicológicas pareciam entrar em perigo nas meninas" e elas lutavam "para permanecer com o que sentiam e pensavam, para valorizarem as próprias experiências e manterem relacionamentos autênticos e genuínos".

Foi nesse ponto do desenvolvimento que as meninas "perderam sua voz", literalmente e de maneira figurativa, disse Gilligan.

Assim como os girinos que apareciam e fugiam dos olhos examinadores nas sombras das plantas do leito do rio quando eu era criança, as meninas dessa idade entram e saem psicologicamente do que chamo de *camuflagem*. Equivalente psicológico da coloração como forma de adaptação, a camuflagem significa que a pessoa "veste" uma atitude – finge, se necessário – para misturar-se à multidão e evitar ser apontada como diferente. Se você for uma pré-adolescente observando esse código de conformidade, talvez diga que está interessada nos garotos, mesmo se os acha muito estranhos, na verdade, ou talvez dê um fora em um garoto de quem goste secretamente, só para acabar com qualquer fofoca sobre essa sua quedinha, antes mesmo que comece a se espalhar. Talvez finja estar interessada em maquiagem ou até a use um pouco, apesar de não estar especialmente empolgada com a idéia. Talvez você esconda seus óculos no bolso porque "eles te deixam com cara de CDF", embora não consiga ver a lousa da sala de aula sem eles. Ou talvez vista roupas que são mais ousadas do que você gostaria, simplesmente porque agir de maneira diferente chamaria a atenção por ser diferente.

Apesar de não vermos a camuflagem como um fato, ela é um acontecimento crucial, previsível e identificável desses anos de transição. É uma experiência cumulativa de infinitos momentos cruciais – momentos de camuflagem – em que uma garota decide se, quando e quanto modificar ou esconder seus sentimentos. A camuflagem não é inerentemente ruim. Por um lado, é positiva, por indicar alguma sabedoria social; é um sinal de que você é capaz de entender as dicas sociais e está disposta a adaptar-se um pouco. Isso faz parte de um desenvolvimento social e emocional sadio e acontece do mesmo modo com todos nós. Se ignorarmos ou falharmos em entender as dicas sociais, sofremos as conseqüências quando as pessoas zombarem ou se distanciarem de nós. Um garoto da quinta série que produz o som de "puns" com a axila provoca muita risada nos amigos; se uma garota fizer o mesmo, seria um suicídio social. No entanto, ela poderia empolgar-se e conversar com um lindo gatinho de modo tão teatral que nenhum garoto poderia fazê-lo, sem tornar-se alvo de chacotas.

Trabalhei com uma menina porque seus professores e sua mãe estavam muito preocupados com seu isolamento social. Ao observá-la no refeitório do colégio, percebi que todos evitavam sentar-se ao seu lado e não demorou muito para entender o porquê: ela vivia enfiando o dedo no nariz. Essa atitude não era apenas nojenta para as garotas em geral, mas era impossível de suportar durante o lanche. Essa menina parecia não se dar conta das dicas sociais; portanto estava despreparada para analisar o que precisava fazer para mudar. Parecia não ter idéia do conceito de camuflagem e sofria isolamento social como conseqüência. Essa é a desvantagem de não usar a camuflagem de maneira nenhuma.

Mas também existe o problema inverso. Se a camuflagem for exagerada, você estará se fechando para novas experiências e para a expressão honesta de si mesma, o que pode gerar uma estagnação temporária no processo de desenvolvimento. No esforço de misturar-se na multidão, as garotas se arriscam a perder o contato com a verdade das próprias experiências, o conhecimento genuíno de seus sentimentos e crenças. Elas podem perder a coragem de ter as próprias convicções, o desejo de resistir à conformidade e honrar seus valores, esperanças e sonhos mais profundos. E, conforme entram nos anos da adolescência, isso se torna cada vez mais relevante. É preciso, então, que se definam e cresçam com confiança e coragem. As adolescentes me disseram que estão representando papéis há tanto tempo que perderam a noção de quem realmente são e no que realmente acreditam. Como me disse uma menina de 15 anos: "Já não sei mais se gosto ou não de mim. Nem sei mais quem eu sou. Será que sou essa pessoa que finge e representa? Onde está meu verdadeiro 'eu'? Quem sou eu?" Com freqüência, as mulheres adultas fazem a mesma pergunta e, quando refletem sobre o tempo em que começaram a se perder, em geral retornam diretamente para esses anos da pré-adolescência, quando a pressão para fazer parte do grupo tornou-se muito importante e seus esforços para se camuflar em todos os momentos transformou-se em meio de vida.

Como pais e professores, desgastamo-nos com a tentativa de decifrar quanto da camuflagem é positiva nessa idade e quanto é negativa; quanto permitir e até onde deixar acontecer antes do refrão "seja você mesma" – *de novo*. É difícil julgar, especialmente com as pré-adolescentes: se você exagerar em qualquer direção, as conseqüências podem ser negativas. Intervenha demais e sua filha poderá perder o status social e as amizades, o que minaria sua auto-estima e disposição para novos relacionamentos. Voltando à menina que descrevi no refeitório, em uma conversa discreta, fiquei muito surpresa ao descobrir que ela estava ciente de sua mania de cutucar o nariz e do efeito que causava nos outros. Entretanto, ouvira tanto em seus anos de formação as frases "seja você mesma" e "seja um indivíduo", e as levara tão a sério que simplesmente fazia o que queria, sem qualquer filtro social.

Por outro lado, se você não intervir de algum modo ou discutir o assunto, a menina pode crescer dependente demais da segurança da camuflagem e retardar sua compreensão das próprias forças e fraquezas. Quando se camufla, ela esconde-se não apenas dos outros, como e principalmente de si mesma.

Certa mãe veio conversar comigo após uma de minhas palestras em que falei sobre a camuflagem. Estava claro que ela era a orgulhosa mãe de uma menina inteligente e vivaz. Naquela semana, sua filha acabara de cortar o cabelo bem curto, o que as duas acharam ótimo. No dia seguinte, na escola, alguns garotos comentaram que "só as lésbicas usavam cabelo curto". Agora essa mãe estava preocupada porque sua filha brilhante, forte e linda deixaria que essa pressão ditasse seu corte de cabelo, em vez de simplesmente usar o estilo que quisesse. Conversamos, essa mãe e eu, sobre se sua filha deveria optar por encaixar-se no grupo, usando cabelos longos no futuro, para diminuir parte da pressão social e canalizar sua energia para outro lugar ou se deveria manter o cabelo curto e enfrentar essa briga. A mãe foi para casa bastante indecisa e resolveu ter uma conversa com a filha sobre a camuflagem e se valia a pena relacioná-la ao problema.

Do outro lado da linha, onde a preocupação é com o excesso de camuflagem, uma mãe ligou-me preocupada com a obsessão da filha por sua aparência. "Ela não vai nem ao quintal para brincar sem maquiagem, cabelo arrumado e a certeza de estar com as roupas certas". Essa mãe seguiu descrevendo alguém que passou a vida observando o panorama da pré-adolescência e de como se encaixar no grupo tão perfeitamente que o exército se sairia muito bem se imitasse suas técnicas de camuflagem. Essa *tween* e eu tivemos longas conversas sobre por que era tão importante agir dessa maneira. Com o tempo, ela começou a arriscar-se um pouco, não usando maquiagem quando estava em casa, por exemplo. Eu queria dar-lhe meu exemplar da revista *O*,[1] em que Oprah Winfrey foi fotografada antes de maquiagem, cabelo e roupas para o programa. Na verdade, sua mãe acabou comprando a revista e deixou-a jogada na casa para que sua filha a encontrasse. Às vezes, não se pode ser direta demais com as *tweens* – mas é possível passar sua mensagem!

Assim como com todos os acontecimentos cruciais, a camuflagem da pré-adolescência é inevitável e pode oferecer uma oportunidade de autodescoberta e crescimento. A maneira com que uma menina aprende a usá-la e o que nós podemos fazer para afirmá-la e encorajá-la durante esse período dependerão da natureza do seu panorama pré-adolescente. Esse contexto é moldado por seu crescimento físico, intelectual e emocional, no seu relacionamento com a família, amigos, colegas, na sua vulnerabilidade em relação ao mundo mais amplo da mídia e da cultura popular e no futuro que vê para ela, como mulher.

## Menarca: Mais do Que um Marco, o Principal Acontecimento

Na vida real de uma garota – não aquela definida pelas palavras, números ou hábitos, mas pelo desenvolvimento natural do seu corpo, mente e experiência de vida – os anos intermediários representam uma passagem entre a infância e a adolescência e são caracterizados por um tipo de combinação malsucedida entre o crescimento externo, a maturidade interna e a

---

[1] Revista feminina produzida nos Estados Unidos. (N. do T.)

sabedoria. Hoje em dia, a maioria das meninas vivencia sua primeira menstruação durante esses anos intermediários, não na adolescência. A menarca – o começo da maturação sexual física – é o acontecimento crucial mais óbvio dos anos intermediários, marcando o início do que será uma transformação física completa no curso de apenas poucos anos. Essas mudanças afetarão todos os aspectos da vida de uma garota, desde a acadêmica até a atlética, da forma do corpo à dos pensamentos, do auge dos momentos sociais até os relacionamentos mais íntimos, incluindo o que tem consigo mesma.

Durante esse período de desenvolvimento, a forma corporal da menina muda completamente: de um formato semelhante a uma caixa, passa para outro muito mais arredondado, da cabeça aos pés: o rosto fica realmente mais arredondado, de maneira refinada, por exemplo. A maioria dos rostos femininos maduros acabam tendo um formato de coração: bochechas arredondadas e um queixo mais fino, porém igualmente arredondado. Estudando a reação dos homens aos rostos femininos, descobriu-se que eles são muito mais atraídos por esse tipo de rosto do que por qualquer outro. (Se não acreditar, observe os rostos das mulheres que se tornaram top models!) As *tweens* começam a passar pelo estreitamento do queixo, mas o formato das bochechas realmente continua até a adolescência ou às vezes na fase adulta. Essas mudanças faciais sinalizam aos garotos que todas as outras mudanças estão em andamento, mesmo antes que os seios das meninas possam ser notados.

Os órgãos internos e externos também estão evoluindo. A produção elevada de estrógeno começa a fazer com que as glândulas mamárias cresçam e arredondem, para partir do início da pré-adolescência em direção ao estágio "eu-preciso-de-sutiã", no final dessa fase. Assim como no desenvolvimento do rosto, esse processo chega ao fim na adolescência ou mais tarde, no início da vida adulta (ou em qualquer momento posterior, graças às técnicas de implante de seios!). O estrógeno também tem efeitos profundos no útero e ovários. Todos admitem que a menarca, ou o início da menstruação, marca o começo da fertilidade. Na verdade, uma pré-adolescente pode ser fértil antes da menarca ou pouco depois de ter acontecido, mas ela traz um sinal visível dessa mudança na evolução das meninas. O estrógeno faz com que os ovários saiam de seu estado de semiconsciência para se tornarem máquinas produtoras de óvulos.

## A Ciência do Cérebro: Festa dos Hormônios

Continuando do topo do corpo, o cérebro está sofrendo mudanças muito importantes. O sistema límbico – a parte inferior do cérebro que abriga as emoções – está mudando, para incluir os efeitos hormonais de estímulo e excitação. Embora esses sentimentos possam acontecer (e realmente o fazem) durante a infância, especialmente nos períodos de produção hormonal, são a alteração para uma produção e infusão mais elevadas de hormônios por todo o corpo que aguçam o interesse e o estímulo sexual. Se esse processo não acontecer até mais tarde, nesse período intermediário, as pré-adolescentes sentem-se pressionadas pela sociedade, e às vezes pelos próprios pais, a interessarem-se pelo sexo oposto e a namorarem muito antes desse desenvolvimento límbico ocorrer. Para complicar ainda mais, os lóbulos frontais e a parte do cérebro que lida com o julgamento são muito imaturos e não estão completamente desenvolvidos na pré-adolescência, nem mesmo na adolescência, significando que há uma disparidade entre os sentimentos, o pensamento concreto e a capacidade de fazer julgamentos maduros. A sabedoria vem com a idade e com a maturidade dos lóbulos em ação combinada do tempo e com as experiências de vida.

Dirigindo-nos para a parte superior do cérebro, temos a área referida como massa cinzenta ou córtex, que está dividido em duas metades. O corpo caloso é a ponte fibrosa entre os hemisférios esquerdo e direito do cérebro e, assim como os ovários, esteve ali todo o tempo, apenas não era funcional. Em algum momento no final dessa fase intermediária e começo da adolescência, essa parte do cérebro também se desenvolve e começa efetivamente a trabalhar. Isso acontece mais cedo nas meninas do que nos meninos, às vezes com até dois anos de diferença. No entanto, o amadurecimento do corpo caloso varia de indivíduo para indivíduo. Nas meninas, essa mudança psicológica acontece em algum momento entre os 10 e os 12 anos. Até então, o cérebro age de modo mais lateral, ou seja, as duas metades não agem de maneira coordenada. Os hemisférios esquerdo (analítico) e direito (criativo) realmente agem e pensam separadamente e não se comunicam com eficiência. Um dos resultados finais é que o pensamento mais abstrato não é plenamente efetivo antes do amadurecimento do corpo caloso. Os professores dirão que, em algum momento durante o ensino fundamental, as meninas passam a escrever e a resolver melhor os problemas de lógica e pensar de modo mais complexo. Já nos meninos essa mudança pode não se manifestar até os últimos anos do ensino médio.

 **Vivendo os Sentimentos**

Trata-se de estereótipo falar sobre as mulheres como emocionais, sensíveis e emotivas. Entretanto, geralmente vejo que os estereótipos, embora muitas vezes exagerados demais para serem reconhecidos, também contêm um fundo de verdade. Nesse caso, as pesquisas cerebrais atuais começam a apoiar a visão de que a maioria das mulheres vivencia as emoções com maior freqüência e intensidade do que a maioria dos homens. Os motivos para isso não são claros e provavelmente estarão sujeitos a especulações para sempre. Os evolucionistas declaram que os cuidados e a proteção, e portanto as emoções, estão programados nas fêmeas das espécies para que a cria seja cuidada, garantindo assim a sobrevivência da espécie. Tenho certeza de que outros especialistas da mente e do corpo têm pontos de vista diferentes, mas, seja qual for a explicação ou a causa, a idéia de que as mulheres são mais emocionais – sentem as emoções com maior exatidão – está ganhando mais e mais validade científica. Embora esse fato se relacione com todos os estágios da vida da mulher, talvez seja mais visível ou característico de alguns estágios do que de outros. O início da explosão hormonal é um desses estágios.

Sempre digo aos pais das meninas da terceira, quarta e quinta séries que podem esperar ver mais lágrimas e uma montanha-russa emocional do que viram em qualquer momento anterior da vida da garota. Poupo-lhes a preocupação e a dor de cabeça de procurar um motivo em casa ou na escola. A mãe de uma menina de 10 anos me ligou, seguindo a recomendação de uma boa psicóloga. Perguntei qual era o problema e ela descreveu sua filha como uma garota geralmente otimista, que antigamente passava a vida com alegria, mas que agora vinha para casa e chorava sem motivo aparente. Quando questionada, a filha também ficava confusa: a escola era legal, tudo estava bem em casa. Era claro, em função de sua idade e desenvolvimento físico, à ausência de outras causas e pela rapidez dessa gangorra emocional, que o efeito era causado por sua química corporal. Depois de mais sintonizadas e informadas sobre as mudanças de humor na pré-adolescência, mãe e filha foram capazes de relaxar um pouco e deixar a natureza seguir seu curso.

Boa parte das lágrimas da pré-adolescência são essa expressão emocional da tempestade fisiológica dos hormônios femininos. As últimas pesquisas chegam a relacionar a quantidade de estrógeno no ciclo mensal feminino com a quantidade de lágrimas que os olhos produzem! Isso não quer dizer que nossas *tweens* sejam uma inundação de lágrimas, mas geralmente vivenciam emoções mais e mais intensas e flutuantes do que na fase anterior do desenvolvimento.

A ansiedade é geralmente vista por leigos e profissionais como a pior emoção a ser vivida. A maioria dos psicólogos tem hipóteses de que a ansiedade está programada no sistema para ser altamente incômoda ao motivar a ação. Se você não está certa sobre uma situação – como por exemplo a existência ou não de tigres comedores de gente por perto –, a ansiedade faz com que você tente descobrir ou fugir das proximidades. Os anos intermediários são os mais ansiosos do desenvolvimento ou um vínculo com qualquer outra etapa. É o período de tempo mais ambíguo. Nossos corpos não são os mesmos, mas ainda não sabemos qual será o produto final. Nossas emoções, um pouco devido aos hormônios, um pouco devido ao mundo e ao estado anfíbio do girino, são voláteis e a linha que separa o riso das lágrimas é realmente muito tênue. Inesperadamente, as pessoas nos tratam como crianças quando não o somos ou como adultos quando também não o somos. Ficamos ainda menos à vontade com o sexo oposto do que durante nossa infância e estamos a léguas de distância da maturidade física. Tudo se soma a uma grande tensão, muita incerteza e muita ansiedade.

## Segunda Fase do Ensino Fundamental: "A" de "Ajuste"

Minha mãe costumava dizer: "Se eu ganhasse um centavo toda vez que...". No meu caso, seria toda vez que ouço uma garota preocupada com a segunda fase do ensino fundamental (5ª à 8ª série) – preocupada em começar, preocupada se a vida lhe confere um golpe. Uma garota se preocupa com o desconhecido e com o fato de ser a única a se preocupar, achando que todos parecem calmos e tranqüilos; que essa mudança para a quinta série "não é nenhum problema", como afirmam confiantes tantos adultos.

Fato: *É* um problema. Para as meninas, a mudança do primário (1ª à 4ª série) para o antigo ginásio (5ª à 8ª série) parece ser absoluta. Por causa disso, passo boa parte do tempo trabalhando em escolas para ajudar a construir as pontes de transição, suavizando a distância entre essas divisões ou até mesmo a de um prédio a outro. A palavra *conexão* captura melhor o que a literatura de pesquisa diz sobre as mulheres. Nossas conexões com os outros são a pedra angular das nossas vidas. Para as meninas, ela se traduz em relacionamentos íntimos com professores e colegas, além da sensação mais confortável em um ambiente de sala de aula pequeno e unido – a descrição de um cenário típico do ensino fundamental. Por outro lado, a segunda fase do ensino fundamental, em função de sua estrutura variada, é menos conectada e mais impessoal, com muitas salas, diversos professores e colegas diferentes nas várias aulas especializadas.

A partir da pesquisa cerebral, sabemos que as mulheres podem e geralmente sentem mais ansiedade, até mesmo em resposta a aspectos puramente intelectuais da escola, do que seus colegas homens. Portanto, em geral, a mudança e o desconhecido são desconcertantes para as meninas. Elas pensam e se preocupam mais com esses fatores. As salas herméticas das primeiras séries, com uma única professora e os mesmos colegas de classe o dia todo, tinham se tornado familiares e previsíveis, ambiente bastante confortável para a maioria das meninas. Agora essa nova fase se aproxima com um número incrível de mudanças todos dias. A escola entre a 1ª e a 4ª séries era o par de tênis favorito e o mais confortável; já as 5ª, 6ª, 7ª e 8ª séries são sapatos novos e duros, que apertam nossos pés.

Em segundo lugar, está uma mudança conceitual entre os quatro primeiros anos do ensino fundamental e os quatro últimos. Os primeiros são destinados ao que chamamos de "aprender a", o que significa aprender a ler, a escrever e a fazer cálculos. Nos quatro últimos anos, a mudança é muito drástica, levando à aplicação das habilidades ou ao uso do que já foi aprendido, o que significa sair do estágio de "aprender a" para "aprender fazendo": ler para aprender, escrever para se expressar e fazer cálculos para resolver problemas. Essa mudança é enorme! O pensamento quando se "aprende a" é mais seqüencial, mais detalhado e exato. O pensamento aplicativo é mais complexo, nem sempre seqüencial e muitas vezes há várias maneiras de realizar a mesma tarefa.

Voltando à pesquisa cerebral, está claro que existe outra diferença entre os sexos que pode dificultar ainda mais essa mudança para as meninas. Embora o motivo seja desconhecido, há uma verdade bem estabelecida de que o estrógeno tem efeito mais elevado em algumas áreas do hemisfério esquerdo do cérebro e a testosterona tem efeito mais elevado em algumas áreas do hemisfério direito do cérebro. Isso significa que a maioria das meninas está mais predisposta, sentindo-se, portanto, mais à vontade, com tarefas seqüenciais, detalhadas, concretas e baseadas na linguagem. Trata-se de um encaixe perfeito com o processo de "aprender a" no ensino fundamental. A maioria dos garotos está mais predisposta e, portanto, se sente mais à vontade, com tarefas não-seqüenciais, visuais, espaciais e de solução de problemas. Trata-se de um encaixe perfeito com o processo de aprendizagem aplicativa. Isso não quer dizer que as meninas não possam realizar tarefas aplicativas ou que os meninos não possam fazer tarefas de aprendizagem; apenas significa que há melhor ajuste para cada um e que a tarefa inversa exige um pouco mais. Essa é uma das explicações propostas para o fato de as meninas se saírem melhor nas primeiras séries do que os meninos e não se desempenharem tão bem ou não se sentirem tão felizes na escola, conforme os níveis aumentam. Os meninos, por outro lado, apresentam menor satisfação e mais conflito no ensino fundamental (os meninos representam 80% dos alunos em recuperação) e começam a melhorar conforme os níveis aumentam no ensino médio.

Some a tudo isso o despertar, nas meninas pré-adolescentes, da consciência do seu corpo, suas funções e os garotos em geral, e você verá por que, se eu ganhasse um centavo por garota que se preocupa com essa segunda fase do ensino fundamental, realmente seria uma mulher muito rica.

Uma escola onde trabalhei decidiu suspender os boletins do primeiro trimestre da quinta série. Parecia demais preocupar-se com todas aquelas notas quando tantas mudanças estavam acontecendo. Dessa maneira, o foco estaria em ajudar os novos alunos a se ajustarem a um horário separado por departamentos, numerosos professores, vários trabalhos escolares, mais lição de casa, níveis de exigência mais elevados, mais trabalhos individuais e uma série de outras tarefas jogadas sobre eles.

## Passarinhos, Abelhas e o ABC do Corpo: Protegendo as Garotas da Inocência e da Ignorância

A sexualidade é tema sempre presente no mercado e a parte rotineira do panorama diário para a maioria de nós, especialmente para as garotas, alvos de uma pressão tão sexualizada da propaganda, do mercado e da sociedade. Entretanto, o desenvolvimento sexual humano é uma conversa diferente, geralmente abordada em palestras de biologia. O ritmo individual do desenvolvimento, no contexto de nossa cultura altamente sexualizada, levanta novas questões. Mesmo neste novo milênio, as aulas de educação sexual e as conversas dos pais ainda enfocam as mudanças fisiológicas e a parafernália da menarca, cuja chegada precoce representa um dilema real. As meninas que amadurecem cedo estão prontas para a conversa biológica já na terceira série. Para as meninas que amadurecem mais tarde, é prematura e pode se transformar em preocupação por vários anos. É difícil ficar imaginando quando você terá sua primeira menstruação, como ela será e se acontecerá no meio da aula. Imagine para as garotas que amadurecem mais tarde, caso tenham ouvido a conversa sobre hormônios na terceira série, como é difícil ficar esperando, pensando, com um nível extremo de ansiedade acompanhando a incerteza durante três, quatro ou talvez cinco anos! Tudo isso acontece em um contexto de músicas e imagens que celebram a sexualidade, e com freqüência a exploram, perante uma platéia nova e ingênua de meninas.

Conversar com nossas *tweens* de maneira gentil e aberta sobre as mudanças do corpo é essencial, dado o cenário sociológico da maioria das garotas. O "visual sexy", o ímpeto de ter um namorado o mais cedo possível, os pequenos bailes da quinta série, tudo se combina para tornar essa conversa extremamente importante. A realidade é que a atividade sexual faz parte tanto da conversa social, já no início da pré-adolescência, como das expectativas sociais. Nessa era da Aids e outras doenças sexualmente transmissíveis, se evitarmos o assunto da atividade sexual por não querermos encorajá-las, somente as deixaremos mais vulneráveis às pressões sociais e menos preparadas para tomarem decisões acertadas. Um objetivo apropriado para a idade: deixá-las confortáveis para discutir esses assuntos, dar-lhes informações suficientes para dissipar o mistério e ajudá-las a lidar com a incerteza sem excesso de ansiedade.

Quando essa oportunidade aparece, sua transparência e disposição para discutir assuntos estranhos são mágicas. Depois de muitas conversas, um grupo misto de alunos da sétima série acabou revelando suas reclamações sobre os beijos. Uma garota corajosa disse que, quando os garotos beijam "eles só pensam neles mesmos, não em nós". Encorajada a se explicar, ela disse que os beijos dos meninos eram brutos demais. Dirigi-me aos garotos, que gaguejaram, mas não estavam prontos para falar ainda. Então, entrei em cena e expliquei sobre a diferença da sensibilidade do rosto entre os sexos: que o rosto de uma mulher era cerca de quatro vezes mais sensível do que o rosto de um homem por causa da neurologia da face. "Talvez os meninos precisem beijar com mais força para sentirem com a mesma intensidade das meninas". Essa frase abriu as comportas para os garotos e eles começaram a explicar de uma só vez que não queriam machucar as meninas e que esse era outro exemplo de como são criticados por coisas que não são culpa deles etc. O beijo foi o veículo, mas tivemos uma ótima discussão sobre como meninos e meninas não se comunicam bem sobre questões de sensibilidade (seja na pele ou nas emoções) e como isso levava a todo tipo de problema, confusão e mal-entendido.

## Podemos Conversar? Mais ou Menos, Sei Lá, Talvez...

Talvez você pense que, com todas essas mudanças e desafios a enfrentar, e a propensão de uma mulher a relacionamentos e expressões verbais, as pré-adolescentes conversariam sobre tudo, exporiam um pouco suas almas e resolveriam preocupações e desejos. Quando adolescentes, a maioria delas faz isso, mas elas ainda não estão nessa fase – não são chamadas de pré-adolescentes à toa – e a idéia de falar abertamente sobre esses novos sentimentos e mudanças é inimaginável para elas. É por isso que você – ou qualquer outro adulto de boa vontade – pode se sentar para ter uma conversa aberta e franca sobre alguns aspectos dessa vida intermediária e perceber que está falando consigo mesma!

É possível ter essas conversas, mas, para isso, é preciso estar disposta a aceitar os termos delas, o que talvez signifique que você tenha de dar voltas, conversar sobre outras coisas para acabar chegando ao ponto original. Ou talvez você queira tentar fazer uma pergunta direta e ver onde a conversa a levará.

Por exemplo: nos meus primeiros meses trabalhando em uma escola só de meninas, enquanto seguíamos para nosso primeiro baile misto para alunos da sétima e oitava série, as meninas estavam muito nervosas em relação a tudo, preocupadas com o grande desconhecido – os garotos! A maioria delas tinha pouco contato com meninos nas atividades diárias e realmente não sabia muito sobre a maneira de pensar dos garotos. Então, comecei nossa discussão – que acabou se tornando um questionário – perguntando: "O que vocês acham que os meninos gostam nas garotas da sua idade? O que os atrai? O que os repele?" Depois, fui a um grupo de 200 garotos em outra escola e pedi-lhes que me dessem as respostas. Também fiz as mesmas perguntas, só que em relação às garotas. O que eles achavam que as garotas gostavam? Não gostavam?

No resultado final, o índice de acerto – meninas e meninos com uma boa idéia um do outro – foi de apenas 10% na escola de meninas. Entretanto, para minha surpresa, quando usei a mesma pesquisa em escolas mistas, o índice de acerto foi aproximadamente idêntico. Mesmo freqüentando a escola juntos, meninos e meninas não sabiam mais um do outro!

Em vez de conversar com as garotas ou dividir conselhos – suspeitos porque, afinal, eu sou uma adulta –, fui capaz de observar os resultados da pesquisa e dar-lhes fatos:

"Vocês, meninas, acham que os garotos gostam de maquiagem e meninas populares", eu disse. "Os meninos dizem que ficam assustados com isso". Conversamos sobre três coisas que as meninas fazem e deixam os garotos pouco à vontade (de acordo com os meninos). Se as meninas estiverem em um grande grupo de amigas, cochichando e dando risada, o garoto não se aproximará. Por que os garotos não gostam disso? Porque, se cometerem um erro, haverá 50 meninas rindo e cochichando em vez de apenas uma.

Eu não disse às meninas se deveriam ou não fazer isso. Conversamos sobre por que os meninos são assim, por que nós somos assim e expus toda a idéia em termos de escolhas estratégicas. Fizemos a seguinte pergunta: "Durante o curto período do baile, vale a pena mudar sua atitude durante meia hora, ficar apenas com uma amiga em vez de um grupo, para encorajar um menino arisco a se aproximar e conversar?"

As garotas foram para o baile e tomaram suas decisões. Algumas permaneceram em grandes grupos porque não queriam os meninos, outras decidiram ficar com apenas uma amiga.

Agora, em vez de perder a oportunidade de aprender por que escolheram a camuflagem e a conformidade apenas para "entrar nas regras do jogo", as meninas tinham uma resposta exata e podiam usá-la como ferramenta para tomar decisões. Todas elas poderiam entrar nas regras do jogo durante o baile; sabiam que conversar com apenas uma amiga era uma escolha temporária para aumentar a probabilidade de conhecer um garoto. Isso as deixou menos suscetíveis à adoção da postura "faça tudo o que os garotos gostam" como um tema consistente do seu repertório comportamental na vida.

Se você der ouvidos às meninas, elas darão uma série de indícios confortáveis, convidando-a para a conversa que estão prontas para ter. No contexto dessa zona de conforto, as meninas podem conversar virtualmente sobre *qualquer coisa*.

A classe da sexta série viajaria para um acampamento em breve e as garotas estavam realmente nervosas, mas não porque temiam dormir ao ar livre. Nessa turma, como na maioria, as garotas passavam claramente por pontos diferentes do desenvolvimento físico, com pêlos crescendo em novos lugares e pequenos seios surgindo. Estavam horrorizadas com a idéia de dormir fora de casa sem a certeza da privacidade. Não conseguiam conversar sobre isso entre elas, nem ao menos imaginar a situação, o que significa que a sexta série é o ponto máximo para aprender como trocar de roupa sem que alguém veja qualquer parte do seu corpo.

Tivemos uma reunião de planejamento, eu e essas vinte meninas, e elas perguntaram o que deveriam levar e falaram sobre suas preocupações de errar na bagagem. Então, uma das garotas disse: "E não se esqueça da toalha de praia!"

Todas as garotas caíram na risada. Bem, eu sabia que não havia praia nem rio.

"Toalha de praia?", indaguei. "Para quê?"

Amy, que tinha grande dose de ousadia, disse: "Sra. Deak, você não sabe? As toalhas de praia servem para a gente trocar de roupa sem que ninguém veja nada".

"É mesmo?", eu disse. "E como se faz para usar uma toalha assim?"

Amy descreveu as Manobras do Beliche, nas quais você fica na cama de baixo e usa a cama de cima para prender sua toalha de praia, fazendo um pequeno vestiário com total privacidade. Pobre da garota que fica na cama de cima, claro!

"Mais alguém tem idéias de como trocar de roupa sem mostrar nada?", perguntei.

Foi muito divertido. Todo mundo conhecia as Manobras do Saco de Dormir. Uma garota se gabou: "Eu consigo trocar todas as peças de roupa dentro do meu saco de dormir".

Depois disso, elas ficaram juntas na sala, falando sobre a diversão que seria a viagem. Antes disso, nem conseguiam falar a respeito, apesar do problema amedrontar sua mente. Com essa abordagem, perceberam que todas tinham os mesmos medos, vivenciavam sentimentos similares e que, portanto, não estavam sozinhas. Foi um alívio incrível.

## Receita Médica: Folia, Família, Amigos Fiéis e Foco

Certa mãe me contou o comentário que seu filho de 9 anos fez, um dia, enquanto ela procurava freneticamente pelas chaves do carro, em meio à bagunça da casa.

"Mãe", chamou-a, espirituoso. "Lembre-se daquela palavra que começa com F!" Ela ficou pálida, antes que pudesse ouvir o que veio a seguir: "Foco!"

Gosto de acrescentar algumas outras palavras que começam com F, quando falo sobre as experiências que fortalecem as garotas, de maneira especial em seus anos intermediários, ou caminhos que podemos usar para alcançá-las: folia, família, amigos fiéis e, claro, foco. Essas são as camadas de experiência que podem propositalmente encorajar e expandir o enriquecimento das garotas e apoiá-las nos desafios dessa passagem.

### *Folia*

Os primeiros anos da pré-adolescência são apenas um passo além da infância formativa e, por causa disso, a folia e a diversão são auto-explicativas. Na verdade, estou me referindo ao conceito de brincar. Emergindo da infância, nossas jovens *tweens* ainda são muito brincalhonas e alegres. A liberdade e o encorajamento para simplesmente brincar são vitais para elas, assim como a necessidade de conseguirem conversar sobre tudo e todos e serem capazes de expressar suas opiniões sem a censura ou a obrigação de agradarem as pessoas.

Seja com filhotes de leão, macacos, cachorros ou crianças, um estágio prolongado de brincadeiras ajuda a desenvolver o raciocínio, as habilidades de lidar, interagir e desenvolver estratégias. Para as garotas, essa liberdade de ser expressiva física, intelectual e emocionalmente continua construindo e sustentando a auto-estima, preparando-as melhor para as crises previsíveis de autoconfiança que vêm com as mudanças à frente.

Atualmente, é com muita freqüência, para nossa garota pioneira, que os dias de pura diversão e brincadeira são rapidamente encobertos pela invasão da moda, beleza e expectativas sociais, competição na escola e nos esportes, agendas lotadas com atividades depois da aula e pressão dos amigos para imitarem os interesses dos adolescentes.

"A gente sabe quem ainda brinca e quem não *brinca* mais", explicou Lianna, que, aos 10 anos, sabe precisamente quais amigas ainda pode convidar para brincar com suas bonecas Barbie e Meu Bebê, e quais podem considerá-la estranha por *ainda* brincar de boneca. Lianna não está preparada para abandonar seu ser mais jovem e brincalhão, mas está desenvolvendo a inteligência social para saber quando, onde e com quem estará segura, no sentido social, para ser ela mesma. Sua mãe fez um esforço especial para proteger esse tipo de diversão, assim as oportunidades de brincar com as amigas não são sufocadas por excursões ao shopping, hora de ver TV e outros compromissos sociais. Ela também guardou os materiais para essas atividades simples, como desenhar, brincar com argila e jogar cartas, todos dispostos sobre a mesa da sala de estar, onde Lianna e suas amigas, além de outros membros da família, podem se reunir para relaxar e brincar.

Outros pais me dizem que protegeram o espaço das brincadeiras na vida das filhas, garantindo que continuassem com os jogos em família, pedindo que as filhas participassem de esportes não-competitivos ou estando com primos e vizinhos mais novos que ainda gostassem de brincar.

### *Família*

Para as garotas dessa idade, a folia e a diversão ainda estão muito associadas à segunda palavra que começa com F: família. Elas falam muito sobre eventos e viagens familiares – e momentos difíceis também! Na verdade, essa é a última vez, durante muitos anos, que as garotas colocam a família na lista das três coisas mais importantes em sua rotina diária, junto com seus corpos e amigos. Embora a família possa permanecer como uma âncora importante no mar da vida, durante a adolescência ela parece passar para pano de fundo, em termos das prioridades diárias. Um dos pontos cruciais aqui é que o tempo que se passa com a família em eventos, conversas e reuniões familiares precisa ser mantido e até mesmo aprimorado, sempre que possível. Idealmente, o tempo em família tem sido uma prioridade até aqui, mas, assim como a diversão e as brincadeiras, precisa ser estendido pelo maior período possível. A família é realmente uma das maiores âncoras da vida, não somente na turbulência dos anos intermediários e da adolescência, como também pelo resto de nossas vidas. Uma série de estudos aponta para o fato de que fortes laços familiares e o tempo passado juntos são extremamente importantes na prevenção de uma série de problemas da infância, incluindo drogas, delinquência, reprovação escolar e gravidez. O momento de construir e fortalecer essa sólida fundação é agora, antes do afastamento natural da família na adolescência.

Uma garota da sétima série, quando questionada sobre o que mudaria nos pais se pudesse, respondeu, sem hesitação: "Gostaria que eles passassem mais tempo comigo. Sei que eles me amam, mas estão sempre tão ocupados que quase nunca fazemos nada juntos".

Boa parte do que ouvimos sobre tempo limitado, mas potencialmente de qualidade, é mito. Não há substituto para a quantidade. As famílias que passam bastante tempo juntas se unem, conhecem-se, são capazes de ver e prever a chegada de problemas e têm melhor comunicação. Os relacionamentos significativos exigem tempo e investimento emocional. Quanto mais tempo você fica com uma pessoa, maior a oportunidade de conhecê-la melhor e compartilhar os momentos que desenvolvem a intimidade e o carinho. Claro que a qualidade do tempo é importante e que os pais que trabalham fora de casa nem sempre podem passar muito dele com a família, como gostariam. Entretanto, em muitas famílias de hoje, os pais se afastam de uma parte muito grande da vida dos filhos e são as crianças que sofrem as conseqüências.

No mês passado, enquanto esperava no aeroporto por um vôo que estava atrasado, observei duas famílias, ambas com crianças pré-adolescentes. Um pai estava lendo um livro, repousando uma das pernas no colo de uma das filhas, que também lia um livro confortavelmente na cadeira do aeroporto. A mãe conversava com a outra filha sobre seus sapatos. No final do corredor estava outro pai ao telefone celular, fazendo ligações sem parar. Sua filha pré-adolescente e seu filho mais novo estavam sentados, olhando pela janela. Talvez tenha sido um daqueles momentos em que o Pai Nº 2 tinha que fazer ligações ou talvez fosse um padrão da família.

O que estou dizendo é que o Pai e a Filha Nº 1 pareciam, freqüentemente, ficar próximos, nem sempre interagindo ativamente. Meu ponto é mostrar que o tempo juntos, de certa maneira, é qualitativo e precisa acontecer em quantidade suficiente.

### *Amigos Fiéis*

Amigos, ligações e relacionamentos têm sido e continuarão sendo sempre a força na vida das mulheres. Mas o enfoque muda com a idade e a fase. No começo da pré-adolescência, as meninas estão saindo do que chamamos de anos de transição, que foram os anos formadores da amizade, de instabilidade, anos em que você é convidada para minha festa em um dia, mas não no próximo. As amizades transitórias são parte importante do crescimento, pois ajudam a criança a aprender sobre a variedade de pessoas e estender seu conhecimento de base, além de sua inteligência, para formar relacionamentos e interagir com todos os tipos de pessoas.

Entretanto, no início da pré-adolescência, os padrões mudam. A teoria da sorveteria Baskin-Robbins, dos Estados Unidos, do desenvolvimento social das garotas é o prato do dia! Agora que já experimentou todos os 31 sabores de sorvete, ela já sabe do que gosta e não está mais interessada no restante. Veremos como isso funciona na linha da faixa etária com maiores detalhes no Capítulo 7, "As Ilhas Galapos do Desenvolvimento Social nas Garotas".

Nessa fase, as garotas discriminam mais e não interagem com tanta fluidez com muitas pessoas. Esses aglomerados de amigas não são iguais à fase das panelinhas no final da pré-adolescência e começo da adolescência; trata-se apenas de um precursor mais fluido e brincalhão. Esses grupos ainda são permeados por novos membros e estão sujeitos à movimentação intergrupos, dependendo da atividade ou situação presente. Os amigos ainda não substituíram os pais e professores na hierarquia da atenção e lealdade de uma menina, mas estão caminhando nessa direção. Os aglomerados de amigas entre 8 e 9 anos evoluem para a categoria de "melhores amigas" por volta dos 10 anos.

Se você caminhar pelo corredor de uma escola, é possível distinguir com facilidade em qual fase/estágio as garotas estão. As meninas da terceira e quarta séries caminham em grupos mais soltos de três a seis garotas, todas conversando juntas. As alunas da quinta e sexta séries tendem a caminhar em duplas, sinal da época MA (Melhores Amigas).

A necessidade de ter uma melhor amiga é um ímpeto quase palpável. Os psicólogos sugerem que essa é uma fase crítica relacionada à prática de relacionamentos íntimos para escolhas futuras de parceiros. Talvez isso explique a depressão e ansiedade vividas por muitas meninas que ainda não encontraram suas melhores amigas nessa fase. Trata-se de uma etapa bastante curta, mas vivida de maneira intensa e emocional durante mais ou menos um ano. O que é uma melhor amiga? Um item em que todas as *tweens* concordam!

*"Ela não conta seus segredos, é honesta, está sempre do seu lado e não se importa se você fizer algo estúpido ou estranho, não vive mudando de idéia, confia em você, é gentil, cuidadosa, engraçada e às vezes boba."*

*"É alguém que te perdoa e não fica se gabando e que te trata com o maior respeito. Além disso, ela se preocupa e pede desculpas quando magoa seus sentimentos. Ela entende seus sentimentos. Gosta de você como você é."*

*"Ela sabe guardar segredo ou, se você está triste, ela chega perto e pergunta se você quer brincar. Tem muito respeito por você e não te ignora nem te vira as costas."*

Carol Gilligan foi realmente a primeira pessoa a falar sobre o que ela chama de *relacionamentos autênticos*. Ela disse que é importante sermos capazes de fazer um comentário negativo com uma amiga ou ser amado; isso faz parte do relacionamento. Na verdade, não existe amizade ou relacionamento se vocês só dizem coisas legais um para o outro. Ter um relacionamento significa ser capaz de ser franco, discordar e ser magoado. É assim que se aprende a confiar em alguém e realmente saber quem são seus amigos. É o que torna um relacionamento ou amizade diferente de um mero coleguismo ou de um conhecimento superficial com alguém com quem você apenas conversa.

A maioria das garotas entra em pânico quando uma colega de classe discorda de alguma coisa. "Você está brava comigo?" é uma pergunta feita com freqüência. Por outro lado, as melhores amigas podem ser vistas discutindo e discordando por longos períodos sem que alguém pergunte "Você está brava comigo?", porque sabem que são grandes amigas e não deixarão de ser.

Também é importante esclarecer para sua filha que as coisas nem sempre são cor-de-rosa entre as amigas. Existem muitas meninas que têm dificuldade para ouvir comentários negativos sobre si mesmas, o que pode significar o fim de um relacionamento. Em especial, isso pode acontecer a partir do momento em que os garotos entram em campo. Uma menina se lamentou que a melhor amiga gostava de garotos e não entendia por que ela não. Agora ela andava cada vez mais com um "bando de garotos loucos". Existe uma fissura muito estressante entre as meninas que estão física e/ou socialmente maduras e as que não estão. É como se habitassem em mundos diferentes. Existem alunas da sexta ou sétima série ainda brincando de boneca, enquanto outras estão paquerando os meninos. Esse é um abismo que as garotas não sabem como atravessar e que freqüentemente causa mudanças abruptas nos grupos de amigas. Se sua melhor amiga na quinta série de repente passa a se sentir atraída pelos meninos e você ainda acha que os garotos são esquisitos demais, vocês passam a ter menos assunto para conversar e dois pontos de vista diferentes e difíceis de conectar. Essas lacunas temporárias no desenvolvimento podem separar amizades que até o momento eram boas e sólidas. É nesse momento que você, como mãe, precisa estar presente para oferecer seu ombro amigo na hora de buscar novas amizades!

### Foco

Mary Pipher chama isso de estrela-guia. Eu chamo de âncora. Tenho certeza de que existem outros termos na literatura que tentam rotular esse importante conceito. *Estrela-guia* ou *âncora* se refere a algo que orienta, que mantém a estabilidade ou serve para nos agarrarmos no mar revolto da vida. E existem tempestades em todos os períodos da vida; só que para as meninas dessa idade elas mais parecem furacões.

Ajude e torça para que sua filha encontre sua âncora, embora ela não precise ser para a vida inteira. Nos anos escolares entre a 5ª e 8ª séries, pode ser apenas um interesse estabilizador: andar a cavalo ou colecionar figurinhas e tudo que já foi escrito sobre filhotes, por exemplo. Então, na adolescência, a âncora pode permanecer a mesma ou se traduzir em interesse mais adulto. Freqüentemente, embora o interesse mude, o novo foco desenvolve habilidades familiares ou qualidade de caráter.

Conheci uma menina muito motivada e disciplinada que se dedicou ao balé desde muito cedo e durante toda sua pré-adolescência. Então, na oitava série, depois de ficar afastada de uma apresentação devido a uma lesão no pé, de repente ela declarou que sua vida centrada na dança era limitada demais. Transferiu seu interesse e energia para a ciência, ganhou notas muito altas em todo o ensino médio e teve uma vida acadêmica e profissional maravilhosa no ramo de pesquisas médicas. A disciplina que ela desenvolveu como bailarina serviu muito bem, mais tarde, na sua vida como acadêmica e cientista.

Outra menina adorava cavalos durante os primeiros anos da escola; mas, por não ter dinheiro para praticar equitação, fazia desenhos de cavalo em todas as margens do caderno e folhas de prova. Ela passou a fazer e vender porta-jóias pintados a mão nos anos seguintes e então, durante o ensino médio, abandonou a pintura e interessou-se por escrever ficção. Seguiu seus estudos em história da arte na faculdade, voltou a escrever e acabou se tornando uma escritora bem-sucedida. Em todos os anos na escola, seus pais se preocuparam com sua relutância em apegar-se a qualquer estudo, mas, na verdade, seu foco era a expressão criativa e os interesses se diversificavam por representarem cada faceta de sua criatividade.

A atenção de uma garota pode se voltar para cavalos, ginástica, desenho, música ou leitura, mas o importante é que ela escolha sua âncora e é fundamental que os pais respeitem sua escolha, reconhecendo-a como um passo importante do seu desenvolvimento e resistindo à tentação de transformá-la em fonte de pressão para realizações ou conquistas. O melhor que se pode fazer é abrir novas possibilidades, oferecendo associações ou oportunidades de envolvimento com coisas novas. E, quando algo lhes chamar a atenção, podem apoiá-la emocional e financeiramente, com seu tempo ou qualquer outro tipo de suporte que possam oferecer. Apenas devem se lembrar de que a âncora é dela; se sua filha estiver pronta para erguer a âncora e explorar outras águas antes de estabelecer um novo interesse, os pais devem ficar felizes com sua curiosidade e disposição para experimentar coisas novas. Essas qualidades lhe servirão muito bem por toda a vida.

## Ajustes na Gangorra para Pré-Adolescentes Mais Velhas

Assim que os pais e os professores se acostumam com as adolescentes mais novas, as meninas seguem em sua transição para uma espécie um pouco diferente: a pré-adolescente mais velha. Apesar de ainda faltar um pouco para entrar na adolescência autêntica, essa *tween* mais velha é diferente da *tween* mais nova em alguns aspectos significativos. A primeira coisa que a maioria dos pais percebe é que eles e outros pais de repente se tornam mais tapados do que uma porta – pelo menos sob o ponto de vista de suas filhas. Algumas meninas são mais educadas e gentis do que outras, mas a conclusão é a mesma: os adultos não têm a menor idéia das coisas que interessam para a maioria das pré-adolescentes; a experiência deles é inválida e seu interesse é suspeito. Por mais que queira discutir o assunto, não perca seu tempo. Depois que você aceitar essa péssima avaliação como a verdade da sua *tween* e abandonar qualquer presunção de superioridade, estará em melhor posição para ouvir, aprender e influenciar sua filha nesses novos caminhos. Chegaremos lá em um minuto. Mas, primeiro, vamos examinar outros sinais de alerta do comportamento da pré-adolescente mais velha, deixando de lado as palavras que começam com F para ver as palavras que começam com C: corpo, colegas e caras.

### C de Corpo

Uma coisa está muito clara: as *tweens* mais velhas não podem mais se olhar no espelho e acreditar que são crianças. E isso muda tudo. Agora passa a importar o que os meninos pensam e o fato de estarem olhando com um novo tipo de interesse para o corpo das meninas. A maioria das garotas de 10 a 12 anos reage a esse corpo que está florescendo e à nova atenção dos homens com uma de duas reações básicas e opostas: com um visual "largado", vestindo roupas folgadas e deixando os ombros caídos para disfarçar o surgimento dos seios ou com a atitude "queixo erguido e peito estufado", usando roupas e tendo uma postura que acentuam suas novas curvas. É difícil prever qual será a escolha, mas certamente será influenciada pelo temperamento e personalidade na escala extrovertida/introvertida. O visual largado é clássico para meninas introvertidas, o peito estufado é clássico para as extrovertidas. Mas o grupo social, a cultura da escola ou a área geográfica e os valores expressos dos pais ou da religião podem influenciar o estilo da garota. Certa mãe ficou entusiasmada quando sua filha de 13 anos voltou de um acampamento e anunciou que não se interessava mais pelas regatas e blusinhas baby-look que antes adorava. Ela preferiria o visual mais rústico do "ar livre".

O melhor conselho é não se importar muito com a posição em que sua filha está na linha contínua da vida, porque quase sempre se trata de uma fase temporária. Assim como os padrões de amizade nessa idade refletem a síndrome de experimentar sabores na sorveteria, esse é um momento de experimentar visuais para "Ver como ficaria...", mais a necessidade de reagir à pressão social e às tendências da moda. Uma exceção a essa regra relaxada de reação seria o momento em que sua filha adota qualquer hábito ou comportamento extremado que vai contra os valores da família ou os padrões morais ou se de repente ela for de um extremo ao outro. Quaisquer mudanças repentinas ou extremadas – com amigos, moda, notas, aparência, hábitos alimentares etc. – sempre merecem observação e investigação. Se sua filha, que antes andava com o queixo erguido, de repente assumir uma postura totalmente largada, pode se tratar de uma reação a um fato que precisa ser discutido mais aprofundadamente. Por exemplo: uma mudança repentina da postura do peito estufado para ombros caídos pode refletir algum incidente corporal ou emocional doloroso. Se estiver relacionado com algo como assédio sexual, o problema precisa ser abordado. Se for meramente o resultado de certo embaraço por causa do crescimento repentino dos seios, então o assunto pode ser deixado de lado.

A menarca e as flutuações hormonais somam-se à complexidade da experiência dessas pré-adolescentes mais velhas. De acordo com as pesquisas atuais, não resta muita dúvida sobre o fato de que, para a maioria das garotas, seu estado de humor e emoções são altamente influenciados por esse novo ciclo menstrual de 28 dias que governa seus corpos. É uma época difícil para os adultos saberem quanto devem insistir para discutir questões de corpo e quando devem se afastar para não enfatizarem todos os problemas corporais que permeiam nossa cultura. Em geral, esse é um momento em que as mães podem compartilhar parte de sua história como um meio de abrir portas para a conversa. Por exemplo: eu ainda não passava de uma novata nesses assuntos de ciclo menstrual e pedi que minha mãe comprasse um absorvente íntimo mais grosso, quando fosse à farmácia. Ela disse: "Oh, eu tinha me esquecido desses primeiros anos". E isso a levou a me contar sobre o início de sua menstruação. A mãe dela nunca tinha conversado sobre isso, muito menos suas professoras de ciência na escola católica. Então, quando aconteceu, ela foi correndo até sua irmã mais velha para perguntar o que estava errado. Sua irmã mais velha, em um daqueles dias de mau humor, disse: "Viu o que acontece quando você come gelatina demais?" Nós caímos na risada juntas e de algum modo isso facilitou nossas conversas de "menina". Foi bom saber que, para ela, era muito importante que pudéssemos conversar desse jeito.

Portanto, deixá-la perceber que você entende seus sentimentos, é capaz de conversar sobre o assunto abertamente e que você se importa com essa nova realidade é a melhor atitude a tomar. Ela partirá desse ponto e deixará que você veja seus limites claramente!

### *C de Colegas*

Os relacionamentos com os colegas assumem uma importância nova, devastadora e quase excessiva para as pré-adolescentes mais velhas. Na verdade, "excessivo" é um ótimo termo para designar como as garotas vêem o novo papel dos relacionamentos. "Devastador" se encaixa na visão dos pais e professores. As garotas conversam no telefone e usam salas de bate-papo em todo minuto livre que têm. Elas tentam nunca estar sozinhas, caminham pelos corredores da escola em bandos, passam bilhetes durante a aula, em vez de aterem-se a cada conceito e palavra preciosa que estão compartilhando com os professores. Minha amiga, que é psicóloga, chama a essa fase de "tribo da moda". Outras pessoas se referem a ela como "panelinhas".

Gosto de considerar essa fase como estágio da borboleta úmida. Antes dela, as garotas estavam nos casulos de suas famílias e cercadas por outros adultos protetores (professores, parentes, clérigos) de quem aceitavam decisões e conselhos.

Quando passam a ver os adultos como burros demais, as *tweens* mais velhas perdem o casulo, o que certamente é excitante, embora também se trate de um momento incrivelmente assustador. A analogia é perfeita com o momento em que a borboleta emerge do casulo, com asas úmidas e frágeis, prestes a voar. O problema das asas úmidas é que, se forem tocadas antes de secar, o estrago será para a vida inteira e o vôo será muito prejudicado ou simplesmente não acontecerá. As *tweens*, com asas únicas, cercam-se de uma proteção contra o mundo que pode machucá-las durante essa fase tão frágil. Essa proteção se dá se estiverem cercadas por outras borboletas úmidas. Elas se juntam em bandos e agem, conversam e se apresentam da mesma forma, por causa da camuflagem protetora que o momento lhes confere. Isso me faz lembrar de um programa da Discovery Channel sobre as zebras: as listras fazem com que se misturem de tal maneira que qualquer animal predador tenha dificuldades para distinguir uma única zebra. Ver os colegas e as panelinhas como uma técnica de sobrevivência ajuda os adultos a entenderem a devoção radical aos amigos, a qualquer custo.

### C de Caras

Lembro-me de uma mãe que observava sua filha de 4 anos no parquinho com um garoto da mesma idade falando, em tom de provocação: "Ah, então você tem um namorado!" O mundo sugere para as meninas, praticamente desde o primeiro dia, que elas deveriam ter um namorado. Mesmo assim, sob o ponto de vista da genética e do desenvolvimento, o verdadeiro interesse pelos meninos está mais alinhado com a menarca, por razões óbvias. Portanto, as meninas costumam fingir seu interesse pelos meninos para que o mundo não pense nada de errado sobre elas. Às vezes, o problema é que, individualmente, a menina pode acreditar que algo está errado com ela por não estar interessada nos garotos no começo da pré-adolescência. Tudo isso dá início ao jogo de não ser verdadeira com os meninos nem sobre os meninos.

Quer haja quer não um pouco de mentira na história de sua atitude em relação aos meninos, a maioria das garotas, por volta dos 12 anos, desenvolve uma curiosidade genuína, se não um interesse absoluto, pelos meninos. É importante lembrar que existe uma linha contínua que vai desde o pouco interesse até a paixão cega. Foi o grupo das pré-adolescentes mais velhas que transformou o filme *Titanic* e o doce galã Leonardo DiCaprio nesse sucesso titânico. É comum as pré-adolescentes mais velhas se apaixonarem cegamente por astros ou indivíduos distantes, antes que o holofote das emoções ilumine um garoto real e conhecido. Trata-se de uma maneira genuína, segura, socialmente aceitável e empolgante de demonstrar interesse, sem ter que lidar com um relacionamento de verdade. Com muita freqüência, as garotas sofrem provocações por causa desse comportamento apaixonado e inofensivo. Mas esse pode ser um estágio muito saudável — que você deve esperar e desejar para sua filha! Muitas garotas vêem seus corpos amadurecendo sem a maturidade emocional e a sabedoria cognitiva para lidar com a atenção verdadeira dos meninos. Essa paquera virtual pode ser compartilhada com o grupo, ajudando a garota a atravessar o estágio de integração mista.

Quanto ao namoro precoce, o que os pais devem fazer? Protelar o namoro da sua *tween* o máximo possível. Para o desenvolvimento, o propósito de meninos e meninas estarem juntos nessa idade é conhecer como é o outro sexo da sua espécie, como ele se difere da fêmea etc., e não começar o processo de seleção de um companheiro, o que, em resumo, define o namoro. Sentar na sala escura de um cinema ou unir os corpos para dançar não é uma maneira efetiva de conhecer o outro sexo, mas apenas um meio efetivo de facilitar relacionamentos físicos, os quais são complicados e custosos demais nessa faixa etária tão jovem. Esse ponto foi exaustivamente discutido na minha conversa com as meninas da oitava série, como mencionei anteriormente, na qual uma garota muito corajosa perguntou por que os meninos gostavam tanto de sexo oral e por que não era divertido para as garotas. A maioria delas meneou a cabeça, concordando, o que demonstrava que tinham vivenciado a pressão pessoalmente ou ouvido relatos de outras garotas.

Os namoros e os bailes podem esperar até mais tarde, no ensino médio. Um grupo de escolas na área de Cleveland patrocina eventos sociais para alunos da 5ª à 8ª séries: passeios de bicicleta, alpinismo, patinação, filmes com discussões posteriores, festa da pizza etc. Ter grupos de meninos e meninas interagindo em algum tipo de atividade é o relacionamento mais saudável para essa faixa etária.

## Lidando com o Cinza e Ensinando as *Tweens* a Fazerem o Mesmo

Quando viajo e falo para platéias de pais e professores, sempre pergunto às mulheres quantas delas gostariam de voltar à época do ensino fundamental. Em todos esses anos, dos milhares de mulheres, somente três ergueram as mãos. As outras ainda podiam ter a sensação incômoda de a estarem vivenciando, como se tivesse acontecido ontem. É possível vê-las se contorcerem nas cadeiras. Foi bastante desagradável para a maioria de nós quando passamos por isso e pode ser muito difícil ver a menina que amamos estar nessa situação – incomodada com a escola, com o corpo, com os amigos, consigo mesma. Para nós, a preocupação é dobrada: as experiências de nossa filha sobrepostas em camadas sobre nossas lembranças não muito agradáveis, somadas às nossas verdadeiras preocupações por seu bem-estar.

Como podemos ajudar nossas filhas a lidarem com o cinza dessa fase intermediária, se nós mesmos mal podemos suportá-la?

Alguns pais não conseguem. Não agüentam esperar que sua filha saia desse estágio ambíguo de girino e se misture à multidão que se movimenta rapidamente para a vida adolescente – bailes, namoro, festas sem supervisão dos pais, poucos limites, muita liberdade e altas expectativas. Alguns evitam o desconforto do cinza, tentando manter suas filhas jovens e dependentes e impedir seu desenvolvimento pelo maior tempo possível. (Mas o tiro sempre sai pela culatra, devo avisar.) Esse estágio realmente ressalta nossa insegurança como pais e adultos na vida desses girinos.

Lidar com o cinza nesse ambiente amorfo é dificultado pelo fato de que nossas histórias têm pouco em comum com as questões contemporâneas das pré-adolescentes. As pessoas que pretendem explorar essas meninas como consumidoras estão muito à frente do restante de nós em sua pesquisa sobre a mente e o comportamento das nossas *tweens*. Enquanto investiram milhões de dólares para descobrir o que atrai o interesse das pré-adolescentes, como consumidoras, as pesquisas científicas e os livros voltados para os pais sobre essa fase intermediária são escassos, embora estejam crescendo lentamente.

Os pais das pré-adolescentes também não encontram o apoio social que os ajudou a se conectarem com outros pais, quando suas filhas eram mais novas; eles se sentem isolados e às vezes incapazes de tomar decisões as quais gostariam que estivessem fundamentadas em um bom desempenho como pais e em padrões contemporâneos razoáveis. Finalmente, as próprias garotas se sentem pressionadas a crescerem (mas não demais e não tão rápido) e a imitarem a busca adolescente por autonomia, sem os anos adicionais de crescimento emocional e experiência de vida para temperar seus impulsos.

Ouça o que sua filha tem a dizer; preste atenção ao que ela diz e acredita estar acontecendo e converse com os professores dela para ter melhor perspectiva. Seu objetivo não é ajudá-la a receber uma nota alta, social ou acadêmica, mas ajudá-la a descobrir como lidar com essas novas expectativas escolares.

## Pérolas para os Pais e Pérolas para as Garotas

- Sua pré-adolescente acreditará que você não sabe nada, mas que continua agindo como se soubesse.
- Sua filha fingirá que não está prestando atenção no que você diz, mas continue falando, porque ela está ouvindo.
- Chame-a de pré-adolescente um dia e, quando ela perguntar por que, inicie a conversa sobre como lidar com o cinza na vida de um girino.
- Jogue basquete, pule corda ou brinque com ela: ajude a prolongar a parte criança que ainda existe nela.
- Coloque-a na cama à noite como se fosse uma garotinha, mas trate-a como uma quase adulta durante o dia, especialmente na frente dos outros.
- Tente desesperadamente não deixá-la envergonhada em público, mas saiba que, de algum modo, você acabará fazendo isso.

CAPÍTULO 4

# Tudo e Nada: Compartilhando a Luta da Adolescente para Ser e Tornar-se Ela Mesma

*"Existem dois pesos e duas medidas por aí. Somos vistas como inferiores, mesmo sendo iguais ou superiores. Ensinam-nos a sermos quietas e submissas e ao mesmo tempo nos dizem que podemos fazer qualquer coisa! Gostaria de ser mais feliz."*

— Sharon, 17 anos

*"Amo o modo como sou corajosa com todos os meus problemas familiares e com a vida. Uma certa quantidade de força interior vem com o fato de eu ser garota, uma força que precisamos possuir para sobrevivermos. Somos mais fortes simplesmente porque temos que ser."*

— Oona, 15 anos

Se você fosse um explorador de outra galáxia e caísse na Terra à procura da forma de vida mais excitante do universo, daria a caçada por encerrada e diria "Missão cumprida", no dia em que descobrisse as adolescentes. Que complexidade! Que intensidade! Que energia! Que volatilidade! Que extraordinária capacidade física, intelectual, emocional, espiritual e intuitiva, e que criatividade! Que fachada elaborada e que profundidade incrível! Nos momentos seguintes, após sua descoberta de tirar o fôlego, você observaria uma segunda criatura, uma espécie estranhamente interessante que claramente compartilha o espaço das adolescentes e procura interagir com elas, ainda que, misteriosamente, pareça pasma, louca, confusa ou esgotada com essas mesmas interações. Mais adiante, você notaria que o relacionamento entre essas duas formas de vida é geralmente marcado por tensão ou conflito, e, ainda assim, elas parecem obrigadas a permanecer juntas. Talvez o mais curioso seja que essa conexão ora controversa, ora colaborativa parece ser um componente crítico na vitalidade do crescimento e no desenvolvimento das garotas.

Bem-vindo ao universo do relacionamento entre os adultos e as adolescentes, cada espécie com o próprio ponto de vista moldado por tarefas inatas completamente diferentes a serem realizadas. As adolescentes são compelidas pela natureza a se afastarem dos pais. Os pais (e os professores, em virtude de seus papéis) são compelidos a continuar com as tarefas de orientação e de formação enquanto for necessário. Contudo, todos estão atrás do mesmo objetivo e esse pequeno cabo de guerra nos permite manter a corda um pouco tensa, para deixar a adolescente se afastar gradualmente, enquanto os adultos soltam a corda pouco a pouco. Puxar abruptamente ou soltar a mão em qualquer um dos lados resulta em uma mudança rápida demais.

Talvez nos falte a perspectiva imparcial de um visitante extraterrestre. Contudo, quando fazemos nossas observações, as imagens nos mostram que essa passagem é igualmente desafiadora para as garotas e para os pais:

*"Quando você pensa que conhece uma adolescente, ela faz ou diz alguma coisa que acaba completamente com as suas ilusões", diz uma mãe.*

*"Morar com uma adolescente é como olhar para uma bonita pedra", diz uma das minhas favoritas 'mães-fonte', sugerindo que há um aspecto escondido que sempre surpreende e geralmente espanta, quando se olha rapidamente para o que está escondido embaixo da pedra.*

*"Em geral, você se pega simplesmente cruzando os dedos e torcendo para que elas tomem as decisões corretas, sem ter nem de perto o controle ou a influência que gostaria de ter...", diz um pai.*

*"Segure-se quem puder!" Um colega meu diz isso, referindo-se à perplexa lista de desafios que nós, psicólogos, identificamos como fixas na adolescência feminina: "mudanças hormonais, questões de gênero e identidade sexual, equilíbrio entre o processo de individualização e a necessidade de fazer parte de um grupo, submissão versus rebeldia,*

*enfrenta pressões acadêmicas cada vez mais intensas, enquanto desenvolve outros talentos e capacidades, o eterno cabo-de-guerra entre o desejo pela gratificação a curto prazo e o sacrifício pelo ganho a longo prazo, o desenvolvimento do caráter e a capacidade de seguir os próprios valores, mesmo em situações que as colocam em cheque, a crescente importância da amizade e a necessidade de se diferenciar da família, preparando-se para a idade adulta, a capacidade de se adaptar a um ambiente global, cultural e tecnológico em constante mudança e o anseio humano de suportar e deixar sua marca em um mundo que geralmente parece superexcitante, temporário, superficial e descartável". (Todas essas palavras, sem pausa para respirar, realmente capturaram a essência da adolescência.)*

*Uma garota de 16 anos fala tudo isso em termos mais sucintos: "garotos, namoro, fofocas, reputações, atividades sexuais etc". (Esse "etc." abrange muita coisa!)*

Se você esteve neste planeta na última década, conhece tudo que pode dar errado. Livros, artigos, programas de entrevistas e histórias assustadoras contadas por outros pais descreveram ou comentaram a adolescência. Quase todas essas mensagens sugerem uma época de revolta e de grande conflito entre os pais e os adolescentes e, para as garotas, um campo minado psicológico pronto para explodir, caso ela dê um passo fora da linha.

Drogas, sexo, depressão, suicídio, transtornos alimentares e outras potencialidades autodestrutivas claramente fazem parte do mundo adolescente (Veja o Capítulo 9, "Pais sob Pressão"). Essas questões aparecem na mídia, nas escolas, com os amigos e às vezes na própria vida. E, como já discutimos, tudo isso está acontecendo cada vez mais cedo para as garotas. Quem pensaria, há alguns anos, que as tendências no comportamento dos namoros levariam à necessidade de conversar com as adolescentes sobre o risco de Aids no sexo oral?

As ciladas para as adolescentes são reais e as preocupações dos pais, professores e outros adultos responsáveis são válidas. Mas causamos um prejuízo às garotas, quando deixamos que nossos medos por elas – e às vezes nosso medo *delas* – obscureçam os extraordinários presentes da mente, do corpo e do espírito e as necessidades básicas, normais e costumeiras do desenvolvimento que definem a vida da maioria das adolescentes. É similar à maneira com que a mídia faz propaganda do crime e mantém o medo vivo na sociedade, apesar de os delitos graves caírem mais de 30% nos últimos anos. A real essência das adolescentes é de grande esperança e de altas expectativas para elas mesmas e para o mundo.

Entretanto, literatura recente sobre as garotas se concentra tanto na dor e nas ciladas da vida da adolescente que mal vemos o outro lado – que as garotas desta geração não se vêem como vítimas, mas como pioneiras no novo cenário da adolescência feminina. Todas as gerações disseram e sentiram isso de alguma forma. Mas, para as garotas de hoje, realmente houve, no espaço de uma geração, uma mudança sísmica no cenário da vida das mulheres na nossa cultura. Essa mudança causou escolhas inéditas e desafios na vida, na educação e nas carreiras e um contexto totalmente diferente para o compromisso de uma garota com o mundo, seus relacionamentos mais íntimos e sua experiência mais profunda com ela mesma.

A melhor proteção contra os riscos da adolescência é fortalecer as garotas com um sentimento do próprio valor, da sua força e da sua capacidade de enfrentar as coisas com as quais vão precisar lidar na vida e de fazer escolhas sábias. Elas precisam saber a diferença entre um risco estúpido – como estar no carro com um motorista alcoolizado ou fazer sexo sem proteção, com perigo de contrair Aids ou outras DSTs – e um bom risco, que as desafia a aprender, a se esforçarem e a se tornarem mais fortes. Se quisermos cultivar essa compreensão e outras qualidades de auto-afirmação que vão ajudar nossas garotas a prosperar, precisamos reconhecer nelas esses mesmos atributos e capacidades, compreender o processo pelo qual as adolescentes crescem e se desenvolvem e exercitar nosso papel contínuo de fornecer experiências propositais que estimulem as garotas a descobrir e a desenvolver o sentimento de confiança e de competência para lidar com o mundo.

## Acontecimentos Cruciais no Imenso, Intenso e Incrível Caos da Adolescência

Se mais uma vez ajustarmos nossas lentes que focalizam o caos, veremos que a desordem, o conflito, a experimentação, a visão de que os pais não são tão brilhantes como antes, são aspectos normais, embora às vezes difíceis, da adolescência. Não quero dizer que sejam apenas típicos ou comuns, no sentido de que "todos fazem isso". Quero dizer que são parte normal do crescimento e desenvolvimento psicológico saudável. E fazem todo o sentido. Em termos simples, aprender e crescer é um processo contínuo, para a vida toda. Entretanto, nessa etapa, ele leva especificamente à vida adulta, o auge do desenvolvimento que, aos olhos de todos os adolescentes, representa a linha de chegada – por fim, a liberdade! (Só quando adultos percebemos que é só o começo!)

Cada estágio do desenvolvimento tem diversos aspectos, mas também representa uma tarefa ou foco de desenvolvimento ultrapassado. Para uma garota no início da infância, desenvolver-se significa aprender sobre ela mesma e sobre os outros e a negociar seus desejos. Na pré-adolescência, significa vivenciar o estágio de mudanças corporais e de aprendizagem sobre o próprio sentido do desenvolvimento para ela e para o resto do mundo. Com o começo da adolescência, a menarca sinaliza que ela já está no caminho para a vida adulta e seu desenvolvimento físico deixa isso bem visível para todos. Tão significativo é o crescimento emocional e intelectual que transforma a vida interna da garota. A maioria dos adultos concorda com a tarefa global da adolescência: descobrir como deixar o ninho fisicamente, emocionalmente e na prática. Mas a experiência da garota nessa transição emerge de três acontecimentos cruciais da adolescência:

- Construção do sujeito – seu trabalho interno, geralmente executado atrás da fachada de "legal" ou mesmo da indiferença.
- Avaliação – como ela se sente a respeito de si mesma em relação aos outros em todos os aspectos de sua vida. Isso inclui notas, aparência, amigos, família, posses materiais, qualidades do caráter e potencialmente tudo em sua vida.
- Sexo e sexualidade – toda garota desenvolve uma estratégia para lidar com a necessidade inevitável de negociar o impacto natural que o corpo de uma mulher adulta tem sobre os seus observadores e sobre os relacionamentos com o outro sexo.

## O Interior da Adolescente: Os Fundamentos do Cérebro e do Corpo

O período entre os 12 e 19 anos é muito extenso para ser tratado como uma totalidade e comentado em detalhes. Então, assim como me referi ao início e ao final da pré-adolescência, dependendo de algumas medidas de desenvolvimento para a idade do grupo, vou me referir às garotas entre 12 e 15 anos como sendo adolescentes mais novas e às garotas entre 16 e 19 anos como adolescentes mais velhas.

O início da adolescência é tão cinza quanto pode ser. Logo que crescem, as garotas ficam muito perdidas com o que pensam, sentem, querem e precisam, assim como os pais. Pelo menos na pré-adolescência, uma garota se dá ao luxo de seguir seus amigos ou "panelinha" e se mistura com o grupo. Os amigos ainda são tão vitais quanto o oxigênio e ainda é importante se enturmar. Mas, de alguma forma, vem surgindo o pensamento de que é hora de crescer – de algum modo, em alguns dias. Isso significa que as garotas começam a ponderar seriamente se são normais. Elas imaginam qual será o produto final do seu crescimento (a maioria das garotas já cresceu tudo que devia no meio da adolescência). Ficam mais sintonizadas com as questões morais e pensam de maneira mais madura sobre os dilemas desse aspecto e o que vale a pena defender. Esses pensamentos podem ou não ser transformados em ação; mas já são levados a sério.

Conforme o crescimento e o desenvolvimento do cérebro continua, uma das áreas mais importantes da maturação cognitiva ocorre no começo da adolescência. A maioria de nós já ouviu falar da predominância do uso do lado direito e esquerdo do cérebro, geralmente em termos de tipos variados de personalidade. Mas esse aspecto particular da neurologia se torna uma parte significativa do pensamento da garota na adolescência. A parte do cérebro ligada ao pensamento está dividida no hemisfério esquerdo, associado ao pensamento analítico, e no hemisfério direito, associado ao pensamento criativo. No meio dessas duas metades está uma ponte firme e fibrosa, conhecida como corpo caloso, parte essencial de ligação do cérebro que permite a troca de mensagens entre os dois hemisférios, além de coordenar e sintetizar o tipo de pensamento que ocorre em cada lado do cérebro. Durante os primeiros anos da adolescência, essa parte do cérebro amadurece e, portanto, deixa que o cérebro trabalhe de maneira mais fluida, fazendo com que pensemos de modo mais abstrato e com muito mais complexidade. Então, para uma adolescente mais nova, algumas das dúvidas em relação a certas áreas na escola, antes complicadas, vão desaparecer. Em casa, ela é capaz de defender sua opinião com muito mais profundidade!

Uma compreensão básica desse desenvolvimento cortical também pode ser útil quando você tiver de enfrentar circunstâncias ou decidir sobre cursos na escola, se sua filha vai se dar melhor em uma opção ou em outra. Por exemplo: e se sua filha tiver a oportunidade de estudar álgebra mais cedo? A menos que tenha um talento claro e significativamente avançado para matemática, é melhor dar-lhe tempo para a maturação do corpo caloso antes de pensar em álgebra, mesmo sendo muito brilhante e tirando boas notas. Esse aumento na flexibilidade dos dois hemisférios ajudará a garantir que ela aprenda a matéria de uma maneira que faça sentido, em vez de memorizá-la, como muitas garotas fazem.

## Construção do Sujeito: A Força e a Promessa das Adolescentes

A camuflagem na pré-adolescência é uma proteção que uma garota usa para se misturar e não causar mais rebuliços e conflitos do que se sente preparada para agüentar. Já na adolescência, a camuflagem cede espaço para o que chamo de fachada adolescente, que serve como uma tela ou muro de arrimo. Da adolescência até o início da idade adulta, talvez incluindo alguns anos, a garota usa a fachada para manter o mundo em suspense, enquanto continua a construção do sujeito com um pouco de privacidade, impedindo que o mundo a veja de verdade até que esteja pronta. Enquanto isso, ela constrói e refina sua essência interior; vê com mais clareza o que pensa e acredita; fortalece-se e protege todo esse processo de crescimento das excessivas influências externas.

Uma garota pode olhar por essa fachada e continuar vendo o mundo, assimilando dados, sabedoria e experiência para moldar o processo de construção do sujeito. O lado interno da fachada tem uma função de preservação e o lado externo, de visão e de reflexão: deixá-la ver o mundo, sem deixar que ele veja sua essência, e refletir a imagem temporária que ela quer mostrar, até que tenha terminado sua obra de arte.

Às vezes, a construção não pára de crescer e, conforme o sujeito se aproxima da conclusão, a garota começa a desfazer o muro, tijolo por tijolo, devagar ou rapidamente, caso ache que esse sujeito pode resistir à luz do dia, ficar a salvo do mundo e ser respeitado por ele. Entretanto, geralmente as adolescentes mais velhas, ou as jovens adultas, param a construção do sujeito quando está quase pronto e não desfazem o muro. Ao contrário, mantêm a fachada por muitos anos, praticamente se esquecendo do sujeito e como ele difere da fachada.

Isso costuma acontecer porque, enquanto continuam vendo e avaliando o mundo, muitas mulheres percebem que sua fachada é melhor, mais aceitável e mais pertinente aos olhos do mundo do que seu verdadeiro sujeito. Então, simplesmente param de construí-lo e deixam essa obra de arte de lado até mais tarde, na vida, quando a opinião do mundo perde importância para elas. Não sei dizer o número de mulheres na casa dos 50 anos que disse coisas como:

> "Agora só uso sapatos confortáveis, não os que estão na moda – não agüento o incômodo..."
>
> "Não vou mais a coquetéis – meu tempo é precioso demais para gastá-lo batendo papo e sorrindo a noite toda com diversas pessoas..."
>
> "Meu marido diz que mudei – eu costumava concordar com tudo, era muito fácil conviver comigo. Agora eu digo o que penso."

Algumas garotas estão prontas para dizer frases semelhantes aos 16 anos, mas a maioria não. De qualquer forma, quase todas as adolescentes possui complexidade incrível, força, visão e qualidades internas que se tornam os blocos do projeto por trás da fachada.

## Qualidades Internas: Os Blocos Internos da Garota

Fui cortar o cabelo a semana passada e a filha de 18 anos da cabeleireira estava lá, ajudando na limpeza. Seu visual era tipicamente adolescente: calças apertadas e blusinha, tênis da moda. Seu corpo é bonito, ela é bonita.

Conversamos sobre a escola e seus amigos. Então, sua mãe lhe disse que eu era psicóloga e que estava escrevendo um livro. Ela me mediu com os olhos e ficou bem quieta. Disse-lhe que realmente precisava conversar com garotas da idade dela, sobre como era ser adolescente hoje em dia, e perguntei se poderia me ajudar com sua experiência.

Ela fez uma pausa e olhou pensativa, acho que para decidir se eu só estava puxando conversa ou se isso era sério e importante. Devo ter passado no teste.

"Bem, provavelmente não sou eu quem deva falar", disse ela. "Por dentro, não sou como a maioria das adolescentes."

Perguntei o que ela queria dizer com isso. Novamente a garota me examinou.

Por fim, disse que estava tentando decidir se fazia a cirurgia de redução de mama. Agora, ela realmente observou minha reação.

"Deve ser uma decisão difícil", eu disse.

Ela levantou a cabeça e olhou para mim, como o meu cão reage quando faço algo inesperado. Passei no teste de novo e ela prosseguiu, dizendo que não era uma decisão difícil. Ela sentia dores nas costas e nos braços, quase insuportáveis. Falou sobre como sua mãe lhe dava apoio e quanto isso ajudava. Disse que no começo quase todas as suas amigas a achavam louca porque "a maioria das mulheres paga para aumentar os seios para ficarem como os meus!"

Explicou que, durante essas conversas, ela falava sobre como era desconfortável ter seios tão grandes e suas amigas passaram a lhe dar apoio. Ela também sabia que não devia falar com os amigos sobre essa questão. Disse que no geral os garotos não são tão maduros quanto as garotas e não conseguiam conversar sobre seios com compreensão ou empatia reais.

Fiquei impressionada com a sua maturidade e bom senso. Ali estava ela, tendo uma conversa séria com outra adulta que não conhecia bem. Ela mostrava uma percepção real para avaliar os outros e para decidir até onde aprofundar essa discussão com os colegas da sua idade.

Essa conversa me lembrou do estudo feito na escola das minhas filhas, com a pesquisadora Carol Gilligan, de Harvard, e um grupo de entrevistadores. Tive a sorte de ser uma das entrevistadoras e conversei com muitas garotas do ensino médio. Sempre me surpreendi com o que estava "embaixo da pedra" delas. Garotas que eu conhecia há anos, que nunca conversavam sobre assuntos mais sérios, de repente falaram com profundidade sobre uma variedade de assuntos filosóficos; garotas que tinham fama de ser cabeça-oca não eram. Garotas que eu achava que iam atrás dos outros pensavam seriamente sobre como deixariam sua marca no mundo. Se aprendi alguma coisa sobre as adolescentes durante esse estudo de cinco anos foi que não se deve julgar pela aparência. O que uma adolescente mostra aos amigos e aos adultos em sua vida pode ser, e geralmente é, muito diferente do seu sujeito.

 **Profundidade e Complexidade do Pensamento**

Sempre fico tocada com a profundidade do pensamento das adolescentes. Penso na minha adolescência – tive esses pensamentos aos 16 ou 18 anos? Não sei. Não pensava nas questões mundiais ou no destino da minha vida, se seria bem-sucedida, se deveria casar mais cedo ou mais tarde, bem, nada era importante. Escuto a mesma coisa de outras pessoas com quem converso e, mais significativamente, de outras mulheres. Qualquer pessoa que passe algum tempo com as adolescentes em um projeto escolar ou comunitário sai muito bem impressionado com a qualidade do pensamento e com o idealismo intenso que encontram. Vivendo em um mundo que, de muitas formas, ainda as humilha, limita e causa muitas dores de cabeça, a maioria das adolescentes é incrivelmente idealista, carinhosa e generosa.

Sei disso porque já estive à beira do precipício algumas vezes.

Em uma escola de ensino médio, pediram-me para conversar com algumas alunas negras que estavam se afastando no intervalo, preferindo não ficar perto das outras garotas. Fui conversar com as meninas mais velhas desse grupo e expliquei por que estava lá.

"A administração está preocupada", disse, "porque queremos uma escola integrada e inclusiva e no intervalo vocês ficam separadas. Não sabemos o que fazer a respeito. Estou aqui para ver o que posso fazer para que vocês se sintam à vontade com os alunos brancos."

Grande erro! Achei que ficarem separadas significava que não se sentiam confortáveis... Elas me olharam com doçura e foram generosas com a escola e com a minha ingenuidade e incapacidade de compreendê-las.

"Dra. Deak", disse Olívia, uma das mais velhas, "se estivesse na China e fosse a única pessoa a falar inglês, ficasse lá por muito tempo e um dia almoçasse em uma lanchonete na qual tivesse uma mesa de americanos, onde iria sentar?"

Admiti que provavelmente sentaria com os americanos.

"Algumas de nós, às vezes nos sentimos estrangeiras", continuou Olívia. "Podemos andar e falar como é adequado nesta escola, mas também precisamos do apoio e do sentimento de comunidade que só conseguimos ficando juntas no intervalo. É como não precisar usar maquiagem o tempo todo. Fazemos ginástica e assistimos às aulas com todo mundo. Quando chega a hora do intervalo, só queremos relaxar e ficar juntas."

Elas não usaram minha pergunta e minha ignorância contra mim; tentaram me colocar no lugar delas. Foram doces. Outros adultos que trabalham com as adolescentes vêem essa qualidade nelas, mas os pais muitas vezes não vêem essa doçura e generosidade.

## Confiança e Segurança

Admiro a confiança e segurança das adolescentes: todos os dias levantam-se e enfrentam um mundo muito consumista e intenso e não é fácil acabar com seu entusiasmo e interesse pelas coisas. Mesmo se os garotos tiram sarro das suas respostas na aula, elas se mantêm firmes e tiram notas melhores. A confiança e segurança estão no ato de encontrar uma maneira de sobreviver e de seguir em frente, independentemente dos obstáculos que apareçam no caminho. Isso é impressionante. No mundo acadêmico, por exemplo, se não são chamadas na aula, encontram outros meios, como ver o professor durante o intervalo. Podem agir de modo indireto ou às escondidas, mas sua confiança e segurança são muito mais saudáveis do que o estereotipado e impassível comportamento de alguns garotos.

### Carinho e União

O mundo geralmente focaliza a falsidade e o comportamento frio das garotas. O outro lado da moeda, que é tão poderoso – talvez até mais –, são o carinho e a união com os amigos ou com outras pessoas que tocam seu coração. Um pouco desses sentimentos vem com o fato de elas serem as fêmeas da espécie e têm o desejo nato de nutrirem.

Lembro-me de ficar no corredor, admirando um trabalho de artes de uma das garotas do ensino médio, uma cabeça de leão feita com papel machê e muito bem pintada. A artista, orgulhosa, disse que iria colocá-la no seu quarto. Respondi, com tristeza, que gostaria de poder fazer algo assim; eu adorava leões e a beleza e ambos estavam naquela obra de arte. Disse isso como um tributo sincero ao seu talento. No final do ano, um pacote chegou na minha casa: a cabeça do leão. Junto, havia um bilhete que dizia: "Você não precisa saber fazer uma cabeça de leão, só precisa saber como sensibilizar uma artista".

Se você toca o coração da adolescente, ela responde com tudo que tem, o que é incrivelmente maravilhoso. Mesmo a falsidade está, de forma perversa, ligada ao carinho: geralmente reflete uma raiva por alguém com quem ela se preocupa ou a necessidade que sente de proteger um amigo ou grupo. Outro lado da moeda: é também o que deixa essas garotas tão vulneráveis emocionalmente. É por esse motivo que ficamos preocupados, às vezes, se essa qualidade não será explorada por outras pessoas.

### Inteligência

Outra qualidade interna que vejo nas garotas é a inteligência. A maioria sabe o que é esperado delas. Enquanto trabalhei como psicóloga escolar, quando me sentava com as garotas e conversava sobre as preocupações de um professor, elas sabiam de trás para frente o que ele queria, o que pensava e o que o acalmaria. Sempre é muito interessante ouvir uma garota contar como lida com a mãe ou com o pai. Muitas garotas têm um senso de intuição bastante sintonizado. Nos primeiros anos, elas se tornam extremamente aptas em interpretar expressões faciais. Mais tarde, avaliam o todo da pessoa muito bem. Nunca vou me esquecer do que vi, ao observar algumas meninas imitando os adultos. Elas têm um modo de nos ver muito perceptivo e certeiro. Os meninos costumam ver o contorno; as meninas vêem as nuanças.

Em um acampamento chuvoso, com a frustração de ter que realizar outra atividade interna, fizemos imitações e as garotas representaram vários membros da faculdade. Uma garota me imitou. Foi pior do que olhar para um espelho implacável; foi como ser vista pelo microscópio! Quando elas mesclam seu carinho com idealismo e inteligência, que combinação poderosa! É por esse motivo que penso que as guerras cessariam se a maioria dos membros de todas as equipes de negociação fossem mulheres, neste mundo.

Agora, se as adolescentes combinam essas características incríveis em uma ação sintetizada é outra história. Todo esse assentamento e construção se dão por dentro, em um grau muito maior e em um nível de maturidade absolutamente mais rápido do que imaginamos, porque o pacote externo não permite que os vejamos.

## Olhando Embaixo da Pedra

Os pais nem sempre vêem essas qualidades mais finas porque, quando as garotas ficam em casa, estão engajadas em uma luta diferente, para se definirem na família, e as táticas são bem diferentes. Esse é o lugar onde podem ficar com o cabelo desarrumado, mostrar sua irritabilidade e comportamento infantil, sem que precisem manter a fachada. Os educadores também podem perder essa perspectiva mais ampla, às vezes. É freqüente tirarmos conclusões precipitadas sobre as intenções e motivações das adolescentes.

Pediram que eu prestasse consultoria em uma escola onde o time de hóquei inteiro se revoltou e se recusou a jogar uma partida decisiva contra seu principal rival.

Corri para a sala dos treinadores. Quando perguntei qual era o problema, disseram-me que, basicamente, as garotas não tinham gostado do que os treinadores decidiram sobre quem estava no time e queriam que a decisão fosse adiada.

Lá estava "a pedra", à distância: garotas imaturas querendo as coisas do jeito delas. O que pensamos estar embaixo da pedra geralmente é muito mais complexo do que aparenta à superfície, mas, se não perguntamos e ouvimos – ou pior, se deixamos nosso medo ou desconforto tomar conta –, não chegaremos perto o suficiente para ver o que está por baixo. Nesse caso, o que estava por baixo daquela pedra era muito mais complicado do que os treinadores imaginavam.

Corri até as garotas para descobrir. O time recém-formado, mas que se recusava a jogar, concordou em conversar comigo no almoço. "Ouvi dizer que vocês não vão jogar", eu disse.

A resposta delas correspondeu a: "Pode ter certeza de que não vamos jogar e você não vai nos obrigar".

"Não estou aqui para obrigá-las a nada", disse, "mas para descobrir o que está acontecendo e ver se posso ajudar. O que posso fazer? O que está acontecendo?"

As jogadoras se olharam.

"Você sabe o que aconteceu?", várias garotas perguntaram.

"Na verdade, não."

Elas levantaram a pedra e me deixaram ver o que estava por baixo:

"Não é justo!"

"Não é certo!"

"Os treinadores não ligam para nós!"

"Não deveríamos ter que jogar para uma escola que trata seus alunos dessa maneira."

Talvez os treinadores estivessem certos; talvez houvesse imaturidade... Mas então elas prosseguiram com o resto da história.

Nas duas últimas semanas de agosto, houve um acampamento de hóquei. Todas as garotas interessadas passaram dez dias praticando, treinando etc. Na segunda-feira, as garotas voltaram para a escola e viram a lista do time fixada no quadro de avisos.

Duas garotas do último ano, que jogaram desde a sétima série, não estavam na lista. Elas foram as únicas do último ano que não entraram.

Perguntei se elas eram, de fato, boas o suficiente para estar no time.

Elas admitiram que as duas não eram jogadoras excelentes. "Mesmo assim, não está certo", disse uma garota. "Elas estão arrasadas e não vamos aceitar isso. Os treinadores só querem saber de ganhar. Não jogamos só para ganhar."

Perguntei por que jogavam e elas disseram que jogavam pelo carinho e por formarem um time. Com a conversa, elas admitiram que eram o time mais importante da escola e, portanto, deveriam ser as melhores jogadoras. Concordaram, com relutância, que essas duas garotas sempre jogavam em outros times, não no principal, porque eles eram para as garotas que estavam aprendendo a jogar ou que simplesmente gostavam de jogar.

Elas perceberam que eu estava conseguindo amolecer sua decisão e foi o suficiente para que chegássemos à essência da sua raiva. A lista foi afixada no quadro de avisos, onde todos podiam ver, sem avisar previamente as duas garotas, que, junto com todas as suas amigas, correram e descobriram a notícia da pior maneira possível. As garotas do time acharam que alguém deveria ter cuidado disso pessoalmente.

Quando levantei a pedra nesse incidente, o que encontrei não foram garotas presunçosas que não gostavam dos treinadores ou da idéia de seus padrões de desempenho. Encontrei um grupo de garotas preocupadas com um código moral importante. Se nós, adultos, concordávamos ou não, tanto fazia, pois sua motivação era tão boa quanto nós sempre quisemos ter e sua postura era totalmente ética e mostrava incrível coragem ao irem contra o sistema. Elas não queriam perder os jogos de hóquei, especialmente aquele, mas estavam colocando seus sentimentos com relação às colegas acima da necessidade de jogar, ganhar e estarem no time.

Conversei com os treinadores sobre os sentimentos das meninas e depois sobre os deles, perguntando por que eles haviam lidado com o processo daquela maneira. Ao afixarem suas decisões, em vez de avisá-las pessoalmente, quiseram evitar "uma reação emotiva"! Não tenho certeza se essa reação emotiva era das meninas ou deles mesmos.

Era chegada a hora de sair do meio do caminho. As garotas e os treinadores conversaram, em vez de treinarem antes do jogo. Resolveram tudo e o jogo aconteceu. Nem me lembro de quem ganhou, mas me lembro dos treinadores pedindo desculpas por sua insensibilidade e das garotas dizendo que entenderam que o time principal precisa ser seleto.

Quanto às garotas, tive que dar parabéns por sua estratégia e coragem, união e carinho, lealdade e tudo o mais. Elas sabiam da escolha para o time há uma semana, mas não falaram nada, até aquela manhã do jogo, quando a pressão era grande. Elas sabiam que, se teriam alguma vantagem, seria naquele dia, e usaram dela para um propósito elevado. Carinho, inteligência, confiança e segurança – adoro ver o que está embaixo das pedras!

Conheço alguns professores que não lecionam para as adolescentes. Preferem ir para escolas mais difíceis e precárias a dar aula para as garotas do ensino médio. Quando um grupo de adolescentes quer ir contra alguma coisa, é muito difícil vencê-las. Não é de surpreender que a maioria dos adultos corra para o outro lado, gritando. Duvido que essas garotas saibam quanto são formidáveis. Agora, você pode ver essa determinação como um defeito, que deve ser punido ou desencorajado, ou pode vê-la como um magnífico recurso que as garotas têm e procurar maneiras de lapidá-lo e orientá-lo.

## Da Fachada à Liberdade: Convidando Sua Filha a Ser Ela Mesma

Face ao que a indústria da moda, os garotos, a mídia e os amigos parecem ver como a imagem de uma adolescente, a maioria das garotas não mede esforços para evitar chamar a atenção sobre o que está por trás dela, porque as que não o fazem são consideradas um pouco esquisitas ou perfeitas CDFs. Assim como a camuflagem pode sugerir bom senso em uma pré-adolescente, de alguma forma ter uma fachada que mantenha o mundo afastado é sábio e maduro e permite uma vida confortável, enquanto o seu interior está se solidificando. É realmente uma ótima técnica de sobrevivência, mas existem pelo menos duas grandes conseqüências negativas.

Em primeiro lugar, uma fachada aceita socialmente perpetua o que é socialmente aceitável. Em outras palavras, as garotas apóiam algumas das pressões e limites que as pressionam e limitam!

Em segundo lugar, elas às vezes acreditam na sua própria farsa e continuam agindo de acordo com ela. Por exemplo: a garota que procura agradar a todos pode se tornar a mulher que procura agradar a todos. Sei que é insensatez esperar que todas as adolescentes cresçam e se recusem a usar uma moda que não é saudável, como os saltos plataforma, por exemplo. Mas, se um número suficiente de garotas o fizesse, ampliaria o que é aceitável na moda jovem. A quantidade conta. É preciso um número suficiente de adolescentes tendo atitudes contrárias à escala de aceitabilidade social para mudá-la. Quando o governo federal dos Estados Unidos aumentou o número de equipes esportivas femininas e o número das atletas cresceu, também cresceu a aceitabilidade social de garotas usando tênis.

Como pais e professores, precisamos respeitar a fachada quando serve para proteger as garotas, enquanto continuam a construir seu sujeito por trás dela. Também precisamos criar ambientes onde as garotas se sintam seguras e firmes para saírem da fachada e mostrarem esse sujeito em ação. Quando o núcleo do sujeito está exposto é mais fácil de ajudar e intensificar seu crescimento.

Chamo a esse ato de sair como o fenômeno do caranguejo eremita. Quando era diretora de escola, estimulei cada classe a adotar um bicho de estimação, para cuidar dele e ver seu crescimento. Os alunos da sexta série decidiram pegar um caranguejo eremita. Ele estava com tanto medo de seu novo ambiente e de todas as mãos dentro do viveiro de praia que nunca saía de sua concha. Após algumas semanas, tirou uma pontinha da cabeça da concha e depois um pouco mais, a cada dia. Então um dia – *voilà!* – ele saiu de sua concha e começou a andar. As crianças estavam tão empolgadas que uma garota colocou a mão e o agarrou! Em pânico, ele escapou, correu de volta para a sua concha e nunca mais saiu.

Por mais engraçado que pareça, acho o fato muito apropriado, no sentido de que, quando as adolescentes conseguem ter força para deixar a concha e mostrar como são de verdade, muito freqüentemente o mundo não reage apoiando, encorajando e nutrindo esse seu ato de sair. E é o que precisamos fazer do modo mais freqüente e consistente possível em casa e na escola. Quanto mais uma garota sente que está em um lugar seguro para ser ela mesma, mais vontade terá de sair da fachada; cada vez com um pouco mais de confiança.

Lembra da filha da cabeleireira, a garota que falou dos seus planos para a cirurgia de redução de mama? Ela encontrou a coragem de dizer o que precisava e no começo suas amigas e colegas criticaram-na e riram dela. O apoio de sua família permitiu que ela tivesse força suficiente para continuar e para falar abertamente às amigas que suas idéias iam além do que um garoto pensa. Ela falou das marcas nos ombros, da dor e da dormência nos braços causadas pelo sutiã. Ela não falou sobre como é ter os garotos encarando seu peito. Se uma garota tem um espaço seguro ou encorajamento suficiente em casa ou em algum outro lugar, consegue estender seu ponto de vista aos colegas. Talvez não completamente, mas o suficiente para poder crescer com essa atitude. Nesse caso, suas amigas mudaram com essa experiência. Quando uma garota é tão bonita como ela, tão equilibrada e benquista, capaz de ir contra a maré, todas as pessoas ao seu redor mudam pelo menos um pouquinho, o que ajuda a ampliar o que é aceitável para as garotas.

Mas elas não podem ir contra o fluxo social em tudo. É uma carga pesada demais, mesmo para um adulto. Então, não podemos apenas dizer: "Seja independente e lute pelo que acredita". Precisamos ter conversas sobre escolher e decidir entre muitas opções, estarmos dispostos a nadar contra a correnteza para vencermos, para chegarmos ao ponto desejado, para sermos independentes.

## Sexo: A Palavra de Quatro Letras Mais Assustadora

Para muitos de nós quando éramos jovens, o sexo era escondido e às vezes secundário na vida de uma adolescente. Hoje em dia, o sexo é escancarado, está na cara delas, por assim dizer, exercendo influência em todos os aspectos de suas vidas. Com praticamente nenhum limite social no comportamento sexual adolescente hoje em dia, a questão de fazer ou não fazer sexo é imediata, especialmente para essas jovens.

Toda garota, não importa quanto esteja atenta ao assunto, tem de lidar com o fato de que os garotos de sua idade são instruídos pela natureza (e agora pela cultura) a suporem que elas são, ou querem ser, completamente ativas sexualmente. Toda garota tem de lidar com essa realidade, a cultura sexual e suas conseqüências, gostando ou não. O sexo é, sem dúvida, um acontecimento crucial importante da adolescência. A forma como a garota lida com ele molda sua reputação, o nicho social, a visão de intimidade e o modo de lidar com os relacionamentos na vida. Sob a perspectiva da psicologia social, da sociologia ou Darwiniana, o comportamento sexual da fêmea estabelece a base de como sua vida vai evoluir.

Se essa idéia incomoda, assusta ou aciona outro mecanismo de defesa na sua psique, fique segura de que não está só. A má notícia é que, enquanto esses sentimentos definirem seu modo de pensar, você não vai prestar muita ajuda à sua filha. A boa notícia é que também há uma abertura sem precedentes para se falar de sexo. Simplesmente ligue a TV e terá essa confirmação! A porta está aberta para se comunicar com a sua filha sobre esse assunto, para dividir seus pontos de vista e ouvir os dela, para discutir as pressões, os custos e as conseqüências a curto e longo prazo.

Entretanto, se você investir toda a sua energia para assumir uma postura contrária ao sexo na adolescência, pode enfraquecer seus objetivos. Você pode deixar claro que valoriza a abstinência durante esses anos de adolescência, sem fechar as portas para discussões sobre como é a vida para ela e como está ficando seu código moral. Investir sua energia para criar uma relação com a sua filha na qual a sexualidade seja um assunto tranqüilo de se conversar vai assegurar que você continue participando dos pensamentos dela e sua influência terá muito mais força.

Para a minha geração, "isso" acontecia na faculdade. Agora "isso" é um fato na vida dos alunos do ensino médio. Sempre que tenho a chance de conversar com grupos de alunas, uma das perguntas que faço é: "Qual a porcentagem de garotas na sua escola que vocês acreditam serem virgens quando se formam?"

Fiz essa pergunta para Suzanne, uma aluna do segundo Colegial.

"Dez por cento", disse ela.

"Você tem certeza?", perguntei.

"Bem", ela fez uma pausa, "pode ser menos."

Sua resposta não é incomum. Ouço frases semelhantes de forma constante por todo o país; a porcentagem varia em torno de 10%. Agora, obviamente, não é um estudo científico, mas uma amostra bem aproximada do que as adolescentes acreditam ser verdade e é o que influencia suas decisões, atitudes e comportamentos.

O mundo é um lugar fenomenológico, onde tudo depende dos olhos do observador. Se você perceber que tem uma minhoca em você, vai tomar alguma providência. Se você captar que 90% das garotas na sua sala não são mais virgens, o fato vai mudar seu comportamento. Essa percepção pode levar à realidade. Quanto mais você segue o embalo, mais atua dentro dele. O mais problemático é que essa percepção do sexo casual como sendo o padrão é gerada primeiro pela mídia e pela indústria da moda, depois é aceita como fato pelos garotos e garotas que passam a aceitar o fato, tornando-o realidade. Assim como avançam os círculos destrutivos, ele se torna um vício.

Tudo que fazia parte da exploração e da aventura sexual na faculdade, quando tínhamos aquela idade, expandiu-se e passou para o ensino médio. Sexo casual, controle da natalidade, monogamia, bissexualidade, tudo se dá no ensino médio, agora.

Todas as garotas sentem uma pressão incrível para lidar com as questões sexuais. Todas estão lutando com os garotos que também sentem a pressão social para fazer sexo e o desejo psicológico de fazê-lo. No Capítulo 3, falamos sobre a pressão de fazer sexo oral, que não é considerado "sexo de verdade" por muitas pré-adolescentes e adolescentes. Em algum momento durante a adolescência, no início ou no final, dependendo de fatores como o grupo de colegas, o namoro, os parâmetros dos pais etc., as garotas enfrentam a situação de precisarem decidir entre ter relação sexual ou não. Para algumas garotas, essa é uma progressão natural do que sentem por um determinado garoto. Mas, para muitas adolescentes, é a extensão da cena do encontro e das expectativas de estar com um garoto por mais vezes. De alguma forma, é como a pressão vivenciada no ensino fundamental para vestir-se e falar igual e seguir o grupo, só que agora aumentada em muitos graus pelo mundo sexual.

Quando as garotas podem conversar abertamente sobre o assunto, expressam ativamente seu dilema físico e emocional. A mídia, adolescente e atual, diz às garotas que fazer sexo é divertido, esperado e legal. Em uma reportagem de um jornal respeitado sobre a crescente hipersexualidade nos videoclipes mostrou que muitos cantores e grupos conhecidos estavam contratando pessoas da indústria de filmes pornô para aparecerem e/ou produzirem seus novos clipes. A imagem de certas partes do corpo eram distorcidas na tela da TV, mas o efeito geral era claramente sexual. Conforme o padrão sexual se torna cada vez mais precoce, afasta-se do que é saudável para a maturidade da adolescente.

Na sessão sobre o desenvolvimento do cérebro, neste Capítulo, eu propositadamente não mencionei os lobos frontais, responsáveis pelo julgamento. O corpo caloso pode contribuir bastante na adolescência, mas os lobos frontais ainda estão em estado ganglionário, não totalmente amadurecidos. Combinam-se lobos frontais imaturos com hormônios que afetam as sensações corporais; os hormônios e a pressão social dizem sim e os lobos frontais não têm força bastante para resistir nem sabedoria suficiente para argumentar.

Então, o corpo está mandando sinais positivos e a cultura também, o que significa que nós – pais, professores e outros responsáveis – temos de nos esforçar para equilibrar a gangorra para as adolescentes, conforme elas enfrentam essas decisões. A maioria das escolas certamente fala de reprodução nas aulas de educação sexual, quase todas as adolescentes sabem das doenças sexualmente transmissíveis, dos tipos de métodos contraceptivos e de muitos outros fatos da vida sexual. Mas a disseminação da informação não é igual a uma clara conversa em que as garotas possam falar abertamente sobre as pressões e expectativas sexuais que fazem parte da sua vida.

Cabe a nós criar um ambiente confortável para a conversa. Um bom momento é assistir a um programa de TV juntas, como por exemplo os videoclipes, e conversar sobre como afetam o mundo. Ao assistir à MTV juntas, mesmo que isso faça sua filha se contorcer no sofá, você poderá compartilhar o que pensa e ela perguntará o que quiser. O truque é manter a conversa e transmitir seus valores e fazer com que ela saiba que você entende que suas decisões não são simples. Essa também é uma abordagem mais positiva do que se intrometer e dizer que sexo é ruim e nunca deve ser feito. As garotas que sentem forte apoio em casa e que tiveram muitas conversas sobre a vida e sobre sexo parecem ser mais confiantes e seguras quando enfrentam as pressões do mundo. Outro ponto de acordo entre a maioria dos profissionais dessa área é que as regras e as expectativas da família ajudam as garotas a se prevenirem contra as pressões da sociedade.

## Avaliação: A História Sem Fim Que as Garotas Podem Reescrever

Lembra do comentário da Nora, a garota do último ano do ensino médio, que apareceu no começo do Capítulo 1?

*"É bastante difícil ser uma garota, hoje em dia. Não se pode ser inteligente demais, nem burra demais, bonita demais, nem feia demais, amiga demais, tímida demais, agressiva demais, indefesa demais, individualista demais, nem programada demais. Se você for demais em qualquer coisa, então os outros terão inveja ou desprezo porque você os intimida ou os deixa com ciúmes. É como ter de ser tudo e nada ao mesmo tempo, sem saber o que é mais necessário."*

Nora era uma formanda especialmente bem articulada, mas o ambiente que descreveu – a pressão constante que uma garota sente de se moldar de acordo com as expectativas dos outros – é o que todas as adolescentes vivem e sentem. De certa forma, o cinza dissipou para que ela visse o mundo com uma clareza impressionante. Entretanto, a área continua cinzenta no que se refere ao caminho ou à linha que ela vai seguir.

Avaliação: é uma mensagem, uma ordem, uma expectativa externa ou interna que pressiona as garotas, vinda dos pais, dos colegas, da mídia e da própria voz interior. Não existe cenário em que a voz esteja ausente: vestibulares, esportes, classificações nas aulas, amigos (quem tem mais amigos?), namorados (quem tem o mais legal?). A competição, real ou percebida, permeia a vida das garotas hoje em dia e pode certamente distorcer nosso ponto de vista sobre elas, nossas respostas e os objetivos e expectativas que transmitimos. O estranho é que parte disso se refere à liberdade. Existem dois aspectos da liberdade: liberdade *para* e liberdade *de*.

Liberdade *de*, no caso, é estar livre dos obstáculos, como o preconceito sexual sobre as garotas se tornarem médicas, banqueiras ou empresárias ou estar livre das percepções de que as garotas não podem ser atletas mundiais.

Liberdade *para*, no caso, diz respeito à liberdade que as garotas têm hoje em dia para fazerem o que quiserem. A liberdade *de* leva à liberdade *para* e é nesse ponto que as garotas estão agora, histórica e individualmente. Elas *estão* livres da maioria das restrições e dos limites e *são* livres para escolher e fazer praticamente qualquer coisa.

O ponto fraco da liberdade é o aumento das expectativas sobre o que uma garota vai ou deve fazer, agora que os obstáculos foram eliminados ou bastante diminuídos e que a maioria das portas está aberta. As garotas devem conquistar, competir, vencer. Assim como a liberdade, o "dever" tem dois lados: o lógico e o moral. O *dever lógico* é organizado e faz sentido. O *dever moral* é fundamentado na emoção e nos valores. Em termos concretos: se você vai cruzar a rua e um carro está vindo rapidamente, a lógica diz que você não deve cruzá-la. É um dever racional. Entretanto, se você quiser fazer um protesto e impedir o trânsito de um jeito dramático (e perigoso) fizer parte disso, então parar na frente do carro pode ser um dever moral.

E assim funciona a competição e a avaliação. A opinião que prevalece é que as oportunidades estão por aí e as garotas devem tirar vantagem delas. Algumas vêem isso como uma obrigação lógica, outras como uma obrigação moral; a maioria das pessoas vê como as duas coisas. Os caminhos possíveis para as meninas aumentaram exponencialmente desde que seus pais tinham a mesma idade. É esperado que as garotas estejam à altura, saiam-se bem no cenário acadêmico, social e em qualquer outro que esteja em voga. Nesse aspecto, o ponto de vista predominante é que a garota dependente e passiva deve ser extinta. Um comercial de TV recente, mostrando uma jovem cozinhando em trajes executivos, passando aspirador de pó e atendendo o celular, capturou perfeitamente o tom das expectativas contemporâneas para as mulheres. E as garotas estão levando essa mídia a sério.

A competição e a necessidade de ser capaz de lidar com ela parecem ser o pensamento do dia. Não há dúvida de que a competição e a avaliação mais bem-sucedida e elevada possível são o padrão aceito. A questão é que algumas de nós são mais limitadas que outras! Exatamente por sermos uma espécie com grande variedade, a habilidade e até mesmo o impulso e a necessidade de competir dependem muito do indivíduo. Então, eu mudaria o pensamento do dia que diz que todas as garotas precisam aprender a competir e ajustaria as palavras para:

Todas as garotas precisam aprender que uma grande parte do mundo tem muitos componentes competitivos.

Todas as garotas precisam aprender que haverá uma pressão incrível sobre elas para serem competitivas.

Todas as garotas precisam estar equipadas para lidar com um mundo tão altamente competitivo.

Porém, nem todas as garotas precisam ser altamente competitivas ou passar a vida tentando ser o que não são.

Como somos os adultos na vida dessas meninas, precisamos ter coragem suficiente para dizer que elas têm a liberdade de optar por não ter o impulso e a pressão de competir, no total ou em parte; elas não precisam ser avaliadas de uma maneira que signifique "sou melhor do que você". Existe um modo de ter sucesso, de conquistar, sem ser comparativo e competitivo. O termo *avaliação* significa comparar você e suas realizações com os outros.

Prefiro o conceito do mundo dos esportes de dar o "seu melhor". Quando se quer alcançar o seu melhor, você só compete com você mesmo e o objetivo é melhorar. Entretanto, para as garotas, até forçar demais o "seu melhor" pode ser perigoso. A satisfação e a paz nunca podem ser alcançadas se você estiver sempre lutando para ser melhor. E você acaba voltando para a avaliação, medindo sua realização anterior ou comparando seu melhor desempenho com o melhor dos outros.

Eu argumentei anteriormente que as garotas têm predisposição para agradar, para se adaptar e para se conectar com o mundo. Ser melhor do que os outros – ou desejar sê-lo, mesmo que só pensando – é desconfortável e parece errado para algumas garotas, porque vai contra sua visão da vida. A pressão para estar à altura pode fazer algumas meninas se sentirem fracassadas, mesmo quando têm grandes qualidades. Ou pode deixar algumas doentes, porque nunca se sentem vencedoras em um mundo que espera tanto. Por outro lado, existem as garotas interessadas e motivadas a alcançar, vencer e ser as melhores. Todas as variações são representadas pelas mulheres e precisam ser permitidas e aceitas.

Diversas meninas que conheci através do tempo me vêm à mente como representantes dessa linha. Não existe um único tipo de garota por trás de um impulso competitivo.

Pediram que eu trabalhasse com Shawna, uma aluna brilhante que tinha péssimas notas, mas acabara de receber notas perfeitas em suas avaliações para a faculdade. O abismo entre sua capacidade e seu desempenho estava deixando seus pais e professores loucos. Quando apontei isso para Shawna, sua primeira resposta foi: "Estou preocupada em aprender, não com as notas. As notas, na maioria das aulas, refletem apenas a habilidade de superar os obstáculos que o professor preparou. Pergunte-me qualquer coisa sobre qualquer matéria e eu serei capaz de responder".

Após algumas conversas, ficou claro que essa profunda pensadora estava, na verdade, afrontando a pressão do mundo para a conquista, de maneira visível e de acordo com o descrito pelo seu ambiente. Ela não tinha o desejo de competir, mas de aprender, e a competição, que ela considerava um trabalho insignificante para tirar boas notas, atrapalhava esse desejo. Demoramos muito tempo para chegar ao ponto em que ela pôde ver aonde seu desejo de aprender a levaria na vida e como "entrar no jogo das notas", conforme ela disse, poderia manter as portas abertas – nas quais agora batia de forma ressonante. Mas seu ponto de vista era importante; ela estava dizendo ao mundo que competir, definido como tirar as melhores notas, não era importante para todas as pessoas e que sua motivação precisava ser respeitada, não simplesmente depreciada.

No outro extremo da linha estava Linda. Ela nunca ia dormir antes da meia-noite porque ficava horas fazendo a lição de casa, estudava atentamente para as provas e sempre tirava a nota máxima. Linda também jogava tênis com essa mesma competitividade. Quando tirava nota A ou perdia um *set*, não chorava; simplesmente se esforçava mais e por mais tempo. O resultado final típico seria a exaustão, mas não foi. Linda possuía o dom fisiológico de ter grande energia e um temperamento que a fazia se recuperar muito facilmente. Ela adorava trabalhar arduamente, jogar com garra e vencer. Sua saúde mental era excelente e ela era bem-sucedida com seu horário repleto e exigente. Porém, freqüentemente seus pais, professores e amigos se preocupavam com ela e sentiam que esse tipo de "obsessão pelo sucesso" (palavras da professora) não era saudável.

Como minha mãe costumava dizer: "Você não pode vencer para a derrota!" Shawna não era competitiva nem se esforçava o suficiente para sê-lo; Linda era muito competitiva e se esforçava demais. Então, o bem-estar e a saúde estão em algum lugar no meio do caminho? Deveríamos colocar Shawna e Linda em uma mala e sacudi-las para chegarem ao meio-termo? Não! A palavra *individual* literalmente significa que cada pessoa é diferente, e nessas extensões de competição e desejo as garotas estarão em cada pedacinho e não só em uma ponta, na outra ou no meio.

Sally provavelmente esteja bem no meio do caminho entre Linda e Shawna. De certa forma, estar no meio é mais difícil do que em um dos extremos da necessidade de ter competência. Sally era uma atleta razoável que, com muito empenho e treino, entrou para o time. Suas notas dependiam da matéria. Ela adorava ciências e ia bem; achava que sua professora de inglês era ótima, então também ia bem. Mas tanto francês como matemática pareciam impossíveis para ela. Seus pais e professores viam que seu empenho e motivação faziam com que ela fosse bem em muitas áreas. Então, por que não ia bem em todas? Sally sentia que deveria ser boa em tudo, mas também sentia que estava em um beco sem saída: para realmente ter gabarito, precisava colocar sua energia, seu tempo e seu empenho nas coisas *o tempo todo*. Parecia que não tinha vida além do esporte, da escola e das tarefas. Os dias começaram a ficar monótonos: acordar, ir para a escola, concentrar-se o dia todo, ir para o treino de basquete nos fins de semana (e para a aula no museu de arte), fazer a lição, dormir, acordar... e a monotonia recomeçava. A necessidade de competência e de ser boa em tudo era incrivelmente desgastante e, com o tempo, Sally sofreu e seu desempenho também.

Ouvimos falar do aumento da incidência da depressão nos adolescentes. Você não ficaria deprimido se soubesse que todos os dias, sem exceção, seriam monótonos e que cada dia você deveria se sair melhor do que o anterior ou pelo menos igual?

Para os pais, talvez a parte mais difícil seja saber em que parte dessa linha uma garota se encontra e se devem modificá-la de alguma forma. Como somos adultos significativos na vida dela, temos a responsabilidade de ajudá-la a ser saudável e bem-sucedida. Não existem testes nem diagnósticos mágicos, mas sempre há um plano diretor: perguntar e discutir.

Tudo isso diz respeito a trabalhar com o cinza. E, então, vamos relembrar essas habilidades para que sejam usadas no campo da adolescência:

- Converse sobre o desejo e o interesse pela competição no mundo em geral. Não se apresse!
- Fale sobre as diferenças individuais e como elas se encaixam em uma linha. Você pode até desenhar essa linha.
- Pergunte com honestidade e com interesse onde ela acha que está na linha do desejo de vencer, da avaliação ou da competição.
- Fale sobre os prós e os contras de onde ela se encontra na linha e sobre como as pessoas significativas e a sociedade parecem se sentir quanto à sua posição.
- Discuta se ela precisa ou quer mudar e se você deve ajudá-la a mudar de posição na linha (tornando-se mais ou menos agressiva etc.).
- Para ela, às vezes pode ser esclarecedor pedir às pessoas que a conhecem colocarem-na onde pensam que ela está na linha para discutir as discrepâncias entre a sua análise e a dos outros. É preciso maturidade e coragem para ter uma atitude como essa.
- Se você tiver coragem, e ela permitir, descreva onde você gostaria que ela estivesse na linha e discuta o porquê. Tome cuidado para não tornar suas questões mal resolvidas um fardo para a sua filha. Cuidado com a armadilha de misturar as coisas! Concentre-se nas esperanças e sonhos dela e no que é preciso para que ela progrida na própria vida.

Essas discussões e reflexões podem dar início a diálogos contínuos e à análise de como enfrentar um mundo que valoriza, e às vezes exige, a competição. E, simplesmente pela natureza das conversas, a garota pode começar a ver e a aceitar uma variação da competitividade em si mesma e nos outros e a saber que não existe apenas um padrão.

## Pais Agindo Contra o Instinto: Quando "Vá Embora" Significa "Encontre uma Maneira de Ficar"

Para negociar a difícil transferência de poder, permitindo que sua filha adquira uma independência saudável, você precisa entrar em acordo com a necessidade que uma adolescente sente de se aproximar e de se afastar dos adultos. No começo da adolescência, a garota se afasta, figurativamente falando, da sua família. No final, ela começa a se afastar dos seus amigos também, para descobrir quem ela é, mesmo abraçando-os ferozmente o tempo todo. Se você já ficou em dúvida entre manter algo ou alguém e deixá-lo ir, então tem idéia do cabo-de-guerra interno que perdura o tempo todo no coração de uma adolescente mais velha.

Se você conseguir aceitar essa mudança como um sinal saudável, em vez de um sinal fechado, será menos insultada e mais aberta a novas maneiras de criar ligações que respeitem a recente autonomia da sua filha. É natural sentir-se afastada ou colocada de lado por esse distanciamento normal que aparece enquanto ela começa a se encontrar, descobrindo e criando o sujeito distinto que ela quer ser.

Esse cabo-de-guerra "me deixe sozinha, mas não me deixe sozinha" acontece com tanta freqüência com as adolescentes que é uma experiência perturbadora. Susan teve uma briga com a mãe sobre o horário que deveria voltar, resultando no cancelamento do encontro com um garoto, porque ela não quis dizer que precisava estar em casa à meia-noite. Depois de ligar para cancelar, bateu a porta do quarto e disse aos pais para deixá-la sozinha, pois eles tinham arruinado a vida dela. De tempos em tempos, sua mãe perguntava se ela queria conversar e um "NÃO!" ressonante saía do quarto. Finalmente, ela abriu a porta e sentou perto de Susan, que imediatamente tentou empurrá-la. Mas essa mãe se manteve firme e gradualmente os empurrões de Susan se transformaram em abraços e soluços. Por fim, contou à mãe que, na verdade, estava com medo de sair com esse garoto porque ele era "barra-pesada", mas que ela já tinha idade e responsabilidade suficientes para chegar mais tarde. Em vez de brigarem sobre os horários, elas acabaram conversando sobre como lidar com rapazes agressivos. Duvido que essa conversa aconteceria se a mãe de Susan se afastasse no momento vulnerável do choro da filha. Na manhã seguinte, a raiva ou o orgulho de Susan teria evitado uma conversa semelhante.

Um livro diz que a adolescência é nossa "última oportunidade" para influenciar o desenvolvimento da nossa filha, sugerindo que, se a perdermos (e já que somos humanos, é provável que a percamos em uma coisa ou outra!), não haverá outras chances. Não acredito que isso seja verdade – conheço tantos jovens adultos que ainda procuram os conselhos dos pais! –, mas sim que seja fácil ficar com medo de uma adolescente com raiva e passar por momentos críticos nos quais poderíamos fortalecer nossa relação com ela se compreendêssemos suas necessidades.

A adolescência não é a última oportunidade dos pais. É simplesmente uma continuação do crescimento do strudel. Admito que sua textura e sabor já estão bem determinados com o que foi feito até agora e pode ser complicado adicionar ingredientes completamente novos ou mudar outros aspectos da receita, o que não significa que seus dias de cozinheira acabaram.

Mesmo que digam o contrário, quero que você saiba que seu papel de mãe nunca termina e que, apesar de parecer o contrário, sua adolescente precisa – e até quer – de seu envolvimento e conhecimento, mesmo que você tenha de fazê-lo tão delicadamente quanto se pisasse em ovos. Embora não pareça, você e sua experiência têm valor para ela agora e sempre.

Era mais fácil quando éramos adolescentes, porque o mundo não estava em uma atividade tão extrema. Meu pai era dono do próprio negócio e fazia questão de só trabalhar até às cinco da tarde, de segunda a sexta. Meu irmão e eu tínhamos atividades depois da aula, mas nenhuma passava das cinco horas. E minha mãe podia fazer mil coisas durante o dia, mas estava preparando o jantar às 4h59 da tarde. Então, nossa família tinha tempo para estar reunida durante o jantar. Estávamos todos lá, assim como a maioria das famílias, juntos no jantar, durante todos aqueles anos.

Sem meus pais perceberem ou premeditarem, eu acho, a parte da construção do sujeito era a conversa. Durante e depois do jantar, compartilhávamos as histórias do dia. Ouvíamos, enquanto meu pai falava sobre seus planos para a empresa ou minha mãe ponderava se devia arrumar um emprego de meio período para ajudar a pagar o chalé dos sonhos dela e do meu pai, no Canadá. Nem tudo eram flores. Também conversávamos sobre por que eu havia tirado C na aula de direção e por que meu irmão gastava tanto com gasolina se suas atividades eram tão perto de casa (mais tarde descobrimos que ele gostava de uma garota que morava bem longe de nós e passava um bom tempo dirigindo na frente da casa dela). Eram coisas normais, mas que nos permitiam ir além da nossa fachada do dia-a-dia para aumentar a união com nossos pais. Essa experiência foi fixada sutilmente na nossa vida e, para meu irmão e eu, tornou-se parte intrínseca dos nossos seres. Até hoje, o fato de alguém se levantar rapidamente depois do jantar para começar a lavar a louça ou para ir falar ao telefone me incomoda, pois ainda gosto de ficar sentada à mesa e conversar depois de terminada a refeição.

Naquela época, havia menos obstáculos para que as pessoas passassem o tempo juntas às refeições. Um dos maiores desafios dos pais de adolescentes hoje em dia é ter tempo e conversas suficientes para eles, que ocorram fora dos momentos de crise. Nossas vidas estão tão ocupadas, ativas e corridas que às vezes as conversas se limitam ao momento. Se eu tivesse uma varinha mágica, diminuiria o ritmo da vida de uma adolescente e lhe daria tempo para pensar, para ser, para ouvir e ser ouvida. Isso realmente a ajudaria a encontrar o próprio sujeito sólido, resistente e confiante.

Algumas famílias lidam com esse aspecto dizendo que um determinado dia ou horário é sagrado para todos, como o café da manhã de domingo ou as primeiras duas semanas de férias para uma viagem familiar. Uma família que conheço deixa um dos computadores no meio da sala de estar. Ele é equipado com todos os jogos "populares" e tem conexão com a Internet. Desse jeito, as filhas adolescentes que levam os amigos para casa ficam no meio do território familiar. Pode parecer brega, mas fazer coisas como convidar sua filha e as amigas dela para ajudarem a fazer um doce ou surpreendê-las com a sua versão do Big Mac ajudarão você a se manter na vida dela e a mantê-la ligada na vida familiar.

Além disso, as garotas ativas geralmente são mais fortes emocionalmente. Participar de esportes, ser voluntária na cantina, fazer cursos avançados são bons exemplos. Fazer algo gratificante ou desafiador é a chave. Não estou dizendo que a garota precise fazer tudo ou estar constantemente ocupada, mas fertilizar sua motivação e interesse para que seja bastante ativa é tão importante que dediquei um capítulo inteiro a isso – veja o Capítulo 10, "Garotas em Ação: A Mágica do Fazer".

Toda adolescente precisa de um adulto especial e de confiança para poder conversar ou simplesmente para ser ela mesma. Lembra da história do cobertor verde? Provavelmente, mais do que em qualquer outra época da vida, é na adolescência que ela precisa daquele cobertor verde: alguém com quem ela possa conversar sobre suas inúmeras escolhas, suas grandes decisões sobre as questões sexuais, seus sonhos sobre o futuro. E, como eu disse antes, é importante que ela tenha um cobertor verde, um adulto confiável e não apenas sua melhor amiga.

Se você tiver sorte e cuidar das camadas da comunicação nos últimos anos, esse adulto pode ser você. Entretanto, mesmo que tenha feito tudo certo, existe boa possibilidade de que esse adulto não seja você por um período ou por toda a adolescência dela. Um conselho essencial para todos os pais de adolescentes: não leve para o lado pessoal e, ao mesmo tempo, não desista. Esse é um período crítico em que devem ser mantidos tempo com a família, tradições, um tempo juntas, mais tempo juntas. No meio dos esportes, das festas, dos trabalhos acadêmicos, conversando pelo telefone e passando horas nas salas de bate-papo com amigos, mantenha um tempo suficiente para conservar e até fortalecer a união de vocês. Para ficarem unidas, você precisa passar tempo suficiente com sua filha para continuar sabendo quem ela é, continuar ouvindo e vendo um pouco da vida dela e manter-se informada.

## Pérolas para os Pais e Pérolas para as Garotas

- Perguntem, ouçam, discutam e decidam juntas quantas questões forem possíveis.
- Reações impulsivas ricocheteiam e voltam! Perguntem, ouçam, discutam e decidam juntas *especialmente* quando sentirem que vai haver uma reação impulsiva.
- Passe o controle. Diminua gradualmente até a fase da discussão para determinar que sua filha desenvolva a confiança na capacidade de pensar efetivamente sozinha. No momento em que ela estiver pronta para deixar o ninho, as discussões entre vocês devem ser mais reflexivas e espontâneas, após o fato.
- Pergunte se você pode ler o livro de ciências dela sobre doenças sexuais e sociais; você deve saber o que mudou desde os seus tempos de escola.
- Peça que ela leia a parte sobre a camuflagem deste Capítulo para ouvir sua opinião e saber se é realmente um problema para as garotas da sua idade.
- Utilize as notícias. Os acontecimentos, a TV e outras mídias populares oferecem maneiras propícias de trazer assuntos importantes para uma discussão geral (isso é, indireta, não-invasiva, não-assustadora) sobre assuntos como sexo, realização pessoal, objetivos e outros focos potenciais, para que você tenha uma base para conversas mais diretas, quando o momento chegar.

CAPÍTULO 5

## Mães e Filhas: Raízes para Crescer, Asas para Voar

> *"O que mais gosto na minha mãe é que temos um relacionamento tão íntimo que é como se ela não fosse apenas a minha mãe, mas minha melhor amiga, com exceção dos roubos de namorados e das apunhaladas pelas costas."*
>
> — Dina, oitava série

"Quanto mais velha fico, mais aprendo com minha mãe", diz Hope, uma amiga minha com cinqüenta e tantos anos. Sua mãe já morreu há muito tempo, mas as lembranças de Hope sobre a sabedoria de sua mãe, de suas fraquezas, dos traços que as pessoas admiravam nela, bem como de suas características mais desagradáveis, emergem nos momentos do dia-a-dia de maneira sutil e às vezes surpreendente.

"Quando eu era garota, ficava louca quando ela sentava no sofá e lia um livro, como se não houvesse mais ninguém na sala, como se estivesse em outro planeta e ninguém estivesse esperando que ela passasse roupa ou fizesse o jantar", diz Hope. "Agora me surpreende ver que ela conseguia ter atitudes como essa com um marido e três filhos que assumiam que ela sempre prepararia as refeições e cuidaria da casa. Só tenho dois filhos e meu marido ajuda na casa e ainda tenho muita dificuldade para me colocar em primeiro lugar, mesmo que por apenas 15 minutos para uma leitura por puro prazer. Hoje em dia, quando me lembro dela, sentada lá, tão entretida com o livro e se recusando a ser incomodada, é como se ela estivesse dando o exemplo de como ser a mulher mais velha que sou agora, mostrando-me quanto isso é importante e como fazê-lo, ensinando-me algo novo, que eu não poderia ter compreendido quando era jovem e estou pronta para aprender agora".

É difícil imaginar esse relacionamento de infinita inspiração partindo de duas mulheres que, como a maioria das mães e filhas, em muitos momentos durante todos esses anos, ficaram totalmente confusas, impenetráveis, ignorantes, insensíveis, inflexíveis, furiosas e desapontadas. Mencionei odiosas e teimosas?

E isso não significa que, apesar de tudo, toda mãe e filha têm uma relação que, no final, parece amor. Para algumas, não é assim.

Para todas, a relação mãe–filha é verdadeiramente a única na qual a garota vê o que significa ser mulher, com sua mãe sendo a primeira referência. O que aprende com a mãe, e como essa relação se desdobra com o tempo, molda-a de maneiras nem sempre claras no começo. Quanto mais velha fico, mais me surpreendo com a freqüência que as palavras da minha mãe saem da minha boca como se fossem minhas palavras. E, conforme paro para pensar, elas realmente são minhas agora. Quando era jovem, posso ter pensado no que minha mãe dizia, mas agora, às vezes, realmente isso faz parte de mim. O oposto também é verdadeiro para algumas mulheres adultas. Seu relacionamento com a mãe foi tão hostil, ou a visão que têm de características e comportamentos maternos é tão negativa, que passam a vida toda tentando ser o contrário. Não importa onde uma mulher adulta esteja nessa busca de se tornar igual ou conscientemente diferente da mãe: o poder da sua influência e do laço que se tem com ela é eterno.

É quase impossível conversar com uma garota ou com uma mulher por muito tempo antes de mencionarem a mãe. Em uma extensa pesquisa informal que distribuí para as garotas e seus pais nas escolas, em conversas e no meu círculo de amigas e colegas, as respostas espelham a condição às vezes carinhosa e às vezes desagradável do vínculo mãe–filha.

Das filhas:

*"O que eu mais gosto na minha mãe é que ela adora fazer muitas das mesmas coisas que eu e ela não é má. Se eu pudesse mudar alguma coisa na minha mãe, mudaria um pouco a sua personalidade, para ela ficar um pouco mais divertida, não tão séria." (9 anos)*

*"Gosto da minha mãe porque sempre posso contar com ela e saber que compreende o que estou passando. Ela sempre me estimula no que faço e penso." (14 anos)*

*"O que não gosto na minha mãe é o fato de que, quando eu e minha irmã tentamos fazer alguma coisa legal, já que somos preguiçosas, ela tenta achar algo errado no que fazemos, o que me irrita um pouco. Além disso, às vezes ela começa a gritar com a gente porque é ranheta, penso eu. Só fico dizendo a mim mesma, mentalmente: 'Não sofra com coisas pequenas'." (11 anos)*

*"Se pudesse mudar alguma coisa na minha mãe, seria sua tendência a ficar ansiosa às vezes, que eu herdei dela." (15 anos)*

*"Se pudesse mudar algo na minha mãe, ela beberia um pouco menos à noite, porque às vezes ela não lembra o que acontece depois das 7 horas", uma garota da oitava série relata em uma pesquisa escrita. "Se brigamos, ela não se lembra no dia seguinte. E não posso convidar meus amigos com freqüência porque é vergonhoso as pessoas verem-na daquele jeito." (14 anos)*

*"Minha mãe e eu nunca fomos íntimas. Sempre quis ter uma mãe como a de todo mundo – sabe, o tipo de mãe que te ama –, mas minha mãe sempre me detestou. Como uma madrasta malvada de contos de fada. Quando eu era mais nova, costumava rezar para ela morrer e eu arrumar uma madrasta que me amasse. Então, eu simplesmente me mudei." (37 anos)*

*"O que eu mais amo na minha mãe? Esta é fácil. A visão positiva que tem da vida. Ela sempre vê o lado bom das coisas e às vezes só esse lado. Geralmente consegue encontrar algo positivo em todas as situações. Eu a amo porque ela me ensinou isso e foi assim que sobrevivi ao meu divórcio." (46 anos)*

E das mães (Sinto muito –, mas não pedi a idade delas e não vou tentar adivinhar!):

*"Minha filha é a luz da minha vida."*

*"Segure firme – é uma viagem louca, mas vale a pena. Seu coração é despedaçado um milhão de vezes, quando você as vê passarem por todas as coisas dolorosas que você passou enquanto crescia. Compartilhe com elas tudo que você aprendeu, tudo que é melhor, tudo que elas podem fazer e, quando chegar o momento, deixe-as partir. Uau! Quem sabe onde elas vão chegar? Mas você sempre será seu porto seguro."*

*"Minha filha foi para o acampamento Outward Bound com 14 anos. Dei a ela um colar com um pingente de estrela, de lua e de coração. Ela não estaria no seu aniversário, e na caixinha do presente eu escrevi um bilhete: 'Busque as estrelas e a lua e lembre-se de que meu coração sempre estará com você'. Quando ligou do aeroporto de*

Seattle no fim da viagem, ela disse: 'Mãe'; eu disse: 'Lindsay'; e nós duas choramos. Ela nunca tirou esse colar".

"Ao me tornar mãe, tomei consciência de quantas atividades, expressões e comportamentos eu literalmente copiei da minha mãe."

"Minhas filhas? Elas são meu coração."

"É um vínculo de aço – uma ligação inexorável, que existe, apesar da negação mais veemente..."

"Não importa o que te aconteça na vida, você sempre pode ir para casa ou ligar para a sua mãe e tudo dará certo."

"Para ser honesta? Preferia ter parado na criação de papagaios."

"Meninas pequenas gostam de abraçar, fazer carinho e se aconchegar... é um sentimento que acende a vela interior de contentamento para a mãe."

"Tenho três filhas e nós basicamente não gostamos umas das outras, sabe?"

"Amo minha filha mais do que minha própria vida, mas não acho que ela perceba isso. Não acho que ela consiga ouvir isso. Ela tem 23 anos e apresenta alguns comportamentos bastante autodestrutivos. Ela me culpa por seus problemas – talvez porque eu não possa concertá-los como podia quando ela era pequena. Vê-la se machucando me magoa profundamente. Vai além das palavras."

"Só posso dizer que não há nada como uma filha... Não sei destacar o que torna a relação mãe–filha tão maravilhosa, mas posso olhar nos olhos delas e saber o que estão pensando. Nós terminamos as frases umas das outras, completamos o suspiro umas das outras. Meu coração dói quando elas estão tristes ou magoadas e explode de alegria quando estão felizes – e sei que elas sentem o mesmo por mim. Elas são minhas orientadoras e minhas melhores amigas."

Imagens da relação mãe–filha me lembram dos fragmentos de vidro colorido no caleidoscópio. Um é diferente do outro e, juntos, eles criam uma mistura caótica de cores. Entretanto, quando você olha pelas lentes do caleidoscópio, a figura que aparece é cheia de padrões. Nas escolas, em conversas com milhares de pais e filhas pelo país, e especialmente em programas designados especificamente para aproximar mães e filhas, tive a oportunidade de observar muitos pares de mães e filhas interagindo. Apesar de todas as maneiras com que as mães e as filhas diferem e de todas as maneiras com que os pares mãe–filha diferem, certas características do vínculo criam padrões nessa interação mãe–filha, para melhor ou para pior. As relações mais fortes, mais firmes e mais satisfatórias são as que descrevi como sinérgicas. As relações mais difíceis e às vezes seriamente perturbadas são aquelas cujo vínculo foi danificado ou quebrado, criando uma experiência de desconexão; ou, no outro extremo, aquelas cujo vínculo é opressor e permeia quase todos os momentos.

Como a maioria das características relacionadas aos seres humanos, a estrutura e o tipo de relação mãe–filha está na verdade, em uma escala ou linha de continuidade. Não existem, de fato, categorias separadas e distintas, isoladas, ou um vínculo interativo e, de alguma forma, equilibrado.

## A Linha Contínua da Relação: Mães e Filhas

| Desconexão | Sinergia | Simbiose |
|---|---|---|

A maioria de nós pode olhar para essa linha e honestamente dizer que nós e nossas filhas parecemos pertencer a todas essas categorias em algum momento – às vezes todas no mesmo dia! Não importa se sua relação parece fluida ou mais fixa. Se você conseguir encontrar seu lugar na linha, terá melhor compreensão de como a sua relação *é*. Desse ponto, você pode partir para pensamentos mais profundos do porquê e se há razões ou oportunidades para tentar mudar seu lugar na linha. As relações que conseguem ficar o mais centralizadas possível são as mais saudáveis, já que as duas parceiras dão e recebem, com relação ao que a outra precisa ou quer.

## A Relação Sinérgica entre Mãe e Filha

A relação sinérgica é aquela interação equilibrada que dá e recebe. Pode acontecer naturalmente, quando a mãe e a filha têm tipos de temperamento e personalidade parecidos o suficiente para haver uma compreensão instintiva dos padrões de pensamentos ou emoções de cada uma. Também pode ser cultivada quando a mãe determina o ritmo e se esforça desde cedo em ouvir, tentar entender sua filha, mesmo quando não for fácil, e intencionalmente pensa nas suas reações para tentar desenvolver esse tipo de relação. Lembre-se de que compreender e concordar são duas coisas diferentes!

A mãe e a filha naturalmente sinérgicas são reconhecidas facilmente. Geralmente existem características físicas ou psicológicas suficientes, em cada integrante do par, para facilitar essa sinergia. Conheço um desses pares: a mãe e filha mexem os lábios da mesma maneira quando estão intrigadas. Acho incrível quando a filha olha para a mãe e diz: "Oh, não, ela está pensando em alguma coisa", referindo-se aos movimentos da boca da mãe. A filha nem se dá conta do fato de que *ela* fez o mesmo, no momento seguinte. Essa é a garota que também inicia muitas de suas conversas com a mãe por afirmações do tipo: "Sei o que você vai dizer, mas..."

A relação mãe–filha intencionalmente sinérgica é mais difícil de reconhecer, pelo tempo em que está acontecendo e da idade da filha. Se ela tem pelo menos idade para conversar, dá para perceber, geralmente por algumas das palavras usadas entre as duas.

Um dia, eu levei uma mãe e sua filha da oitava série para o meu consultório na escola, a fim de discutirmos um problema sobre matemática. A mãe começou a conversa, dizendo à filha: "Sei que você não pensa que seja capaz de compreender que acha matemática difícil, porque sabe que sou boa na matéria". Ela prosseguiu, dizendo que compreendia um pouco, porque tivera dificuldades em outras coisas. A réplica da filha foi: "Sim, mas você deseja tanto vencer que tenho certeza de que conseguiu superar as dificuldades". A resposta de sua mãe foi: "Sei que somos diferentes nisso, mas, se conversarmos sobre o assunto, talvez possamos descobrir juntas como lidar com o problema". Uma conversa assim sempre me indica que ambas reconhecem serem bem diferentes, mas querem ficar juntas, compreender uma à outra e trabalhar em conjunto.

Tanto natural como intencional, a relação sinérgica é um dos vínculos que se mantêm unidos com o passar do tempo. Existe uma ótima música sobre o poder dos dois, sugerindo que duas pessoas unidas são geometricamente mais fortes do que uma mais uma. Os professores sabem disso desde a vida em sala de aula, quando observam dois alunos trabalhando juntos em um projeto. Como a história dos homens cegos e do elefante: se cada pessoa focaliza uma parte diferente do elefante e se elas comparam e combinam suas percepções, podem ver o elefante mais rapidamente. Até entre mãe e filha mais unidas pode haver, e geralmente há, discordâncias. Contudo, quando você continua interagindo e discute ou trabalha com essas discordâncias, novamente o produto final é mais forte e complexo. Somente quando o par se separa e vai para o lado da linha da desconexão ou quando um integrante fica muito emaranhado na identidade do outro é que esse poder de dois perde seu efeito geométrico.

## Obstáculos à Sinergia: Quando o Vínculo Precisa de Sintonia

Poucos de nós estão exatamente no meio dessa linha de continuidade com a relação sinérgica ideal. Se você está, não fique convencida: o quadro pode mudar amanhã. A maioria de nós encontra desafios em algum ponto para a esquerda ou para a direita, emergindo de três partes da situação mãe–filha: a história, a identidade e a personalidade.

Primeiro, existe a inevitável lacuna de uma geração na experiência entre uma mulher com um passado e uma garota totalmente firmada no presente. Chamo a isso "vindas de mundos diferentes". O segundo é como as identidades da mãe e da filha naturalmente se misturam nos primeiros anos, podendo se tornar desconfortavelmente próximas. Quando se está em grande simbiose, é difícil traçar a distinção entre os seus sentimentos e os da sua filha, suas prioridades e expectativas de vida e as dela, suas reações aos acontecimentos e as dela. Uma garota que está extremamente emaranhada geralmente tem dificuldade para se separar de sua mãe por qualquer período de tempo. Ela pode vir a ter fobia pela escola e preferir passar o tempo fazendo coisas com a mãe a ficar com os colegas. Isso certamente é natural durante os anos de formação, mas deve diminuir rapidamente, conforme aumenta o tempo na escola.

## Mães de Marte, Filhas de Vênus

Vir de um mundo diferente é um dos temas fundamentais deste livro. Parece que, por sermos mulheres, temos tanta fisiologia e desenvolvimento comuns que não deveria ser assim. Mas a rapidez das mudanças nas últimas décadas deixou as coisas desse modo. Lembro-me de quando estava visitando meus avós e minha menstruação de repente veio. Eu ainda não tinha muita experiência; havia poucos meses que esse acontecimento mensal tinha iniciado. Eu sabia que não devia falar nada para a minha avó, ela nunca conversaria sobre questões tão íntimas. Minha mãe não estava lá, mas eu sabia pela sua explicação não muito eficiente sobre menarca que pelo menos sua geração falava um pouco sobre o assunto. Então me senti confiante, ainda que um pouco envergonhada, para pedir absorvente para a minha tia Betty (a irmã mais velha da minha mãe). Ela, silenciosamente, me deu uma camiseta velha (porém limpa) e uma tesoura. Depois de ficar sentada no banheiro, refletindo sobre o fato por algum tempo, percebi que deveria fazer meu próprio absorvente!

Hoje, muitas mães e filhas conversam abertamente sobre os objetos de higiene pessoal e geralmente os usam juntas. Em momentos como esse, pode-se ver a mudança positiva nas culturas de diferentes gerações de mulheres, como também certa defasagem entre as gerações lidando com a cultura moderna. Agora que as mudanças culturais estão acontecendo muito mais rapidamente, não é só uma questão de mudança e ajuste por parte da mãe, como também de compreender o ambiente e as culturas que as garotas enfrentam. Para as mães, a linha entre a proximidade – compartilhar histórias e sentimentos de quando eram garotas – e o afastamento – não deixarem transparecer que suas experiências pareçam tão drasticamente diferentes, para que as filhas não acreditem que elas possam compreender sua vida – é extremamente tênue.

O fiasco para comprar biquíni, como vimos na história do Capítulo 1, significa que há momentos nos quais a lembrança da época em que éramos mais jovens, quando tínhamos a idade das nossas filhas, só deixa a lacuna entre as gerações um pouco maior!

Esse dilema deixa bem clara a necessidade que as mães têm de tomar as duas posturas: contar histórias como aquela da camiseta e da tesoura, e perguntar, ouvir como é a vida para a sua filha hoje em dia. Realmente, precisa haver uma parceria nesta época de complexidade e falta de nitidez nos parâmetros morais e sociais.

Um dia eu estava conversando com uma aluna de 15 anos e com sua mãe sobre festas. A mãe disse que tinha uma regra rígida de que em *todas* as festas que sua filha ia era necessário haver adultos presentes. Voltei-me para a garota, que estava tentando desesperadamente ficar calma e ser aceita na nova escola ( razão pela qual ambas conversarem comigo), e disse: "Bem, as festas rave são o lugar da moda, não é? E, se você não for a pelo menos uma, não haverá uma cobrança social?"

Antes de a garota poder responder, a mãe disse: "Claro que ela pode ir às festas rave!"

Sua filha simplesmente olhou para mim e virou os olhos, sinalizando que sua mãe não fazia idéia do que era uma festa rave, já que, por definição, teria de ser em um lugar onde não houvesse *adultos* por perto. Ela nem perdera tempo em pedir para ir porque sabia da regra. Sua mãe, por outro lado, estava seriamente preocupada com a inclusão social de sua filha, já que ela não ia a todas as festas que as outras garotas da sua sala comentavam com tanto entusiasmo, durante a carona depois da aula. A verdadeira questão ali era que a mãe nem sabia o que era uma festa rave; então não podia ter uma conversa significativa com a sua filha sobre se deveria abrir uma exceção à regra dos pais presentes em função do isolamento social em que a filha vivia. Antes de ter uma discussão produtiva sobre as questões sociais que essa garota estava enfrentando e se era prudente abrir uma exceção às regras familiares para ir a uma festa não-supervisionada, sua mãe precisava compreender o cenário das festas adolescentes. Esses são os tipos de conversas que precisam existir.

## Além da Empatia: Quando a Simbiose Gruda Demais (ou Se Torna Confusa)

O vínculo profundo também pode levar às conseqüências da simbiose – controle e ansiedade dos pais. Fiquei chocada com as respostas à pesquisa de tantas garotas sobre a questão do cuidado dos pais. Perguntei-lhes sobre as mães e os pais. Em uma porcentagem muito alta dos casos, as garotas falaram sobre o senso de humor dos pais, e como ele as ajudava a enfrentar a vida e a manter saudável a relação pai–filha. Quando foram perguntadas sobre o que mudariam nas mães, uma alta porcentagem falou que gostariam que reclamassem menos, se preocupassem menos e perdessem o hábito de prestar atenção em todos os seus pequenos erros.

Uma das maiores dificuldades das mães é resistirem à tentação de espelharem a própria vida – esperanças, sonhos, medos e expectativas – na vida de suas filhas. Superá-las exige que, mesmo enquanto criamos vínculos duradouros, estabeleçamos a separação e a objetividade suficientes para vermos nossas filhas agirem e tomando decisões e respeitarmos o fato de que esse é o *seu* momento, a *sua* vida e os *seus* sentimentos. Ou, como disse uma garota, partindo para cima da mãe: "Isto não diz respeito a você!"

Tive uma forte sensação sobre esse tipo de atitude simbiótica, ao conversar com uma garota da sétima série, que é minha parente distante. Ela vinha sofrendo, ultimamente, por causa de algumas questões sociais. Uma das poucas garotas em quem ela confiava e achava que era sua amiga parou de falar com ela de repente e começou a andar com o grupo da moda. Tive uma *vívida* lembrança de quando *eu* cursava a sétima série. Donna, que fazia parte do grupo popular da minha escola, me viu conversando com um garoto de quem ela gostava. No dia seguinte, falou para as outras garotas não conversarem comigo. Donna era bem malcriada e nenhuma das meninas queria problemas com ela; então, obedeceram-na. Nunca vou me esquecer daquele dia, que pareceu durar quarenta horas, porque fui para a sala sozinha, lanchei sozinha e tentei andar pelo corredor parecendo feliz, quando me sentia infeliz e solitária. E isso foi só um dia! Hoje, quarenta anos depois, eu queria entrar de cabeça e poupar essa doce menina desse sofrimento. Foi uma dor dobrada: eu a amava e detestava vê-la sofrendo e eu mesma estava revivendo a experiência e sentindo dor.

Em termos relativos à neurologia, meu sistema límbico estava pegando fogo e, claro, uma parte desse sentimento foi por ser mulher, uma parte foi pelo vínculo e outra, pela memória. Não há explicação para a relação mãe–filha ser tão profunda e complexa. Ela simplesmente *é*. E esse parece ser o caso tanto para pares mãe–filha biológicos como adotivos. O vínculo é forte desde o primeiro dia e também muda conforme os anos vão passando.

Uma jovem mãe escreveu para mim: "Quando consigo pegar Jessica e confortar seu pranto, sinto uma força incrível por ser a pessoa que consegue fazer sua dor ir embora. Não sei o que o futuro me reserva, mas estou empolgada por estar ao lado dela nessa jornada".

Conforme o tempo passa de mansinho, a maioria das mães tem, conscientemente, de se esforçar para desatar-se do óbvio, costume importante – deixando suas filhas livres para explorarem, descobrirem, cometerem alguns erros e aprenderem algumas lições da forma mais difícil. Mas toda mãe sabe que o trabalho maior é *interior*, deixando a filha livre para sonhar os próprios sonhos, ter os próprios sentimentos e expressar-se – resumindo, viver a própria vida.

A simbiose é muito natural para muitas mães e filhas. Claro que os tempos eram diferentes quando estávamos crescendo e talvez até nossas personalidades fossem diferentes. Mas existem muitos envoltórios. Sabemos como é a dor social, como é difícil estar à altura da percepção de beleza do mundo e como os ciclos mensais nos afetam. Como podemos não relacionar tudo isso às coisas boas e ruins do desenvolvimento da versão mais nova de nós mesmas? Mesmo os pares opostos óleo–água vivenciam questões de simbiose, o que, em alguns momentos, pode até estar no centro da adversidade.

Chamei certa mãe para conversar comigo sobre problemas de ortografia e leitura de sua filha, que estava na segunda série. A menina começou a chorar histericamente, quando perdeu duas palavras na prova de ortografia e disse para a professora, soluçando, que sua mãe iria matá-la. Em nossa conversa, a mãe começou a chorar quando contou que tinha problemas na escola e era provocada pelas outras crianças porque a achavam burra. Essa arquiteta bem-sucedia, que entrara de cabeça erguida e confiante em minha sala, agora estava um caco, revivendo seus dias de escola nas batalhas de sua filha. Suas respostas insistentes e críticas à garota eram devidas à simbiose e ao seu bem-querer.

Nancy, a mãe de uma menina da quarta série, ajudou-a a organizar o clube do livro mãe–filha com algumas amigas do bairro. As meninas adoravam se encontrar para ler e a discussão era sempre rica, cheia dos enfoques surpreendentes que as meninas da quarta série podem ter. O único obstáculo, disse Nancy, eram as próprias mães.

"Eu achava que o desafio seria manter uma discussão entre as meninas, para que ficassem mais confiantes ao expressarem suas idéias, mas elas não tiveram problemas com a discussão do livro. A parte difícil foi impedir que as mães assumissem a discussão, corrigindo as meninas, interrompendo-as ou pegando pesado, tentando levar a discussão para o lado moral da história que queriam apontar. Algumas delas simplesmente não deixavam suas filhas expressarem uma opinião sem querer 'concertá-la' ou sem reagir de alguma forma. Quando ouvi esse relato, sensibilizei-me, percebi quanto tenho as mesmas atitudes nas conversas diárias na nossa casa e comecei a me esforçar para simplesmente ficar quieta e ouvir."

## Temperamento, Personalidade e Compatibilidade

Mães e filhas são como ciclistas em uma bicicleta feita para duas pessoas. Não importa quanto elas sejam diferentes: pedalando em um ritmo que dê certo, farão progressos. Entretanto, no momento em que uma sai do ritmo ou pára de pedalar, o aparelho todo parece um pedaço desengonçado de metal cortado. Uma das coisas que tem sido útil no meu trabalho com mães e filhas é identificar onde elas estão em termos de personalidade e relação na linha de continuidade, para que tenham uma idéia melhor de como ajustar suas diferenças e manter a relação prosseguindo e melhorando.

A história, a personalidade e o temperamento da mãe e da filha têm importante papel em como essa relação se caracteriza desde o começo, como se desenvolve e geralmente como termina ao longo da vida. A experiência vai sendo absorvida no caminho, às vezes criando lacunas na relação, às vezes aumentando-as.

O temperamento é de alguma forma genético, reconhecido praticamente desde o nascimento, e muito resistente a mudanças, o que pode ser graças ao fato de estar relacionado ao nível de energia, ao estilo cognitivo e à sensibilidade dos sistemas neurológico e emocional. Em termos mais simples, os temperamentos variam dentro de uma linha de continuidade que vai do positivo ao negativo. Alguns temperamentos e estilos cognitivos se caracterizam como críticos e esse é o caso clássico de quem é pessimista. O outro extremo da linha é o tipo otimista. Quando estamos cansados, doentes ou preocupados, geralmente somos atraídos para o lado pessimista; mas a melhor maneira de se analisar a personalidade é durante um dia comum com uma tarefa costumeira – lição de casa, cozinhar, fazer compras, discutir os planos para o fim de semana ou para um acontecimento futuro.

Jamie tinha 9 anos e estava na quarta série, quando sua mãe, Helen, me ligou, preocupada porque a menina estava "mais sensível ultimamente" do que de costume. Jamie era o sonho de toda professora – uma aluna versátil e entusiasmada, bem-humorada e muito organizada – e ninguém da escola havia percebido nada muito diferente no seu comportamento. Mas em casa, pela manhã, a história era outra, disse Helen. Jamie parecia preocupada e irritada e rapidamente ficava brava se algo não saía direito. Isso era especialmente difícil para Helen porque os horários dos dois filhos mais velhos estavam mais complicados, já que tinham aula da banda e do coral antes da escola. De qualquer modo, Jamie deveria estar mais alegre, disse Helen, porque não precisaria mais ir de ônibus, o que ela nunca gostou. Já que Helen tinha que sair de qualquer jeito para levar os filhos para a escola, podia também levar Jamie. Helen estava confusa e aborrecida com a mudança de comportamento de Jamie. Ela pensava que talvez a menina estivesse tendo problemas na escola, com a professora, com as amigas, com provocações, quem sabe? Parecia óbvio que algo estava perturbando sua filha na escola e Helen estava determinada a descobrir o que era.

"Já é difícil fazer todos se alimentarem e saírem de casa pela manhã, sem Jamie ficar nervosa com qualquer coisinha", disse Helen.

Uma conversa que tive com Jamie solucionou o mistério rapidamente. Diversas vezes por semana, quando Helen levava os filhos à escola, se saíam um pouco depois, o irmão e a irmã de Jamie eram levados primeiro para não se atrasarem. Entretanto, isso significava que Jamie chegava na escola alguns minutos depois. A professora de Jamie compreendia e não considerava isso um problema. Helen sentia que estava fazendo o melhor possível e sempre garantiu a Jamie que chegar um pouco atrasada não trazia problemas e ela não precisava se preocupar. Mas Jamie não tinha a mesma visão dos cinco minutos a mais ou a menos como sua mãe.

"Estar atrasada me deixa furiosa", disse Jamie. "Não estou mais no jardim da infância! É realmente embaraçoso entrar quando todos já estão sentados, além de significar que nunca é minha vez de levar a folha de chamada para a secretaria". Mais adiante, ela disse: "Não é justo, porque eu fico pronta cedo para não nos atrasarmos, mas eles acabam se atrasando".

Jamie levava a escola a sério, queria chegar na hora certa e estava fazendo tudo que podia para isso ser possível. Para ela, a garantia de sua mãe de que "não importava" não era apenas sem sentido, como também a insultava. Uma vez que o problema estava claro, Helen e Jamie poderiam resolvê-lo juntas. Helen achava que Jamie precisava ser mais flexível, mas Jamie também se defendeu: concentrar-se bastante na escola era aprender a ser responsável e ela sentia que chegar à escola na hora certa fazia parte do aprendizado. Por que mudar isso nela? Por fim, Jamie decidiu que ela preferia voltar a pegar o ônibus diariamente e chegar na hora a pegar a carona e nunca saber se chegaria atrasada à escola. O temperamento de Jamie era tal que ela precisava da estrutura e da estabilidade da rotina do ônibus, já que lhe dava um começo de dia calmo e previsível e, sendo pontual, ela se sentia melhor, como uma aluna responsável.

Lembrei-me da seguinte história, que é uma das minhas favoritas: alguns pesquisadores, estudando diferenças de personalidade em irmãos gêmeos, deram a duas irmãs, de 6 anos, a mesma tarefa: limpar um celeiro cheio até o telhado com palha velha e esterco de cavalo. A primeira irmã trabalhou um pouco, mas depois, quando estava entediada, irritada e cansada, largou a pá e desistiu. Entretanto, sua irmã continuou cavando e horas depois ainda estava trabalhando energicamente, embora mal tenha mexido na montanha de lixo à sua frente. Finalmente, os pesquisadores não conseguiram conter a curiosidade por mais tempo. "Sua irmã desistiu há horas! Por que você continua se esforçando tanto, quando podia desistir também?", perguntaram eles. A pequena menina, quase sem parar, sorriu e disse impacientemente: "Com todo esse esterco, deve haver um pônei em algum lugar!"

Algumas pessoas simplesmente nascem vendo possibilidades onde os outros vêem problemas. Conforme as pesquisas neurológicas ficarem mais claras, saberemos, tenho certeza, que parte dessa atitude está relacionada ao modo como o cérebro está conectado e a qual perspectiva nosso córtex usa na percepção das informações. Então, no par mãe–filha, estou convencida de que uma ou as duas integrantes podem ter perspectivas críticas e analíticas. A palavra *crítica*, por si só, não é negativa; depende de como a pessoa vê o mundo. Contudo, no caso de uma relação, uma perspectiva crítica da mãe e/ou da filha pode determinar muita negatividade nessa dupla.

Quando você conseguir ver padrões e preferências na própria personalidade e também os padrões que definem a sua filha, estará em melhor posição para ver por que suas interações mãe–filha são suaves, afetadas ou cheias de discussões, por que as coisas são como são e o que precisa de algum empenho, se quiser criar uma relação mais forte e mais sinérgica.

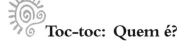 **Toc-toc: Quem é?**

O estilo de personalidade é muito mais complexo do que o temperamento, embora estejam relacionados. Existem elementos que se unem para formar a personalidade e cada um pode mudar um pouco com o tempo e a experiência. Veja a característica extroversão/introversão, por exemplo. Você (ou sua filha) é extrovertida, costuma iniciar um contato social, é expressiva, talvez popular, entusiasmada e tende a participar da ação? Ou você (ou sua filha) tende a ser mais introvertida, retraída nas situações sociais, talvez mais reservada e difícil de se conhecer, preferindo interagir com uma única pessoa a relacionar-se com grupos, é pensativa e inclinada a gostar da solidão?

Existem muitos pontos de vista sobre características que se misturam para formar a personalidade do ser humano. O inventário de personalidade de Meyers-Briggs (MBTI) fornece uma das descrições-padrão mais conhecidas. Depois de extroversão/introversão, o próximo par de características é chamado "sensação ou intuição": você (ou sua filha) avalia as coisas por informações concretas e realistas, é pragmática, prefere a experiência prática e as abordagens convencionais de aprendizagem? Ou você (ou sua filha) sente um nível de conforto bem maior no campo da intuição, pensando em conceitos, filosofia e assuntos similares e relativos ao sentido da vida?

A próxima categoria de características é chamada de "pensamento ou sentimento" e é exatamente o que parece. A pessoa que pensa tenta usar uma abordagem racional para ver ou compreender o mundo, fazendo listas de prós e contras e assim por diante. A pessoa que sente vê o mundo através de lentes mais emocionais, procurando o que vai deixar alguém feliz ou qual resultado é mais agradável.

E, por fim, o MBTI fala sobre "julgamento ou percepção". A pessoa que julga é sistemática, planeja, tem iniciativa, é organizada e metódica. A pessoa que percebe é mais casual, aberta, gosta de pressão, é espontânea ou está pronta para o acaso.

Essas diferenças de personalidade entram em jogo de diversas maneiras, muitas delas na mais simples interação. Se não as enxergarmos, elas podem nos surpreender; se estivermos cientes, podemos obter respostas nos momentos da resolução de um problema. Mãe e filha muito diferentes na maioria das características de personalidade precisam se empenhar mais para se compreenderem mutuamente. Mãe e filha muito parecidas na maioria das características de personalidade precisam se empenhar para não entrar em simbiose, sendo próximas demais ou críticas demais.

## As Necessidades de Mudanças da Filha

Assim que seus olhos de bebê conseguem focalizar uma imagem, ela passa a estudar sua mãe e sua educação no que diz respeito a ser mulher. Desde o começo, e por toda a vida, sua filha estará observando, pegando dicas com você, não importando se as registram como inspiração ou como determinação para serem diferentes. O que você faz, sua aparência, o que você diz, o que você *é* têm e terão profundo efeito sobre ela. Não importa se ama ou odeia a mãe ou, como a maioria das garotas e das mulheres adultas, sente uma ambigüidade a respeito do vínculo. Toda garota precisa chegar a um acordo sobre sua relação com a mãe, antes de se tornar mulher adulta, em termos de desenvolvimento.

As questões e as emoções que flutuam entre mães e filhas mudam com a idade. Certamente o instinto protetor e a proximidade física são mais fortes durante os primeiros anos, em função da dependência. Conforme vai ficando mais velha, saindo mais de casa, indo à escola, tendo amigos, dirigindo e fazendo progressos, o vínculo emocional vai ficando mais distinto e alterado. É muito difícil falar de um padrão típico por causa de todas as características que expusemos anteriormente. O único padrão na relação mãe–filha são as mudanças pelas quais passará, de alguma forma, a cada estágio de desenvolvimento da infância.

Existe também um nível de mudança ou desdobramento dessas tarefas durante o tempo e de como abordamos nosso papel de mãe. Não posso deixar de ver o paralelo entre ser mãe e professora. Nas primeiras séries, a tarefa da professora é facilitar o desenvolvimento das habilidades do aluno: aprender a escrever, a ler, a calcular. Na terceira série, elas mudam para a aplicação: expressar-se pela escrita, ler para aprender o conteúdo, calcular para resolver problemas complexos. Aprender a ler transforma-se radicalmente em ler para aprender.

O mesmo vale para criar uma filha. Nos primeiros anos, estamos na fase de construção das habilidades, usando uma abordagem mais dirigida para ajudá-la a desenvolver as habilidades de que vai precisar para viver. Em determinado momento, ela passa por uma fase crítica na qual nossa ajuda é importante para que coloque suas habilidades em prática. Mas devemos interferir o mínimo possível. Essa transição parece ser mais difícil para as mães do que para os pais em decorrência da simbiose. Sua vida ainda é muito previsível ou pelo menos parte dela.

Ao mesmo tempo em que esse nível de mudança está acontecendo para a criança, ocorre o nível de mudança da aprendizagem da mãe. Tenho uma grande amiga que é mãe de três garotas. Não a conhecia profundamente até que sua terceira filha entrou na escola. Comentei quanto ela era inteligente e como parecia lidar com os piores momentos da filha com uma calma incrível. Ela riu e disse que eu deveria ter estado por perto para ver como ela era com as outras duas filhas! Eu ri e disse que deve ser como começar a lecionar: eu só rezava para que desse tudo certo com a minha primeira e segunda turmas. Concordamos que seria muito mais fácil e eficiente sermos mãe já com o terceiro filho e professora com a terceira turma!

## Mães Como Modelos: O Que a Garota Quer, o Que a Garota Precisa

Um dos ditados preferidos da minha mãe era: "Faça o que eu digo, não o que faço". Ela deve tê-lo tirado de um manual secreto das mães em que os ditados são passados de geração a geração. Lembro-me que a primeira vez que ela usou essa frase comigo foi quando falei sobre o fato de ela fumar, quanto era ruim para a sua saúde e se ela gostaria que eu começasse a fumar. Hoje em dia, enquanto luto para deixar claro o efeito do papel de mãe, também luto com esse ditado. Eu costumava falar para as mães: "Não é o que você diz, mas o que faz". Revi esse pensamento com o passar dos anos. É tanto o que você diz *como* o que faz, acrescido de grande dose de o que você *acredita*.

Observava minha mãe fumando e não gostava do que via (o cigarro pendurado na sua boca, não importando o que estivesse fazendo), do cheiro que sentia (seu hálito e as roupas) e do que ouvia (sua tosse e chiado no peito). Depois de seu clássico ditado, ela também disse que começou a fumar antes dos riscos à saúde serem conhecidos e desejava não ter começado; e não queria o mesmo para sua filha. E começo a acreditar que o mais importante era a ligação entre o que ela dizia e o que ela acreditava ou valorizava, o que estava ligado à sua sabedoria como mãe ou como alguém que tinha experiências pelas quais eu ainda não havia passado. "Não faça isso porque não é saudável, faz mal para você". E ela deixava tudo muito claro.

Então, os efeitos da mãe sobre a filha como o mais significativo modelo de mulher que ela tem, ou pelo menos um deles, são reconhecidos por todos. Como realmente acontece, quais aspectos permeiam a memória de longo prazo e a personalidade da filha, não é tão fácil de saber. É como uma terrina de espaguete: as impressões são distintas, fios individuais nela misturados, mas o prato inteiro dá a impressão de totalidade. As palavras de uma das garotas no estudo de Laurel/Harvard estão estampadas na minha mente. Mattie, do primeiro ano, falou sobre como sua mãe era inteligente e boa, mas que ela a via "desaparecendo" e perdendo sua força e individualidade. Ela falou sobre a correspondência que chegava em sua na casa, endereçada à "Sra. Smith" ou "Sra. John Smith", nem "Joan Smith", ou "Sra. Joan Smith" ou "Joan Deck", nome profissional da mãe. Ela falou sobre como sua mãe era uma advogada bem-sucedida, mas, quando iam a um restaurante, seu pai sempre escolhia o vinho. Ela disse que não via sua mãe tendo o mesmo poder ou reconhecimento que seu pai e que ela parecia fechar os olhos a tudo. Mas ficava confundida e desapontada.

Lembra da menina do jardim de infância na fila da lanchonete que me advertiu sobre o leite integral "ruim" e a comprar o leite desnatado para beber no lanche? Quando chegou à quinta série, já desenvolvera um distúrbio alimentar muito parecido com o da sua mãe, a qual ainda falava sobre estar constantemente de dieta. Uma garota do ensino médio, conhecida por não beber nada alcoólico nas festas, mesmo com todos os seus amigos bebendo, era importunada e acusada de ser careta demais. Sua mãe era alcoólatra e, pelo que essa garota conseguia lembrar, era ela quem ajudava a mãe a ir para a cama, à noite, e não o contrário.

Mattie está desapontada e acha que sua mãe "se entregou" ao abrir mão de seu nome no casamento; Anna fica anoréxica como sua mãe; Jane é uma abstêmia assumida com uma mãe alcoólatra como modelo; eu nunca fumei, mas este livro está repleto de palavras da minha mãe, que saem quase automaticamente da minha boca. As mães não sabem dizer o que suas filhas vão pegar delas e adotar ou rejeitar, ou simplesmente guardar para dar uma olhada e pensar melhor depois. Mas que todas vão olhar, sentir e ser afetadas na vida pelo que a mãe diz, faz e acredita: *SIM!* Então, faz muito sentido dizer às mães que tudo o que você é afeta sua filha. Cabe a todas as mães tomar cuidado com o que valorizam, com o que querem para as suas filhas e com o que vêem como defeitos em si mesmas. Com essa conversa e discussão como pano de fundo, o que você faz pode ser modificado e ajustado no pensamento da sua filha, assim como eu mudei meu ponto de vista sobre o fato de minha mãe fumar.

## Desconexão: Quando o Vínculo é Falho

O fato de uma mulher se tornar mãe não muda personalidades nem problemas sérios. Simplesmente existem alguns casos nos quais a mãe não é emocionalmente saudável ou o vínculo emocional entre ela e a filha é fraco.

A mãe de Jan era alcoólatra. Jan aprendeu muito cedo a não convidar seus amigos para irem à sua casa. Em seu aniversário de 6 anos, a mãe desmaiou no sofá e Jan teve que servir o bolo e cuidar da festa sozinha. Foi sua última festa de aniversário.

A mãe de Carol gritava e era muito crítica. Mesmo quando seu temperamento estava sob controle, era difícil ver a interação das duas. Sempre era possível saber quando sua mãe estava por perto, porque as costas de Carol ficavam rígidas e ela ficava mais reta na cadeira; parecia se esticar fisicamente com a presença da mãe.

A mãe de Ella era anoréxica e já estava em avançado grau de deterioração física pelos efeitos da doença e insistia que suas complicações médicas fossem o drama central da vida da família. Ella subiu ao palco na quinta série e gostou do seu papel na peça da escola. Depois disso, encontrou um lar na arte de representar, na qual seus talentos afloraram e o drama central da vida da família formada pelo elenco era de sua escolha.

Fora o abuso criminal, existem muitas maneiras de as garotas terem relações emocionalmente dolorosas com uma mãe incapaz de se relacionar de forma saudável. Eu raramente recebo ligações de mães assim; suas questões emocionais tendem a obstruir a visão que têm da filha e da sua dor. Recebo ligações de outras mães, cujas filhas são amigas de garotas como Jan, Carol e Ella e que se preocupam com essas garotas e querem saber o que podem fazer por elas.

Para sobreviver emocionalmente, as garotas devem desenvolver as próprias estratégias de enfrentamento e geralmente encontrar forças em outras relações com os amigos e suas famílias ou com a terapia, enquanto são novas, e depois com a vida. Em quase todos os casos, "outra mãe" carinhosa que me liga já está fazendo a coisa mais eficiente que pode: estar presente como figura materna piedosa, como modelo, como ouvinte e como ombro amigo. E, quando estiver em dúvida, ligue para um profissional e peça mais conselhos ou relate suas preocupações. Lembra do cobertor verde? Se uma garota não pode tê-lo em casa, ter um cobertor na casa da amiga realmente ajuda.

## Estando à Altura da Mãe

As garotas sempre se sentem pressionadas a estarem à altura da mãe amada ou admirada. Entretanto, mais do que nunca a geração atual das garotas segue uma geração de mães vencedoras publicamente, acrescentando outra dimensão a essa complexa relação. Nas gerações passadas, era muito comum para uma garota ser a primeira da família a vencer publicamente ou a alcançar um nível de realização pública acima de sua mãe, pois, naquela época, as mães não cursavam faculdade, mas as filhas cursavam; as mães não se formavam, mas as filhas sim; as mães trabalhavam pelo dinheiro, mas as filhas desenvolviam uma carreira; as mães saíam-se bem, considerando as limitações das mulheres naquele tempo, mas as filhas tiveram muito maior acesso ao mundo das escolhas. Como as novas gerações de filhas encaram as mulheres contemporâneas que ampliaram esses limites tradicionais e ganharam reconhecimento por suas contribuições e avanços em todos os campos? Como o sucesso visível da mãe afeta a vida interna da filha? Como é para a garota o fato de sua mãe ser muito bem-sucedida na profissão, muito decidida, muito amada ou tenha qualquer um desses superlativos?

Quase sempre, esse fato leva a duas opções: estar à altura ou não estar à altura. E é assim que as coisas geralmente acontecem: em uma extremidade da linha ou na outra, quase nunca muito no meio. Uma garota pode se esforçar incrivelmente para alcançar um padrão elevado ou olhar para ele e concluir que é elevado demais, que nunca vai conseguir e que é melhor nem tentar. Tudo depende de como ela responde à pressão para estar à altura.

Em um mundo mais perfeito para os filhos, a expressão *estar à altura* se tornaria obsoleta. A terminologia mais saudável seria o clássico "fazer o melhor possível", ou "esforçar-se ao máximo" ou "dar o melhor de si". Também incluiria a idéia de que, às vezes, frente a tantas opções e tarefas na vida, eles poderiam não investir tanto tempo e empenho em si mesmos por não ser tão importante para eles.

Para as mães "superlativas", não importa se o reconhecimento vem da família, da comunidade, dos negócios ou da realização profissional. É vital reconhecer o modelo que você é e o efeito que pode ter sobre sua filha: reconheça a imagem elevada que tem e abra o jogo. Como a mãe, fera em matemática, que reconheceu que deve ser difícil para a filha, com dificuldades na matéria, sentir-se compreendida e apreciada na relação entre elas, o primeiro passo para alcançar essa compreensão é falar sobre a questão de forma aberta e respeitosa. Durante os anos em que estiverem juntas, mostre que não espera nem deseja que sua filha seja como você e que quer que ela seja ela mesma. Permita que sua filha tenha admiração e aprenda muito com a sua vida, mas não deixe que ela se sinta pressionada pelas suas expectativas ou pela própria necessidade impositiva, que talvez pudesse sentir, de estar à altura do seu sucesso.

As mães ficam muito agoniadas ao tomarem decisões diariamente: "Devo deixá-la ir ao shopping sozinha?" "Quanto devo pegar no pé dela com a lição?" Essas perguntas são importantes, mas, em termos de impacto a longo prazo, o mais importante e que merece seu tempo e sua consideração são os pensamentos quanto ao seu comportamento, suas palavras, suas decisões pessoais e seus valores. Isso é o espelho do seu ser, no qual sua filha descobrirá a si mesma de formas diferentes, através do tempo.

---

### Pérolas para os Pais e Pérolas para as Garotas

- Compartilhe seu conhecimento e sua história. Faça com que sua filha saiba que você tem alguma noção sobre como é crescer como mulher, porque você viveu isso, e mostre a realidade desse fato, contando sua história.

- Respeite o pioneirismo da sua filha: deixe-a saber que você reconhece que não pode saber exatamente como é a vida para ela em cada situação específica e então pergunte ou pelo menos ouça quando ela resolver contar.

- Estabeleça regras e limites. Utilize sua filha como consultora no processo, mas também estabeleça que seu papel como mãe responsável e carinhosa dita algumas regras em casa que podem não ser do agrado dela. Ela pode se queixar dos detalhes, mas vai respeitar sua posição e possivelmente confessá-lo algumas décadas depois.

- Apresente os valores essenciais por meio de atividades. Use todas as oportunidades para mostrar seus valores e pontos de vista morais para sua filha, mesmo que sirvam apenas para fomentar debates. Sua voz e postura como mulher são seus legados mais poderosos.

- Lembre-se do Mantra da Mãe: Não sou minha filha. Não sei tudo, mas posso aprender mais se ouvir mais. Sou o modelo de mulher mais importante na vida da minha filha.

- Em vez de dizer à sua filha: "Quando eu tinha a sua idade", crie o hábito divertido de comparar as percepções. Ouça, compartilhe e aprenda!

- Quando ela despejar uma questão ou um problema sobre você, em vez de partir para "Por que você não...", com uma lista de sugestões para resolvê-lo, comece com "Como posso te ajudar?"

- Mesmo depois de um dia difícil na sua relação, sempre vá ao quarto dela e diga boa-noite do fundo do seu coração.

CAPÍTULO **6**

# Pais e Filhas: Almas Gêmeas, Estranhos e uma Dança Delicada

> *"Sei que ele não é perfeito e às vezes me deixa muito brava, mas não consigo pensar em nada específico que mudaria nele. Não fico marcando pontos a favor e contra. Então, quando penso nele, penso na pessoa inteira, que eu amo."*
>
> — Kristen, 16 anos

Eu não havia observado o exemplo até outubro, embora essa doce cena em particular acontecesse, diariamente, desde o primeiro dia de aula. Todas as manhãs, Sr. Stringer e sua filha Em, vinham caminhando pela calçada um minuto antes de o sinal tocar. Andavam devagar porque olhavam meticulosamente para tudo, ao longo do caminho: ele apontava a nova árvore plantada, o carro que parecia com o deles parado perto, as garotas mais velhas apoiadas na janela do segundo andar acenando para as amigas, nada escapava à atenção deles. Todos os dias, quando passavam por mim, ela sorria, abaixava a cabeça e segurava firme a mão do pai, enquanto seguiam para a sala do jardim da infância. Eu sabia que o pai de Em era um executivo ocupado; esse homem, que parecia ter todo o tempo do mundo, que fazia a caminhada com sua filha todas as manhãs porque (uma vez ele me disse) queria diminuir a ansiedade que ela sentia ao se separar dele, esperava até que ela estivesse no prédio e depois, literalmente, passava por mim correndo, com a gravata voando sobre o ombro, com pressa, porque sempre estava atrasado para suas reuniões matinais.

Isso continuou dia após dia, com chuva, sol e neve, até o meio do ano, quando ele veio me procurar, orgulhoso, e Em me perguntou se eu podia esperar no ponto de ônibus no dia seguinte para ver uma surpresa. Fui. Naquela manhã, Em saiu do ônibus sozinha, com um sorriso enorme, virou e acenou para o pai, que estava do outro lado da rua, junto ao carro. Mais tarde, perguntei a Em se vir de ônibus era tranqüilo para ela. Ela olhou para mim como se eu fosse maluca e disse: "Eu estou bem. Espero que meu pai fique bem se eu não andar com ele pela manhã".

Uma doçura semelhante a essa na relação entre pais e filhas ecoa pelos comentários de muitas garotas e mulheres. Diferente das imagens idealizadas ou da caricatura da mídia do papai querido que é, alternadamente, sábio ou bobalhão, os padrões de relacionamento entre as meninas e seus pais são ricos, estruturados e variados.

A escassez de pesquisas científicas sobre a relação pai–filha reflete uma tradição de silêncio cultural e de cegueira, quando se trata da vida interna das meninas e das mulheres, especialmente a respeito dessa relação fundamental com o primeiro homem de suas vidas. Embora as novas iniciativas de pesquisa prometam grandes enfoques no final, no momento os estereótipos de pais doces, inteligentes e/ou estóicos persistem, moldados de tempos em tempos por relatórios de bom senso que sugerem a existência de forte correlação entre mulheres "bem-sucedidas" e pais "envolvidos".

Entretanto, as definições de sucesso e de envolvimento geralmente são vagas. Bem-sucedida em quais padrões? Conheço muitas executivas e donas de casa aparentemente bem-sucedidas e célebres garotas empreendedoras que interiormente são pessoas bem tristes e muitas outras pressionadas a alcançar certo tipo de sucesso por um pai cujo envolvimento é, ou era, tirânico, crítico ou abusivo, em vez de emocionalmente íntimo ou carinhoso. Por outro lado, conheço muitas mulheres – de diretoras a membros da APM (Associação de Pais e Mestres) – que são, de acordo com seu modelo interno, bem-sucedidas e satisfeitas; algumas delas tiveram pais firmes, outras tiveram pais adoráveis, algumas tiveram pais que morreram cedo e outras cujos pais pareciam mais distantes ou destrutivos do que qualquer estranho. Cito esses exemplos não para descartar a pouca pesquisa que temos, mas para dizer que estamos apenas começando a identificar questões significativas a serem perguntadas e o significado totalizador das respostas que obtivermos.

Enquanto isso, temos meninas crescendo e um número maior de pais que estão ativamente tentando ser os melhores de todos os tempos – bem, pelo menos na vida da filha que amam. Pode ser assustador, bem como excitante, para um homem, ser essa figura-chave na vida de sua filha. Geralmente sou procurada por pais de meninas que não conseguem entendê-las. Alguns ligam para trabalhar com o problema, outros, na maioria das vezes, para reclamar. Também sou procurada com freqüência por mães preocupadas que querem saber o que fazer para ajudar pai e filha a se aproximarem. E sou procurada por meninas que, muitas vezes, estimam seus pais ou pelo menos sentem que gostam o suficiente da relação. Outras garotas sentem-se em desacordo com seus pais, pela natureza de cada um ou pelas expectativas do dia-a-dia.

## Aos Olhos do Pai: A Visão Inicial de Si Mesma

A partir do nascimento, o coração da menina está aberto aos pais, sendo eles biológicos ou adotivos, ou na sua ausência, figuras paternas substitutas. Em relação ao pai, desde o começo, ela pode aprender sobre a confiança e o amor com ele e, através dos anos, permanecer vulnerável à sua influência, não importando se a mensagem for de amor, de respeito e de grandes expectativas ou de crítica, indiferença, limitações ou poucas expectativas.

A sufragista e visionária política americana Elizabeth Cady Stanton, falando sobre seu pai, em 1922, referiu-se à profunda mágoa escondida de gerações de garotas, ao dizer: "Nunca senti tão fortemente a degradação do meu sexo. Pensar que tudo em mim deixaria meu pai orgulhoso, se eu fosse homem, deixa-o profundamente mortificado porque sou uma mulher".

O progresso social referente à igualdade de sexos mudou esse contexto vergonhoso da relação pai–filha. Mas o comentário de Stanton aponta dois pontos importantes:

Primeiro: as normas e as expectativas sociais afetam o que um pai pensa de sua filha e o que esses sentimentos lhe transmitem. Da mesma maneira que as tradições de seu tempo levaram o pai de Stanton a ficar mortificado com o seu ativismo político, as oportunidades e as pressões de hoje para as meninas serem *supergarotas* podem levar um pai a forçar a própria agenda de sucesso sobre os interesses da sua filha e a ficar desapontado se ela não for a oradora da turma, uma estrela do esporte, a voluntária do mês ou simplesmente uma garota mais tradicional com interesses femininos previsíveis (estereotipados).

O segundo ponto é o fato de que uma garota sente profundamente a maneira como seu pai a vê – ou a maneira como ela *acredita* que seu pai a veja, não importa se a relação entre eles pareça próxima e de amor ou não. Imagine uma mulher com a inteligência, o desenvolvimento e a realização de Stanton sentindo "degradação" na essência de sua identidade como mulher porque o pai se agarrou à sua estreita visão do que uma mulher deveria ser!

As garotas hoje em dia sentem uma pressão imensa para estarem à altura das expectativas do pai, sendo no campo de futebol, na escola ou até mesmo na natureza de suas esperanças e sonhos.

"Quero ser arqueóloga, mas primeiro tenho de ser advogada", disse uma garota da sétima série, ao explicar que seu pai, um advogado bem-sucedido, considera a faculdade de Direito um pré-requisito para a vida. Ela não estava reclamando (pelo menos ainda não); estava conformada. Acreditava que seu pai era inteligente, bem-sucedido, e que queria o mesmo para ela. Assumiu, então, que deveria satisfazer à paixão dele pelo Direito, antes de se voltar à própria paixão pela Ciência.

Uma adolescente mais velha relembrou a força alegre da ligação com seu pai: "Meu pai voltava mais cedo das viagens de negócios só para ir aos meus eventos esportivos. Eu sempre procurava por ele na multidão. Enquanto não visse seu rosto, não estava pronta para jogar. Só de saber que ele estava lá tudo ficava bem. Minha mãe também estava lá, mas era de suma importância ter meu pai ali. Não sei por quê".

Essa vulnerabilidade emocional é o canal aberto entre as meninas e os pais; é o que dá a ele acesso, presença e poder na vida dela, mesmo que eles os usem de formas afirmativas ou não. O lado negro desse poder paterno é que ele pode ser tão vigorosamente negativo quanto positivo. Abusos óbvios vêm à mente, tanto físicos como sexuais. Não tão óbvios, mas bastante prejudiciais, são os pais extremamente controladores e limitadores ou críticos. A observação clínica e os estudos mostram que garotas e mulheres que tiveram pais altamente críticos ou abusivos não tendem a ter autoestima elevada. Uma mulher pode levar a maior parte da vida para superar as cicatrizes emocionais e as deficiências em comportamentos, conquistas e nas escolhas de vida resultantes de um pai dominador ou crítico.

## A História de Amor Original

No começo, toda menina quer amar seu pai e se sentir amada por ele. Quando falam dos pais, o amor geralmente aparece na conversa, definindo sua experiência com o pai pela sua presença ou ausência:

*"O que mais amo no meu pai é que ele sempre está disposto a me ajudar. Se preciso de ajuda na escola, ele me ajuda da melhor maneira possível, fazendo-me perguntas para uma prova ou conseguindo um professor particular para me ajudar quando ele não está por perto ou disponível. Se preciso de ajuda no tênis, ele joga partidas comigo ou me dá exercícios. Meu pai sempre consegue me ajudar de alguma maneira. A única coisa que eu mudaria no meu pai seria deixá-lo menos controlador. Gostaria que ele me desse mais liberdade." (aluna da oitava série)*

*"O que gosto no meu pai é quando ele faz brincadeiras, porque rir é muito importante para mim e está acima de tudo. Se algo está me chateando, ele me abraça e encontra uma solução para o problema." (aluna da quinta série)*

*"Amo meu pai e também amo estar com ele. O que mais gosto nele é o sorriso. É muito raro vê-lo sorrindo. Não é porque ele não seja feliz. Ele apenas não fica empolgado facilmente. Quando peguei meu último boletim, fiquei orgulhosa de ter tirado nota máxima em tudo. Pude perceber que meu pai ficou especialmente feliz porque sorriu e me deu um abraço forte. Seu sorriso pareceu iluminar a sala toda." (aluna da oitava série)*

*"O que mais amo no meu pai é que ele é muito divertido e uma ótima pessoa. É totalmente controlado e calmo. Sabe o que fazer em todas as situações e é muito inteligente, espirituoso e forte, mesmo tendo 76 anos. Ele é o tipo de homem que as pessoas respeitam sem ser do tipo 'faça o que eu digo'. Meu pai é realmente único e interessante. É o melhor pai das redondezas. Eu não mudaria muita coisa no meu pai,*

*mas gostaria que ele ficasse com a mesma idade e vivesse um pouco mais. Gosto de ter um pai velho, mas me preocupo com o fato de que, quando eu tiver 32 anos, ele vai estar no fim da vida, se já não tiver morrido. A não ser por isso, gosto do meu pai do jeito que ele é. Ele é perfeito!!" (aluna da sexta série)*

*"Meu pai é um dos meus melhores amigos. Ele assiste à TV comigo, joga comigo e me ajuda com a lição de casa. Se pudesse mudar alguma coisa nele, seria o jeito como ele grita, às vezes, quando faço algo errado. Ele grita um pouco demais. Fora isso, ele é uma ótima pessoa!" (aluna da sexta série)*

*"O que eu mudaria no meu pai seria o fato de ele sempre me forçar a fazer coisas que não quero. Por exemplo: ele sempre me obriga a ir para o treino de tênis ou a jogar, mesmo quando cometo erros, e sempre me diz que não estou fazendo as coisas direito ou não estou me esforçando o suficiente, quando estou me esforçando ao máximo! Uma vez chorei porque meu pai foi muito duro comigo. Mas ele é uma pessoa muito boa!" (aluna da quinta série)*

*"O que mais gosto no meu pai é seu ótimo senso de humor e o fato de poder conversar com ele sobre a maioria dos assuntos. Ele se esforça ao máximo para deixar minha vida mais fácil e é alguém que admiro. Se pudesse mudar alguma coisa no meu pai, mudaria seu temperamento. Às vezes, ele fica bravo com coisas que simplesmente não valem a pena discutir." (aluna do primeiro colegial)*

*"Meu pai é superdivertido e ótimo professor. Ele me conta muitas coisas diferentes. Eu faria ele ficar em casa com mais freqüência, para podermos passar mais tempo juntos." (aluna do primeiro colegial)*

*"Eu amo meu pai, mas o odeio quando ele fica mandando na minha mãe." (aluna da sétima série)*

## O Que a Menina Precisa, o Que a Menina Quer

Como vimos, na escola da vida, a maioria das meninas especializa-se em relacionamentos. Desde o exato primeiro dia de aula da classe 101, Vida com o Pai, a filha geralmente vem com todo o material escolar certo, pronta para entrar na aprendizagem ativa, fazendo anotações de toda e qualquer coisa, nessa sala de aula pai–filha.

As conversas com as meninas, mulheres e pais, as pesquisas disponíveis e a literatura que relata a relação pai–filha nos dizem que, em algum momento da aula de educação contínua para pais e filhas, três aspectos do currículo são de especial importância para a menina:

**A Teoria da Gangorra:** O pai pode, natural ou intencionalmente, influenciar com equilíbrio a tendência natural da menina e as mensagens geralmente preconceituosas de como uma garota deve ser, que são percebidas por ela no mundo.

**A Briga dos Sexos:** O pai oferece à filha formação do campo da batalha entre os sexos, por assim dizer – o terreno de aprendizagem e prática da compreensão e do relacionamento com os homens. Sua experiência com ele, a maneira de estarem juntos e a maneira com que ela o vê se relacionando com outras mulheres, em especial com a mãe, vão moldar suas interações e expectativas no relacionamento com outros homens, tanto na escola e no trabalho como na intimidade.

**Presença:** A menina vem "praticar" todos os dias sua relação com o pai. Onde está o pai? Estar presente na relação significa passar um tempo ativamente envolvido e comprometido. Não importa quantas ausências justificadas o pai tenha: em algum momento ele vai estar fora do jogo, na mente da filha, e ela vai sofrer com a perda.

## O Estudo do Pai: Natureza, Criação e Papéis Sexuais

Há uns dez anos, quando certo dia voltava para casa, ouvindo a National Public Radio, escutei uma reportagem sobre um estudo recém-terminado em Harvard. A mídia rapidamente o apelidou de "O Estudo do Pai". O locutor prosseguiu, resumindo a descoberta principal: as crianças que passavam a maior parte do tempo com os pais tiveram pontuação melhor em testes de aptidão e de inteligência do que as que passavam a maior parte do tempo com as mães. Logo depois que a bomba foi lançada, mais detalhes foram dados pela mídia. Ao tentar determinar a razão desse resultado, os pesquisadores olharam atentamente para a população do estudo para ver o que pais e mães faziam com as crianças. Encontraram diferenças significativas. No geral, os pais *faziam coisas ativas* com as crianças: brincavam, construíam coisas e iam a passeios. As mães *conversavam ou liam* com ou para as crianças.

Embora tenha sido generalizado, o padrão de comportamento entre mães e filhos e pais e filhos foi bem distinto. A pesquisa neurológica apóia essa descoberta, embora sob um ângulo diferente. Em primeiro lugar, estudos do sistema límbico (centro das emoções) sugerem que as mulheres vivenciam as ligações com os outros de forma mais intensa do que os homens. Além disso, outra pesquisa neurológica propõe que os centros de linguagem, na maioria dos cérebros femininos, são mais desenvolvidos do que os da maioria dos homens. Colocando de maneira simples: as mulheres podem estar geneticamente predispostas a falar e também a sentir as ligações emocionais um pouco mais. Junte a esse fato a visão de que os homens estão genética e neurologicamente predispostos a ser ativos e direcionados ao comportamento orientado para uma tarefa e que não sentem as emoções com a mesma freqüência e profundidade que as mulheres e veremos o crédito biológico dessas diferenças sexuais.

A aprendizagem ativa parece afetar o sistema neurológico e ter efeitos mais benéficos ao longo do tempo do que a aprendizagem passiva (ouvir, assistir). Por exemplo: o jogo, que basicamente exige o uso de estratégias, leva uma criança a raciocinar melhor do que a leitura sobre ele. Os pais geralmente parecem ter uma afinidade natural para fazer coisas com suas filhas, e as mães, para falar com suas filhas. As duas interações são muito valiosas, mas, com o passar do tempo, uma intensifica o raciocínio e o crescimento dos dendritos no sistema neurológico mais do que a outra.

Esse impacto positivo da aprendizagem ativa sobre a realização das filhas vai além da infância e dos anos escolares. De maneira geral, a literatura relata que uma alta porcentagem de mulheres profissionalmente bem-sucedidas aponta a influência de seus pais como elemento-chave de motivação nas suas vidas. Daí em diante, os detalhes são menos conhecidos. As garotas e as mulheres contam como fizeram coisas com seus pais e como eles fizeram-nas sentir que podiam fazer qualquer coisa. Meninas em idade escolar freqüentemente relatam que seus pais se preocupam com as suas notas, com seu desempenho escolar, se estão entre os melhores alunos e outros sinais de realização. Não é que as mães não se preocupem com essas coisas, mas os pais são tipicamente mais voltados para os resultados e falam com mais firmeza que o desempenho e o sucesso são essenciais. Certamente as mães querem o mesmo para as suas filhas, mas são mais orientadas para o processo – elas geralmente listam a felicidade e a adequação como tão importantes, ou mais, do que o sucesso convencional e a realização.

Após uma palestra que proferi em um hospital de Boston, uma mulher veio falar comigo sobre algumas das diferenças sexuais que eu havia discutido, dizendo-me que tinha ótimas lembranças do seu pai e de todas as coisas que fizeram juntos. Enquanto conversávamos, um incidente em especial estava claramente detalhado na sua memória. Ela contou que fez uma estante na garagem com seu pai, quando era pré-adolescente. Ele, na realidade, esperava um parceiro do seu nível para fazê-la e ela se surpreendeu ao ver que estava à altura.

Esse fato fez-me lembrar de uma conversa que tive alguns meses antes com uma monitora de acampamento, na Carolina do Norte. Pandora disse que uma experiência parecida com seu padrasto provou ser um momento fundamental para seu sentimento de competência. Sua família morava em uma fazenda e um dia, depois de caminhar pela propriedade, seu padrasto falou que havia uma brecha na cerca que precisava ser consertada. Ele se voltou para ela e disse: "Você cuida disso hoje?"

Pandora fez que sim com a cabeça, mas por dentro ela era um misto de emoções. Sentiu um pouco de medo, porque nunca chegara perto de consertar uma cerca e não tinha a menor idéia de como fazer. Ela também sentiu muito orgulho por seu padrasto ter pensado que ela podia cuidar disso. E sentiu uma onda incrível de "vou fazer, custe o que custar" tomar conta dela. Ela conseguiu consertar, seu padrasto mostrou sua aprovação no jantar, e ponto final.

Existem alguns temas importantes nessas duas histórias que são comuns nas reflexões de muitas garotas e mulheres sobre a influência dos pais nas suas vidas. Nos dois relatos, os pais demonstraram não só a expectativa de que suas filhas eram competentes e capazes de fazer o serviço, como também grande respeito subjacente. A maneira como abordaram essas meninas supunha competência e demonstrava respeito, e elas entenderam a mensagem.

De fato, das centenas de histórias semelhantes que ouvi de garotas e mulheres, parece que esse equilíbrio entre uma grande expectativa *e* um grande respeito, por parte dos pais, é muito mais forte do que as palavras em si. Com a reflexão, as filhas geralmente expressam uma surpresa inicial, seja no momento seja quarenta anos depois. Isso diz muito sobre as mensagens que as garotas recebem do mundo, mas o mais importante é que também significa quanta força e peso a figura paterna tem para equilibrar a gangorra na vida da filha. Enquanto o mundo estiver dando a ela mensagens machistas limitadoras, seu pai pode equilibrá-las com apenas uma que remova os limites, equipare as expectativas dos gêneros e antecipe o sucesso final.

Os modelos tradicionais, que muitas mulheres descrevem como característicos de sua experiência com os pais na infância, ainda ressoam na experiência de muitas, talvez na maioria, das garotas com seus pais. Contudo, as tendências sociais estão mexendo um pouco com esses padrões sexuais. Então, muitas garotas agora vêem mães ativas fora de casa e pais mais carinhosos e dispostos a conversar.

Se, como pai, você sabe que tende a ser mais voltado para os objetivos e menos falante e emotivo do que as mães, então cabe-lhe expandir seu papel sexual. Abraçar e conversar são os primeiros passos. Trocar fraldas, alimentar e dar banho, contar histórias, ou assistir à TV sentados juntos no sofá são experiências poderosas para pai e filha. E, se isso acontece cedo e com freqüência, muda a natureza da relação.

Vi um jovem pai dizendo à esposa que não queria pegar sua filhinha no colo porque era tão grande e atrapalhado que poderia machucá-la. Ele garantiu à esposa que a seguraria quando ela estivesse maior e mais forte. Sua esposa, esperta, apenas sorriu, mostrou como tomar cuidado com o pescoço da nenê e lhe passou o pacotinho. Uma vez estabelecido o conforto físico, ele ficou muito bem, segurando-a, trocando-a e em todas as coisas absolutamente importantes para uni-los, as quais, feitas com continuidade, compõem o papel de pai.

## Pontes e Lacunas entre os Sexos: O Exclusivo Desafio "do Outro Mundo" do Pai

Uma das citações mais irrefutáveis que li na minha carreira sobre pais vem da pesquisadora americana Phyllis McGinley, que escreveu: *"A coisa para lembrar dos pais é: eles são homens"*.

Isso não é uma condenação, lembre-se – é apenas a única verdade que sabemos e traz com ela tanto uma dádiva como uma deficiência na relação pai–filha.

Se você é pai, a dádiva é a sua oportunidade de tornar a primeira relação da sua filha com o sexo oposto rica e positiva, determinando o padrão de todas as que vierem. Por meio dela, iniciará o processo de três Cs para a elevada auto-estima da sua filha, a começar pela conexão. Ao compartilhar sua perspectiva e experiência como homem, você abre esse mundo a ela, aumentando sua competência e confiança nesse cenário.

A menina também vê o pai como modelo na maneira como ele interage com sua mãe – não importa se são casados ou divorciados! As garotas são especialmente sensíveis à força e ao controle dessa relação: como as decisões financeiras são tomadas? E o poder é dividido ou não? Nas questões disciplinares, a opinião de quem tem mais peso? O respeito mútuo e a responsabilidade em comum aparecem? A menina está realmente observando se essa é uma relação equilibrada ou assimétrica, em termos de poder e de controle. Todas as sutilezas são levadas em conta também, mas, no final, ela está observando essa relação e vendo se sugere um jogo justo.

Na verdade, não há como prever o efeito a longo prazo da observação e da avaliação da menina sobre o par pai–mãe. Só fica claro que ele é visto, processado e tem um impacto poderoso. A menina não vai necessariamente se casar com um rapaz igual ao pai, mas a tônica da relação pai–filha vai ecoar por toda a vida nas escolhas dela ao interagir com outros homens. Se ela se sentiu apreciada, respeitada e valorizada aos olhos do pai, nesse primeiro domínio masculino, então é mais provável que ela procure qualidades similares nas relações que construir com outros do mundo masculino. Uma garota que tem uma relação incompatível com seu pai pode deliberadamente procurar pelo oposto ou, se chegou a acreditar que não tem valor ou não pode ser amada por um homem, pode se inclinar para relações onde esse eco sombrio seja repetido.

"Vou dizer por que as filhas deixam os pais malucos", explicou um pai confuso. "É porque a maioria dos homens nunca entendeu a mulher *adulta*. Você tem uma menina e, não importa quanto ela tenha sido divertida quando pequena, de repente um dia ela se torna uma *'delas'*."

O pai transmite muita coisa na maneira como responde às diferenças sexuais. Ele pode usar o sexo da filha como uma desculpa para se distanciar dela, deixá-la com a mãe, tratá-la como um projeto no qual a mulher deve ser mais parecida com o homem ou criticar de outras formas sua maneira de ser e conhecer. Ou pode tratar essa questão como um convite ao aprendizado, ser franco sobre sua ignorância e demonstrar o desejo de compreender e apreciar a experiência feminina – e o mais importante: a experiência feminina *dela*.

Ao falar da relação mãe–filho no livro *Raising Cain: Protecting the Emotional Life of Boys*, o autor e psicólogo Michael Thompson referiu-se à lacuna entre os sexos como um desafio subjacente que confronta qualquer mãe, já que ela simplesmente não sabe como é ser um menino nem pensar como um menino. O mesmo é válido para pais de meninas, mas acredito que a maioria dos pais tenha um desafio ainda maior. As mães, por serem mulheres, geralmente têm uma avançada habilidade para relacionamentos, empatia e outras ferramentas da alfabetização emocional para cuidar de um menino. Os pais não só têm de construir uma ponte para o "outro mundo" dos sexos, como também geralmente iniciam essa tarefa sem desenvolver melhor o conjunto de ferramentas emocionais que tem para trabalhar. A luta dos homens com as questões do embotamento, desenvolvimento emocional, da intimidade e da expressão está bem-documentada e levanta algumas questões lógicas relativas à criação de uma menina.

Se acreditarmos que os meninos, tradicionalmente e até há bem pouco tempo, foram sistematicamente afastados das complexidades da consciência emocional, da empatia e da auto-expressão, e ensinados a ser homens estóicos – fortes e quietos – então faz sentido pensar no quanto essa população de homens adultos desafiados emocionalmente está equipada para se comprometer significativamente na relação com as meninas, a espécie mais complexa e ágil emocionalmente sobre a Terra. Se os homens geralmente ficam atrás das mulheres na curva da ligação e não praticam a intimidade e a conexão emocional com muita facilidade ou, em alguns casos, muito bem, como isso afeta a menina, que tende a se julgar de maneira importante, de acordo com essa mesma ligação pai–filha? Se os meninos e os homens são criados desde cedo a desacreditar, a desrespeitar ou a desconsiderar as mulheres (e esse continua sendo o tom das conversas dos meninos, mesmo hoje em dia), será que conseguem se livrar dessa repulsa às mulheres para verem sua filha de forma mais verdadeira? Em termos simples: vindo de uma história de tendências masculinas e de comportamentos aprendidos, será que o homem consegue moldar suas respostas à filha para apoiar um crescimento satisfatório e seu bem-estar?

## A Linha de Continuidade da Relação: Pais e Filhas

Todo pai é diferente no temperamento, na experiência de vida, nas expectativas e no estilo de criação de filhos. Contudo, podemos olhar a qualidade da relação com o passar do tempo e vermos sinais que sugerem um equilíbrio saudável ou uma necessidade de ajuste. Podemos voltar ao modelo da linha de continuidade da relação para ver onde pai e filha ficam:

---

Desconexão      Sinergia      Simbiose

Assim como a relação entre mães e filhas, parecendo mais fluida ou presa, se você encontrar seu lugar na linha, então poderá ter melhor compreensão de como sua relação *está*. A partir daí, poderá partir para pensamentos mais profundos sobre o porquê e se há motivos ou oportunidades para tentar mudar seu lugar na linha. As relações que conseguem ficar na região do meio são as mais saudáveis e refletem o dar e o receber recíprocos entre pai e filha.

## Sinergia na Relação Pai–Filha

Um grande meu amigo, que tem o que considero uma ligação sinérgica natural com sua filha de 15 anos, descreve a relação deles assim:

*"Como a primeira filha, adotada quando eu tinha 38 anos, ela deixou minha vida completa e muito feliz, embora bastante complicada. Sua energia parece muito com a minha – sempre gostamos de esquiar e de jogar tênis juntos. Ela conversa comigo sobre esportes e assistimos a programas de moda na TV, além de outros. Sua mãe é bem mais quieta e serena. Tem sido uma festa ter uma filha que joga futebol, fica acordada até tarde, joga hóquei no gelo e assiste a programas bobos na TV.*
*Adoro seu humor escrachado. Ela sempre me lembra de que não sou malandro e que não deveria fingir ser. Gosto das provocações e das brincadeiras que fazemos juntos...*
*Ela me mandou um e-mail no Dia dos Namorados e assinou como 'A filhinha do papai Jo-Jo'. Sei que estava sendo irônica, mas foi gostoso receber. Ela me prometeu que, se eu comprasse um carro para ela, mandaria fazer a placa com os dizeres 'Filhinha do Papai'. Suas tentativas evidentes de me manipular são divertidas, galanteadoras e às vezes bem-sucedidas. Não tenho esse tipo de relacionamento com mais ninguém na minha vida."*

Outro pai descreve como a própria experiência na infância afeta seu intencional comprometimento em construir uma relação de amor com sua filha de 6 anos:

*"Sou pai e nunca tive um relacionamento com meu pai. Ele era um homem brutal. Molestava suas filhas, abusava fisicamente dos filhos e era um criminoso – você não preferia não ter perguntado? Tenho uma relação extremamente próxima com minha esposa e filhos (o outro é um garoto de 14 anos). Fazemos muitas coisas juntos. Desenhamos, tocamos música, lemos histórias, jogamos videogame, jogamos no computador, andamos de bicicleta e conversamos.*
*Admito que me preocupo mais com minha filha porque acho que ela é mais vulnerável no mundo. Sempre respeitei as mulheres. Trabalho e sou casado com uma mulher que trabalha e é independente e gosto disso. Vou estimular minha filha a desenvolver suas habilidades e a ter uma carreira. Quero que ela seja capaz de cuidar de si mesma. Acho que ela é uma boa pessoa porque se esforça bastante, sempre tenta fazer o melhor, gosta de ajudar na casa e de estar com a família e os amigos. É meiga, interessada, divertida e talentosa."*

A relação sinérgica natural ou intencional desenvolve-se com o tempo e a comunicação constante e o vínculo formam a base da harmonia que continua, mesmo quando as circunstâncias são complicadas.

Uma amiga me contou sobre uma conversa entre seu marido, Allen, e sua filha, Anna, quando ela tinha 12 anos e ficou menstruada. Minha amiga ouviu o diálogo da sala deitada no sofá, porque não se sentia bem. Allen estava tentando ajudar filha a descobrir como usar uma nova tecnologia – um absorvente que tinha "asas". Ele ficou do outro lado da porta do banheiro, falando o que achava que ela devia fazer. Obviamente, nenhum dos dois tinha muita experiência na área, mas estavam resolvendo o problema juntos com a mesma troca de palavras ríspidas que sempre faziam nos momentos mais difíceis. Durante todo o tempo que durou a conversa na porta do banheiro, a filha dizia sem parar para ele deixá-la sozinha, embora continuasse lhe fazendo perguntas.

É raro para os pais serem considerados parceiros em conversas assim, em que a jovem filha está lutando com uma experiência tão íntima. Allen ter conseguido fazê-lo é evidência clara do tempo, da comunicação e da educação que dedicou a ela nos anos anteriores – a sinergia em ação e com o passar do tempo. Do contrário, não há como começar esse tipo de relação de vínculo durante a pré-adolescência. E este é um momento bastante crítico. Agüente firme! Mesmo quando a filha disser "Ah, pai!", com *aquele* tom, não deixe que ela se afaste demais. Às vezes, você vai precisar recuar um pouco no espaço, mas sempre retorne e continue conversando e fazendo coisas com ela (e, a propósito, as "asas" do absorvente *não* prendem nas pernas!).

## Temperamento, Personalidade e Compatibilidade

O temperamento, a personalidade e a compatibilidade são tão importantes no encaixe entre pais e filhos quanto entre mães e filhas, adicionando-se a diferença entre os sexos. Alguns homens têm consciência e sensibilidade com relação às próprias qualidades e aos padrões de expressão e de comportamento que refletem seu temperamento e personalidade. Para outros, incluindo muitos homens, o exercício da introspecção necessário para ajudá-los a reconhecer esses padrões neles mesmos, e depois nas suas filhas, é um desafio. Como um pai disse: "O que há para compreender? Não sou tão complicado assim. É a ela que não consigo entender". Para esses pais, geralmente existe o momento *puxa!*, quando reconhecem (às vezes pela primeira vez) os próprios padrões e a própria complexidade e vêem a personalidade e o temperamento das filhas com mais objetividade.

Até garotas menos intuitivas captam essa propensão a serem compatíveis com seus pais. A maioria das meninas consegue descrever o próprio tipo de personalidade, bem como o do seu pai.

"Meu pai é divertido, parecido comigo", diz uma menina da sexta série. "Gostamos de fazer as mesmas coisas, embora pareça esquisito, mas até gostamos das mesmas músicas. Meu pai é perfeito do jeito que é."

Embora personalidades e temperamentos parecidos possam mostrar maior compatibilidade, isso não é garantido, assim como estilos diferentes não condenam necessariamente um par ao conflito.

Denise, uma garota de 15 anos bastante concentrada, analítica, inflexível e ambiciosa, diz que seu pai e ela não são "nada parecidos" – e segue descrevendo, em termos depreciativos, um pai que é o oposto dela mesma. Denise e o pai discordam em *tudo*. Ele a acha teimosa, inflexível e não-cooperadora. Ela sente que tem direito às suas opiniões e está determinada a resistir ao que acredita ser esforços "para me transformar no clone dele".

Eileen, de 16 anos, é bastante extrovertida e se sai muito bem em artes performáticas. Seu pai é introvertido, quieto e prefere passar a noite lendo um livro a ficar na platéia, mas nunca perde as peças dela. "Ele é meu maior fã. É ótimo!", diz ela.

Elizabeth, que tem 17 anos, mostra em seu resumo uma serenidade que ouço de muitas garotas: "Adoro a maneira como meu pai sempre diz a coisa errada; mas, como ele é meu pai, isso sempre me deixa melhor. O fato de estar tentando ajudar me diz quanto ele me ama. Ele me dá conselhos em assuntos dos quais sei que não entende nada e, mesmo se não escuto o que ele tem a dizer, sei que está tentando me ajudar".

A capacidade e a vontade do pai de lidar com o cinza sob esse aspecto é essencial para conduzir a filha a uma relação mediana, na qual sua individualidade seja respeitada e a compatibilidade não seja definida como complacência. Às vezes, as adaptações são bem simples, como afirmou um pai:

"Converso muito mais com minha filha do que pensava conversar com qualquer outra pessoa sob condições normais, porque sei que é importante para ela – é seu estilo de aprendizagem".

## Simbiose e Desconexão: Armadilhas dos Sexos e Traições Emocionais

Com amplo acesso à educação, aos esportes, à política, aos cargos de liderança e ao sucesso profissional, uma enorme barreira histórica foi erguida entre pais e filhas, o que abre as portas para tremendas oportunidades de dividirem interesses e atividades que não eram possíveis a uma geração anterior. Ao mesmo tempo, esse fato levantou as estacas. Alguns pais investem demais no compromisso e no desempenho das filhas com o mundo. Hoje em dia, muitos pais têm as mesmas expectativas para as suas filhas que antes eram estereotipadas para os meninos. Querem que elas vençam nos esportes, entrem na melhor universidade, tenham sucesso nos negócios, no mundo profissional etc. E, embora as mães tenham problemas na simbiose com suas filhas, a questão central com as mães geralmente é a simbiose emocional. Para os pais, certamente ela é emocional em algum nível, mas a predisposição masculina para focalizar os objetivos traduz essa simbiose em um empurrão para a realização de suas filhas.

Pais e filhas podem discordar francamente em muitas coisas e ser completamente diferentes em termos de personalidade e de temperamento, mas, ainda assim, podem apreciar uma relação próxima e de amor. A desconexão entre pai e filha indica apenas uma ligação ausente, fracassada ou seriamente falha. Em alguns casos, especialmente se a garota sofreu abuso físico, sexual ou emocional, pode ser irreconciliável. Contudo, na maior parte, os níveis de desconexão são menos extremos e, assim como a simbiose, geralmente surgem de suposições e de atitudes machistas impensadas, abertas à mudança.

## A Armadilha da Proteção: Do Cuidado ao Controle

Muitos pais querem proteger as filhas. São muito claros nesse ponto e falam de seus sentimentos com orgulho:

*"Quero protegê-la e cuidar dela."*

*"Quero sustentá-la."*

*"Quero ter a certeza de que ela vai se sair bem na vida."*

Esses pensamentos são de cuidado e de amor. Contudo, o desejo que o pai tem de proteger sua filha ou de se certificar de que ela é forte o suficiente para lidar com o mundo pode ser traduzido como um comportamento controlador, crítico ou rígido. Ou as filhas geralmente o interpretam dessa maneira.

"Sempre que quero fazer algo, não importa o que seja, ele sempre, sempre me diz as cinco coisas que podem dar errado e por que é melhor eu não fazê-lo nesse momento", diz uma garota no último ano do ensino médio. "Ele só quer que eu faça as coisas que *ele* acha importantes ou 'apropriadas' para mim."

"Meu pai sempre deixou claro que ele era o perito na minha vida, embora não soubesse absolutamente nada do que era importante para mim", disse Val, que tem 52 anos. "Eu não via a hora de sair de casa, e, quando o fiz, nos demos muito melhor, com cerca de três mil quilômetros entre nós."

Certa mãe, com marido e filha, conclui:

*"Os pais tendem a ser superprotetores com as filhas, o que talvez seja uma função da sociedade. Os homens devem ser protetores e as mulheres devem pedir a proteção deles. Quanto mais velha e bonita sua filha fica, mais protetor fica o pai. Talvez seja porque ele sabe o que pode acontecer quando os meninos e as meninas entram na puberdade! Penso que, se um pai é superprotetor, pode forçar sua filha a reagir, correndo perigosos riscos e afligindo-se com critérios superficiais. Acho que pais e filhas podem ser bem próximos, desde que a 'coleira' do pai na filha não seja sufocante."*

A garota pode encontrar um meio de se livrar de um pai superprotetor ou controlador, seja por meio do conflito, da rebelião ou pela distância geográfica. Se não encontrar, sua vida superprotegida vai eventualmente impor conseqüências mais sérias em sua vulnerabilidade, em uma sociedade em que as mulheres não são mais uma espécie protegida.

## A Armadilha da Focalização nos Objetivos: Da Motivação à Dominação

Ir bem, conquistar e vencer são palavras-chave no vocabulário da maioria dos pais. Carregam significado potencial para ser mensagens de motivação positiva para as filhas, como se evidencia pela influência dos pais citados por mulheres bem-sucedidas. Mas cutucando um pouquinho, também foram citadas certa tristeza, raiva e/ou frieza restantes em muitas dessas mesmas mulheres. O que parece ser um comentário levemente crítico ou competitivo do pai, cuja intenção foi construtiva e positiva, é geralmente ouvido pela filha como negativo e excessivamente crítico. Além disso, quando o pai está tão concentrado em motivar ou ensinar que o momento gira em torno dos próprios objetivos e não da experiência de sua filha, seu emaranhamento diminui qualquer efeito positivo da lição que ele ensina em casa.

Regan, uma garota do ensino médio, conversou comigo sobre o comportamento de seu pai assistindo ao seu jogo de hóquei. Descreveu quanto seu pai ficou bravo quando ela passou a bola para sua amiga tentar fazer o gol em vez de tentar marcá-lo. Seu pai reclamou que era, infelizmente, típico dela preocupar-se mais com a amiga do que vencer ou ser uma jogadora agressiva, e que ela não teria sucesso na vida se continuasse fazendo "essas escolhas emotivas". Regan ficou tão chateada que não conseguiu dizer nada ao pai.

Quando conversamos, ela tinha clara consciência do que a aborreceu mais. Pensou que seu pai deveria ter perguntado por que ela decidiu passar a bola e então eles conversariam sobre o assunto. O julgamento imediato dele sobre sua motivação e seus sentimentos deixou claro que ele não queria conversar; só queria dizer o que achava que ela devia fazer para ser bem-sucedida e vitoriosa na vida.

Não são necessários muitos desses comentários para romper a comunicação. E é difícil para um pai saber por que geralmente sua filha liga tanto para a opinião dele que, embora veja o próprio lado da história, também tenta mudar seu padrão de comportamento na oportunidade seguinte para ser bem-sucedida da maneira *dele*. Ou ela pode simplesmente parar de ouvir e se tornar uma filha revoltada que faz coisas propositadamente para irritar o pai. Nos dois extremos da linha, a relação entre eles sofre e a sobreposição desses momentos cruciais entre o pai e a filha vai contra os melhores interesses dela.

## Pais Ausentes e Distantes

O estereótipo clássico do pai que vai trabalhar, volta tarde para casa, fica pouco tempo com os filhos, não os conhece de verdade e raramente trocou uma fralda não tem mais a mesma aceitação social que tinha antes, mas ainda é, infelizmente, a história de muitas famílias. Enquanto isso, a versão contemporânea, recente, do pai ausente assume a posição de "pai envolvido", mas que cronicamente fica em falta, quando se trata de cumprir essa promessa.

Vejo a profunda mágoa e o sentimento de traição que as meninas têm quando os pais não demonstram interesse por suas vidas ou quando não são de confiança ou esquecidos no que diz respeito ao comprometimento emocional e à vulnerabilidade que a menina leva para a relação. Vi garotas cujos pais entram de mansinho no auditório nos últimos minutos do concerto ou da peça de teatro e estão tecnicamente lá, mas não a tempo de ver sua filha brilhando. Ou aqueles que vão, mas deixam claro que seu horário lotado mal aceita a imposição de ir; são apressados, querem logo ir embora e ficam impacientes com as expectativas colocadas sobre seu tempo ou atenção.

A menos que os dois tenham desenvolvido maneiras especiais de ficarem juntos além do tempo comum, a constante ausência ou atraso do pai é significativo para a menina. A quinta vez que ele perde um jogo ou não vai à apresentação do teatro, causa uma mágoa enorme que as meninas não "superam". Elas podem ficar tristes, desencorajadas, autocríticas, bravas, indiferentes, mas é certo que sentirão algo com relação a essa atitude.

"Eu queria que ele morresse", disse uma menina de 9 anos, cujos pais estão se divorciando. Ela sente como uma traição familiar e pessoal os casos extraconjugais do pai, sua maneira ríspida de tratar a mãe e seu rastro de promessas não-cumpridas para ficar um tempo com ela. "Ele age como se estivesse muito triste com a forma que as coisas estão se resolvendo, mas acho que ele mente bastante."

Outra menina, de 11 anos, expressa sua saudade pelo pai sempre ocupado desejando que seus pais se separassem, como muitos pais de amigas suas. "Pelo menos elas vão ao cinema e fazem coisas com os pais nos fins de semana – é mais do que eu consigo! Meu pai está sempre ocupado ou cansado demais."

As pesquisas sobre o efeito dessa ampla variedade de pais ausentes com suas filhas ficam infelizmente atrás da taxa de divórcio e das tendências do trabalho que fazem desse estilo de pai uma realidade para muitas meninas. Se formos falar o que sabemos, é o seguinte:

A sobreposição da consciência dos sexos, da interação e de outras experiências inerentes a uma relação pai–filha engajada é comprometida pela ausência ou desatenção crônica do pai. Quando o pai é emocionalmente ausente ou distante, por qualquer razão, a menina perde a oportunidade de ter um efeito cumulativo positivo de experiências nessa relação. A própria distância emocional pode estar sendo absorvida, avaliada não só pela perda de uma história significativa e satisfatória entre pai e filha, como também pela diminuição de sua habilidade para se relacionar com outros homens na vida ou ter intimidade emocional.

"Meu pai não estava muito por perto", disse Lynne, com 40 e poucos anos. "Seu sacrifício no trabalho nos permitiu ter oportunidades incríveis. Não compreendo direito o equilíbrio de aceitar a riqueza econômica por meio da exclusão de uma relação com ele na infância. O ressentimento e o agradecimento se misturam na idade adulta."

## Pender para o Filho: A Menina Como Cidadã de Segunda Classe na Terra do Pai

Chamo a essa situação de Síndrome da China. Nesse país, a antiga tradição de passar o nome e as posses da família de uma geração à outra somente pelos filhos homens, combinada com o decreto político mais recente do casal ter apenas um filho, significava que cultural e historicamente o nome e o orgulho da família eram levados pelo filho. Se a família não tivesse um herdeiro masculino, era problemática. Não que não gostassem de meninas; simplesmente *não* eram capazes de ter um menino. As conseqüências eram devastadoras para as garotas, obviamente, levando ao abandono ou ao infanticídio de bebês do sexo feminino.

Na vida americana contemporânea, e especialmente no cenário da relação pai–filha, a Síndrome da China aparece quando o pai, conscientemente ou não, investe com mais força na relação com o filho. Sua filha recebe o status de segunda classe. E sabe disso.

Mia estava na oitava série, quando conversou comigo sobre o fato de seu irmão ser o favorito do pai. O menino, no ensino médio, tinha talento para o basquete e o pai queria fazer todo o possível para promover e desenvolver o interesse do filho. A família estava bem financeiramente e todo ano pai e filho tiravam uma semana para viajar pelo país durante a temporada de basquete, indo aos melhores jogos profissionais e universitários. O pai não fazia esse esforço para ficar um tempo sozinho com sua filha. Conseqüentemente, a mãe decidiu equilibrar as coisas, usando essa semana para criar um tempo especial de mãe e filha. Embora Mia gostasse do tempo com sua mãe, também o vivenciava como um prêmio de consolação. Ela sabia que, aos olhos do pai e da família, ela sempre estaria em segundo lugar.

"Não é que meu pai não me ame", disse ela, "simplesmente não é a mesma coisa."

## Quando os Pais Morrem: O Legado Oculto da Perda

A relação pai–filha é crítica em muitas fases da experiência de vida da menina. Freud descreveu essa relação em termos de sugestões sexuais, mas, sendo você freudiano ou não, a relação pai–filha é claramente o terreno de aprendizagem e de prática da menina para compreender e se relacionar com outros homens. A literatura sobre filhas cujos pais morreram ou deixaram suas vidas em algum momento antes da adolescência mostra os déficits a curto e a longo prazo que as meninas enfrentam para compreender e se relacionar com homens. Esse assunto é bastante familiar para mim, já que meu pai morreu quando eu tinha 14 anos, uma idade terrível para uma garota perder seu pai, bem no início de um relacionamento diferente com os homens. Posso dizer que esse fato existente entre a forma de o pai e a mãe responderem tira uma das grandes possibilidades de ver como um homem responde às suas palavras e ações. O contraste também é muito elucidativo para a garota, mesmo que não seja em nível consciente. Embora amasse muito meu irmão e certamente estando familiarizada com o som e a energia masculina distintos que ele e seus amigos traziam à minha casa, aquilo não era, de maneira nenhuma, uma presença masculina madura, uma opinião madura ou um solo de treinamento típico que um pai pode fornecer à filha.

A perda do pai enche o reservatório de dor da menina e de alguma forma se generaliza nas tentativas de intimidade com os homens. Lembro-me com clareza de que esperei muito tempo até deixar algum garoto ficar emocionalmente íntimo comigo. Namorar e gostar superficialmente não eram problema; nós, mulheres, somos boas nesse jogo! É o caminho para abrir o coração e a alma que pode ser desviado pela morte do pai. Então é lógico que não ter a figura paterna em casa deixa um vazio no efeito que essa relação pode prover e isso está documentado de alguma forma pelos depoimentos relatados e amplamente teorizados por psicólogos e psiquiatras. Por essa razão, sempre estimulo as mães solteiras a procurarem modelos masculinos carinhosos e de confiança – um tio, um vizinho, um amigo – para estarem por perto a fim de que a menina absorva algum conhecimento e sabedoria dessa outra metade da espécie.

Lembra da história da Pandora e da cerca da fazenda que ela consertou? Foi seu padrasto quem criou o clima "pode-fazer" no seu relacionamento. Sua história salienta o fato de que, não importa se a figura paterna é o pai biológico da menina, o pai adotivo, o padrasto, o tio, o avô, um professor ou um amigo da família, um bom homem como esse pode ser uma influência muito importante e fortemente positiva na vida da menina. Embora não tenhamos pesquisas para explicar, fica claro que existe algo diferente e único a respeito do impacto do pai sobre a filha que não pode ser reproduzido pela mãe, o que não indica que mães solteiras sejam inadequadas, mas sim que é benéfico trazer uma presença masculina positiva vinda da família ou dos amigos para perto da filha. O acontecimento crucial da perda do pai, ou a ausência dele pelo divórcio ou pela distância emocional, não pode ser apagado, mas pode ser equilibrado por relações normais e de carinho com outros homens "paternais".

## Mães no Meio: Interface ou Obstáculo?

Tudo está relacionado em como a mãe se envolve ou não nas questões da relação entre pai e filha. Se um pai tende a não ser ligado, ela deve arrastá-lo para a sinergia? Se ele é muito simbiótico, ela deve ajudá-lo a enxergar o fato e a parar? Minha primeira resposta é que cada um dos pais tem a responsabilidade intrínseca de serem pais, de tornar o ambiente da filha o mais saudável possível. Então, evidentemente a resposta é que a mãe deve tentar deixar o ambiente de sua filha o mais saudável possível e uma relação pai–filha saudável é o componente-chave para esse ambiente.

É papel da mãe fazer sugestões não-solicitadas? Sim, às vezes. Você sabe alguma coisa sobre as meninas e sobre ser filha e sabe alguma coisa sobre os pais, sobre seu marido e sobre homens. Vocês estão todos do mesmo lado; não há o porquê de não compartilhar conhecimentos. Mas não banque a perita. Simplesmente pergunte a si mesma: se as coisas fossem ao contrário e meu marido achasse que a minha relação com a nossa filha precisasse de uns "ajustes", como eu me sentiria e qual seria a melhor maneira para ele abordar o assunto?

Além disso, a mãe tem que escolher cuidadosamente suas condições de comprometimento no esforço de reparar ou reforçar a relação pai–filha. Na maioria das situações, é melhor deixar os dois decidirem à própria maneira, mesmo que exija alguma luta – somente assim a aprendizagem chegará a eles. É fácil demais para as mães hábeis em relacionamentos se tornarem intérpretes, mediadoras, colocadoras de panos quentes, e sei lá o quê, em período integral. Mas, se você for constantemente a "mãe-no-meio", diminuirá a necessidade de pai e filha se comunicarem e de cooperarem, cuja conseqüência será o arrefecimento da relação que você queria ajudar.

Certa mãe me disse ter descoberto que era mais bem-sucedida ao estimular a comunicação entre a filha e o marido quando ela se recusava a fazê-lo. Embora ajude com interpretações de tempos em tempos, a mãe toma o cuidado de não interpretar um para o outro, e sua resposta mais usada e útil para ambos é: "Parece que você precisa conversar com ele/ela e dizer a ele/ela o que sabe e como se sente. Tenho certeza de que vocês dois podem resolver o problema".

Se os padrões de interação entre pai e filha os estão levando para caminhos improdutivos, fazer juntos uma breve terapia pode ser a maneira ideal de conseguir melhor compreensão e aumentar a habilidade de comunicação entre eles.

## Alterando os Limites: Hormônios, Abraços e Outras Bases Corporais

Todos os anos dou palestras somente para pais. A uma delas chamei simplesmente de "Conversa sobre Hormônios", direcionada para pais de garotas prestes a embarcarem no estágio do desenvolvimento geralmente marcado pela menarca. Costuma ser o momento em que as garotas estão mais voláteis emocionalmente e mais sensíveis ao mundo em geral e ao subconjunto conhecido como pais, em especial.

Um pai falou de uma preocupação sua logo no começo:

"Não sei se ela liga tanto para mim agora que está crescendo. Talvez não se veja mais como, a minha garotinha e acho que tenho de me acostumar a esse fato. Antes, eu costumava abraçá-la bem forte; agora, ela meio que se encolhe quando faço isso."

Outro falou como "tudo mudou" quando, em apenas poucos meses, "ela deixou de ter um corpo de menina e passou a ter um corpo de mulher e esqueceu a necessidade de se vestir com roupas discretas".

Diversos pais disseram que, conforme as filhas ficavam com o corpo mais feminino, envergonhavam-se de demonstrar fisicamente expressões comuns de afeto, que antes eram naturais.

A maioria dos pais tem a oportunidade de vivenciar essa difícil mudança na dança entre pai e filha.

Fui visitar uns amigos que têm uma filha pré-adolescente. O pai, muito amoroso, estava sentado ao lado dela no sofá e distraidamente coçava suas costas, enquanto falava. Ela se sacudiu e disse: "Pai!", levantou-se e foi ler em outra sala. Seu pai olhou para ela com uma expressão magoada e confusa. Pode ser que ela estivesse preocupada com seu recente sutiã ou que tivesse começado a ver toques masculinos, mesmo do seu pai, de maneira diferente, agora que seu corpo estava amadurecendo. As duas possibilidades são respostas e pensamentos bastante representativos de garotas nessa idade.

Como essa é uma conversa que você nunca vai ouvir entre pai e filha, é importante apontar algumas bases corporais que eliminam a confusão e clareiam a necessidade de a garota ter uma interação física com um pai amoroso.

Quanto aos abraços: quando as meninas estão começando a ter seios, seu peito é sensível, sua consciência corporal é total e sensibilidade ao contato homem–mulher está de prontidão; então, os abraços podem ser desconfortáveis em todos os níveis possíveis. Para as garotas cujos pais abraçam com força, pode ser um problema. Muitas garotas arqueiam os ombros para reduzir o contato. Outras saem de perto ou dão uma resposta ríspida para transmitir a mensagem "tire a mão".

Tudo isso mostra claramente a importância do vínculo e do cuidado desde cedo entre pai e filha. Dessa forma, quando a fase de afastamento começa, os dois têm uma base de intimidade emocional que preenche a lacuna até que ela novamente esteja pronta para abraços, o que geralmente ocorre a tempo da formatura do ensino médio.

Seja qual for o problema da garota no dia – cabelo, pele, maquiagem, postura, roupas, peso, aparência, unhas das mãos ou dos pés, mudanças de humor, menstruação, cólicas, desenvolvimento físico, pêlos do corpo, depilar-se, namorar, sexo ou sexualidade (esqueci alguma coisa?) –, qualquer pai com mente curiosa sobre o bem-estar da filha é aconselhado a sempre usar a estratégia da comunicação indireta: consiga um resumo preliminar com uma mulher de confiança, preferivelmente a mãe. A comunicação direta é geralmente a ação profissionalmente recomendada, mas nem sempre com uma garota cheia de hormônios e seu pai, porque esse pode ser um período sensível para ambos.

Por que a comunicação direta não é uma boa idéia nesse período? Porque, durante a fase de desenvolvimento físico, a comunicação direta pode freqüentemente impulsionar a garota para longe do pai, se não for bem articulada. O pai que faz um comentário provocador a respeito dos seios da filha – ou "peitinhos" – é condenado a um período de frieza por ela. Às vezes, até mesmo uma pergunta bem-intencionada sobre suas cólicas pode fazê-la disparar para o quarto. Esse já é um período difícil o suficiente para a garota lidar e pensar sobre si mesma sem ter de lidar com outros problemas, nesse caso o pai, que trazem questões corporais diretas.

Especialmente a respeito da aparência, tudo que sabemos sobre os efeitos negativos que os comentários do pai podem ter sobre a imagem corporal e a auto-estima da garota se resume ao seguinte: se você não pode dizer algo útil, não diga absolutamente nada. Ed, um pai com 30 e poucos anos, transformou as refeições em execuções de comandos para suas duas filhas, desde que eram pequenas. Vigiava atentamente o que e quanto comiam, e se elas pedissem mais, ele lhes lembrava, às vezes em tom de piada: "Você não quer ficar gorda"; ou criticava se achasse que elas estavam "engordando um pouquinho demais". Nenhuma das meninas estava remotamente com o peso acima do normal. Quando a garota mais velha estava no começo da adolescência, seu peso não era mais um problema: ela estava anoréxica e teve de ser hospitalizada. A mais nova ficou muito constrangida com a aparência dela e preocupava-se constantemente em ser agradável com o pai de toda maneira possível; entretanto começou a esconder comida em casa e a estender seus passeios com as amigas para poder comer na casa delas.

## Humor e Abraços Decodificados

Uma palavra sobre o humor: cuidado! Os pais geralmente usam o humor para lidar com situações desconfortáveis e os homens em geral acham o humor a respeito do corpo bastante divertido, de uma maneira que pode exasperar uma mulher e *torturar* uma garota. Mesmo a filha que foi agraciada com "as piadas bobas do papai" por toda a vida não vai ver nada engraçado nos comentários despreocupados sobre seu corpo e sobre si mesma. Na verdade, nunca existe um bom momento para provocar uma garota com sua aparência, a menos que seja Dia das Bruxas.

Basicamente, a comunicação direta e passar um tempo juntos deveria continuar sendo parte integral da relação pai–filha. Durante esse período em que ela está formando seus conceitos sobre os homens e decidindo qual é seu valor para os homens, a ênfase do pai é bastante importante. O pai que gosta de abraçar começou a se afastar fisicamente da filha porque pensou que era o que ela queria. Mas essa atitude também levou a um sentimento de distância generalizada na percepção dos dois. Ela ainda precisa do vínculo físico, mas com leves ajustes para que compreenda que o pai respeita sua transformação de menina para mulher. Nesse caso, eu disse ao pai quanto era importante continuar a abraçá-la e a importância dessa ligação tanto de modo literal como figurativamente. Mas depois também conversamos sobre como usar mais o "abraço leve" que não esmaga o peito da garota e lhe dá algum espaço para seu corpo e sua psique sensíveis. Talvez essa seja uma metáfora clara para a relação entre pai e filha, conforme ela vai amadurecendo: dê a ela um pouco mais de espaço, mas não a solte!

## Mantendo-se Vinculado: O Tempo é a Essência

Certamente existe um número cada vez maior de exceções, mas, gostando ou não, são os pais que geralmente passam a maior parte do tempo fora de casa e fora da esfera de influência sobre suas filhas. A falta de tempo das mães e das famílias está aumentando, mas ainda assim as mães, no geral, passam um tempo bem mais significativo com os filhos. E o *tempo* – quantidade e qualidade – é o ingrediente mais importante na preparação desse precioso strudel do que qualquer outra contribuição dos pais ao desenvolvimento da criança. Você simplesmente não consegue ter um tempo com qualidade com sua filha a menos que tenha colocado a quantidade de tempo necessária para estar realmente vinculado a ela.

Nicky Marone, em seu livro *How to Father a Successful Daughter*, usa a palavra *ênfase* para se referir ao pai passar tempo suficiente com a filha e vice-versa, para que realmente se conheçam e a relação se torne proeminente. Às vezes, vocês só precisam ficar juntos o tempo suficiente no mesmo lugar para entender as nuanças de cada um.

Esse fato me veio com força à mente um dia, na escola, durante a triagem para a admissão no nosso novo centro infantil. Um pai trouxe a filha para ser entrevistada no domingo pela manhã. Enquanto ela brincava com outras crianças, pedi a ele para preencher um questionário sobre a filha que continha perguntas sobre etapas do desenvolvimento, tais como quando ela falou a primeira palavra, o que fazia durante o dia, que talentos especiais tinha, e assim por diante. Ele olhou para o questionário, depois para mim, como se eu fosse louca. "Não posso responder a essas perguntas. Não fico lá o suficiente para saber as respostas". Sem me desculpar e com grande compreensão e respeito pelo fardo que os pais podem encontrar no trabalho, deixem-me dizer que *isso é um problema*.

Fazer escolhas e sacrifícios para estar e fazer coisas junto com a família e como um par pai–filha é necessário para ser um pai responsável e ativo. Não há substituto para um tempo suficiente juntos. Os pais, cujos comentários nas primeiras páginas descreviam relações prósperas com suas filhas, são homens ocupados e trabalhadores que sofrem para arrumar tempo para se dedicarem à família e para estarem sozinhos com cada um dos filhos.

Meu pai nunca soube disso, mas uma das lembranças de que mais gosto em nossa relação é de quando ele levava meu irmão e eu para trabalhar com ele aos sábados. Ele ia verificar algumas coisas ou terminar uma pequena tarefa e implorávamos para ir com ele. Quando chegávamos, ele abria o armário dos materiais de escritório e dizia que podíamos escolher qualquer coisa. Esses dias foram mais importantes do que grandes presentes de aniversário ou sorvetes de creme de casquinha na sorveteria do bairro.

"O pai ideal", disse Karen, do último ano do ensino médio, "é compreensivo, tem senso de humor e está sempre por perto quando se precisa, mas não é intrometido. É um ombro amigo, ama francamente a esposa, é um bom exemplo e sempre leva você a fazer o seu melhor, mas não exageradamente. Ele deixa você ser você mesma e ama você pelo que é, incondicionalmente. O que mais amo no meu pai é saber que ele sempre vai me amar, não importa o que aconteça. E adoro seu senso de humor hilariante. Se eu pudesse mudar alguma coisa, gostaria que ele estivesse por perto com mais freqüência. Fora isso, ele compreende o que quero. As outras coisas de garota não são para os pais compreenderem mesmo."

### Pérolas para os Pais e Pérolas para as Garotas

- Desenvolva rituais e uma linguagem com sua filha que mostrem que sua relação é especial. Mantenha-os durante a infância e não fique confuso naqueles estágios em que as meninas afirmam que seus pais não as compreendem. É como disse um pai: "Bem, há momentos em que elas pensam que as mães também não as compreendem!"
- Ouça. Assuma que existe mais do que você consegue escutar e que nem sempre você entende, mesmo quando acha que entende.
- Mostre interesse pela vida dela, participe e faça coisas com ela, mesmo quando são simples.
- Encontre maneiras para que sua filha saiba que você gosta dela e a ama.
- Estabeleça regras e limites que você e sua esposa/companheira/parceira consigam seguir de modo parecido.
- Esteja por perto. Passe tanto tempo com sua filha quanto possível durante todos os estágios da vida dela. Sua influência é imensurável.
- Substitua muitos dos comentários do tipo "Você está bonita" ou "Você está bem" por outros, como: "Adorei o desenho que vi na geladeira ontem à noite" ou "Fica bonito usar o boné com o rabo de cavalo pelo buraco de trás".
- Pelo menos uma vez por mês, diga: "Nós não temos ficado muito juntos ultimamente; o que você quer fazer neste fim de semana?"
- Pergunte: "Tem alguma atividade em que você gostaria que eu estivesse junto este mês? Quero ter certeza de que isso vai ser possível".

CAPÍTULO 7

# As Ilhas Galápagos do Desenvolvimento Social nas Garotas

*"O maior desafio na escola provavelmente seja fazer amigos logo no começo. Se você os faz logo de cara, está dentro; se demora um pouco, está fora."*

— Annie, 13 anos

Meu dia começou com um tumulto no parquinho, que eu podia ver da janela do meu escritório. Uma menina estava chorando, duas estavam tentando consolá-la, algumas olhavam confusas, mas a maioria estava do outro lado do parquinho formando uma multidão que cercava algumas meninas que falavam em tons agressivos sobre a que estava chorando.

"Ela fez de propósito!", resmungou uma menina, segurando seus dedos.

Outra garota disse: "É, ela é ruim!"

"Ih, aí vem a Dra. Deak! Ela vai nos fazer pedir desculpas e nos dizer que temos de ser amigas. Mas eu *não quero* ser amiga *dela*!"

A seguir, veio uma reunião com certa mãe que estava preocupada com a falta de pulso firme de sua filha. Acho que ela acabara de assistir ao filme *Magnólias*. "Georgia simplesmente deixa suas amigas decidirem o que vai fazer no fim de semana. Ela nunca tem idéias próprias ou toma a iniciativa para fazer *qualquer coisa*. Acho que escolheu mal as amigas, porque são muito insistentes e exigentes. Ela está se transformando em uma fraca!"

Fui para o refeitório e me juntei aos professores do ensino médio, longe das garotas. "O que vamos fazer sobre essa questão?" Foram as primeiras palavras que ouvi, assim que pus a bandeja sobre a mesa. "Não importa quanto a gente diga que precisam fazer a lição sozinhos, todas as manhãs eles estão no corredor se ajudando! Temos que bolar um plano que funcione, em vez de avisá-los o tempo todo."

Eu sorri, disse que esqueci uma coisa, peguei minha bandeja e fui me sentar com as garotas do ensino médio. Em uma determinada mesa, elas pareciam estar tendo uma conversa interessante, então me sentei. Elas estavam envolvidas demais para interromper a conversa.

"Bem, o que vocês vão vestir no Dia da Troca?", disse uma garota.

Dia da Troca era o dia em que os garotos de uma escola masculina vizinha visitavam a escola das meninas e as nossas garotas visitavam a escola deles. Duas garotas começaram a discutir sobre os prós e os contras de usar top, embora ainda estivesse um pouco frio em maio. Outras duas falaram que seria melhor usar blusas com cores fortes. Outra disse que tinha certeza de que os garotos gostavam de meninas que usassem jeans e camiseta. Duas outras garotas, claramente não tão sofisticadas, simplesmente estavam lá, meio sem graça porque não tinham nada a dizer, ou, pareceu-me, se dissessem alguma coisa, seria errado ou fora de hora e as outras simplesmente iriam olhar para elas como se fossem de Marte.

Caminhando pelo corredor depois do almoço, uma professora me parou e perguntou se eu poderia conversar com ela a respeito de uma de suas alunas. Ela era professora da quinta série. "Quero ajudar Jenny em suas escolhas. Ela é amiga de uma garota em uma semana e de outra na semana seguinte. E tem sido assim por todo o ano. Ela parece não saber fazer escolhas e mantê-las."

De volta à minha sala, Marjorie, da quinta série, estava esperando por mim.

"Tem algo errado comigo, Dra. Deak". Ela parecia estar bem e eu sabia que ela era inteligente, meiga e de um modo geral uma boa garota. "*Todo mundo* na minha sala tem uma melhor amiga, menos eu. E elas só fazem conversar umas com as outras o tempo todo, na escola e pelo telefone, à noite. Eu não tenho uma melhor amiga!"

Perguntei se ela estava sendo ignorada, isolada ou se estava sem amigas. Disse que não, que muitas garotas ficam com ela no intervalo, ligam para ela à noite ou conversam com ela durante o período da escola. "Mas não tem ninguém especial para mim e deveria haver."

Tudo bem, eu confesso, nem todas essas coisas aconteceram no mesmo dia. Mas, todos os dias, muitos desses temas apareciam de um jeito ou de outro. Sinto-me como a irmã gêmea de Darwin, por ter o privilégio de estar acampada nesta ilha de garotas, poder testemunhar e ser até certo ponto uma companheira na luta de cada menina neste clima social ora brutal, ora calmo. A sobrevivência do mais adaptado também era o processo decisivo aqui, nestas Ilhas Galápagos do desenvolvimento social da mulher. Entretanto, as mais adaptadas, nesse caso, não eram necessariamente as maiores, mais rápidas ou mais inteligentes, como as notas avaliavam. Eram as garotas mais capazes de formar vínculos, de criar relações, de expandir suas habilidades sociais e de manter-se resilientes quando as tempestades afetam seu ambiente social ou abalam a estrutura das amizades mais íntimas. Tudo que sabemos sobre a vida adulta saudável aponta para esses anos de desenvolvimento social como um forte prognóstico do sucesso.

De acordo com a opinião profissional geral, somos, em grande maioria, animais sociais. Mas esse vínculo entre as pessoas não é referente apenas ao coração. Willard Hartup, um dos pesquisadores mais conhecidos no campo dos relacionamentos a dois, resume os efeitos críticos da interação social desde a infância, dizendo:

*"De fato, o melhor prognóstico da infância para a adaptação adulta não é o QI, não são as notas nem o comportamento em sala de aula, mas sim a adequação com que a criança se relaciona com outras crianças".*

Em termos simples, um determinante-chave para nosso sucesso e felicidade futuros na vida é a maneira como interagimos com as pessoas, determinando o curso de muitas de nossas amizades e relações, tanto a curto como a longo prazo.

## O Que os Pais Vêem e com o Que se Preocupam

Assim como ocorre com as tartarugas gigantes das Galápagos que atraem a atenção dos visitantes às ilhas, a amizade tende a ser o foco universal, a característica mais visível e audível no cenário social da garota. A maioria dos pais tem a sensação clara da importância das amizades na vida de seus filhos, tanto no dia a dia como no prognóstico para a competência futura. É provavelmente por esse motivo que os pais se preocupam tanto se as coisas não estão tranqüilas nesse ponto. Também nos faz mal ver nossa filha ou aluna sozinha ou lutando com questões sociais, especialmente quando uma amizade está em risco.

Como administradora ou psicóloga escolar em muitas instituições, grande parte das minhas conferências com pais preocupados foi sobre as questões sociais em detrimento de questões acadêmicas ou disciplinares. Mas o fato é que trabalhei em escolas de meninas por muito tempo! O que a maioria dos pais e das garotas ficou aliviada ao saber foi que os problemas com as amizades não eram sinal de fracasso social, mas um vislumbre do seu desenvolvimento social em andamento.

As tartarugas gigantes das Galápagos são apenas uma de muitas espécies da vida animal nas ilhas; juntas, elas criam uma comunidade selvagem, um ambiente onde cada membro pode prosperar e contribuir para o equilíbrio que as mantêm. No cenário social, a amizade é apenas uma das faces do desenvolvimento e, embora seja um aspecto-chave, nossas garotas passam melhor, e nós também, se entendemos a amizade como parte do processo de aprendizagem mais amplo e do propósito do desenvolvimento social.

## Nós Somos Amigas: A Intensidade da Relação é "Coisa de Garota"

Quando falo em reuniões de pais e professores por todo o mundo, sempre me pedem para apresentar "o lado da história das garotas", enquanto outro profissional fala das questões nos termos dos meninos. Em muitas ocasiões, meu parceiro nesse programa sobre a rivalidade cordial entre os sexos é Michael Thompson, psicólogo e co-autor do livro *Raising Cain* (Criando Caim) e de diversos livros bastante respeitados sobre a vida emocional do menino e a vida social das crianças. Michael e eu mantemos debate constante sobre o assunto "amizade e sexos". Ele afirma que as amizades são tão importantes para os garotos quanto para as garotas. Nos últimos anos, os incidentes dos assassinatos nas escolas e o reconhecimento do ódio que os meninos sentem – e às vezes passam para a ação – por estarem exilados certamente atestam essa afirmação.

Vejo isso de maneira diferente – mas trabalhei predominantemente com garotas por muito tempo! Vejo os padrões, a maneira como a maioria das garotas se compromete com as relações sociais com o fervor e a intensidade que a maioria dos garotos economiza para os esportes ou os jogos de computador. Vejo toda a evidência biológica e sociológica, que explorei nos capítulos anteriores, apontarem inegavelmente para a grande necessidade de vínculos por parte das mulheres. Penso na literatura, incluindo *Uma Voz Diferente – Psicologia da Diferença entre Homens e Mulheres da Infância à Idade Adulta*, de Carol Gilligan, e *O Resgate de Ofélia – O drama da Adolescente no Mundo Moderno*, de Mary Pipher, que claramente ressaltam a intensidade e o impacto exclusivo das amizades para as garotas.

Sei que o debate entre os sexos é estimulante e importante, mas o que quero aqui não é discutir se a amizade é mais importante na vida das mulheres ou dos homens. O ponto de acordo parece ser que as amizades são muito importantes para ambos os sexos. Mas elas também parecem seguir padrões de desenvolvimento distintos e acabam sendo diferentes para cada sexo. Se você observar as garotas e os garotos em ação, perceberá nitidamente as diferenças de comportamento..

Em geral:

- As garotas conversam mais entre si; os garotos fazem mais atividades juntos
- As garotas lidam com os conflitos de maneira menos direta do que os garotos
- As garotas parecem demonstrar mais emoções em suas relações
- Os garotos parecem demonstrar mais contato físico em suas relações

Essa é uma breve lista para mostrar que o desenvolvimento social e as amizades das garotas e dos garotos efetivamente são diferentes em muitos aspectos. Conforme explorarmos o desenvolvimento social, neste Capítulo, vamos nos manter firmes no mundo das meninas. A menos que seja fundamental, o lado masculino da história não será retratado.

## Guia dos Estágios de Desenvolvimento Social no Mundo Feminino

Como a maioria das demais características humanas, as amizades e a interação social seguem certo padrão de desenvolvimento. Na área do desenvolvimento social, esses estágios são meio seqüenciais. Cada um se constrói sobre o anterior e tem seu propósito no crescimento geral e na inteligência das garotas. Lembra da cena de um dia típico na minha escola, descrita anteriormente? Pode parecer um caos, com erupções contínuas de conflitos e confusões. Mas, quando se olha para o que está acontecendo sob a luz do que *deveria* acontecer, e sob o significado do desdobramento dos estágios sociais e da inteligência social, essas vinhetas facilitam a compreensão, a aceitação e o pensamento de como se deve reagir como adulto.

É importante para todos nós vermos o percurso todo, não importa em que ponto sua filha esteja nesse momento. Dessa forma, veremos o quanto ela aprendeu nos estágios anteriores e reconheceremos se é necessário algum trabalho corretivo ou se ela é mais sofisticada para sua idade (o que pode ser a causa de falhas sociais ou de questões de desajustamento). Dentro dessa perspectiva, podemos começar a entender por que uma idade que nos deixa loucos é, entretanto, um marco crucial no desenvolvimento social e então ficarmos em melhor posição para apoiar o crescimento social e emocional da menina durante o processo.

### Estágios do Desenvolvimento Social

Este quadro resume os estágios do desenvolvimento social das garotas e foi fundamentado nas minhas observações e nas respostas de centenas de meninas durante décadas de trabalho profissional:

| Estágio | Idades |
|---|---|
| Consciência de si mesma | Nascimento–2 |
| Brinquedo paralelo | 2–3 |
| Brinquedo interativo | 3–6 |
| Amizades transitórias | 6–8 |
| Grupos de amigas | 8–10 |
| Melhores amigas | 10–12 |
| Panelinhas | 12–14 |
| Grupos de amigas com interesses comuns | 14 em diante |
| (Quase) Aceitação universal | Formandas do ensino médio |

Algumas pessoas parecem nascer com uma facilidade no âmbito social – um nível de conforto que permite sentirem-se tranqüilas e competentes, por exemplo, em uma festa ao ar livre. Outras se sentem mal só de imaginarem que têm de conversar com muitas pessoas sobre assuntos superficiais. Essa facilidade certamente faz parte da competência social. Da mesma forma, algumas garotas têm facilidade social natural; passam por esses estágios e a complicada aprendizagem vem automaticamente. Mas outras garotas têm muito mais dificuldade. Algumas ficam presas em um desses estágios, outras não seguem padrão nenhum. Mas a maioria delas passa pelos estágios um a um e precisam seguir dessa maneira. Às vezes, aprendem intuitivamente, outras precisam de um pouco de treinamento e ensinamento direto.

Vamos voltar à cena inicial deste Capítulo e olhar mais de perto minha conversa com Marjorie, a menina da quinta série que não tinha uma melhor amiga. Ela basicamente dizia que, do seu ponto de vista, era normal ter e querer uma melhor amiga na quinta série. Ela não estava triste por não ser apreciada ou não ter amigas, estava preocupada porque não seguia o padrão e sentia que algo podia estar errado com ela. Assim que expliquei minha teoria das Generalistas (que falaremos a seguir), ela percebeu que não era esquisita. Embora pudesse gostar do conforto e da segurança que uma melhor amiga traz, ela também ficou tranqüila ao saber que seu percurso era apenas levemente diferente do padrão – e nesse sentido, bem normal em si – para esse estágio de sua vida.

Vejamos Jenny, a aluna volúvel da quinta série cuja professora queria ajudar a ser mais focalizada e comprometida com suas amizades. O estilo volúvel de Jenny nas amizades de fato refletia o estágio de desenvolvimento social típico de sua idade. Ser flexível e conhecer todos os tipos de pessoas é um passo importante da vida e leva a escolhas mais sábias no futuro. Essa professora bem-intencionada queria que Jenny se fixasse em suas escolhas corretas antes de realmente entender o que tinha escolhido. Esse é o conceito de La Basque sobre a aprendizagem social (que também vamos explorar mais adiante). Não se pode apenas olhar para os sabores e saber o que se quer – é preciso prová-los!

Cada estágio do desenvolvimento social tem uma tarefa ou propósito nítido de acontecer que é absorvido com o tempo por meio da próxima fase de aprendizagem e do próximo estágio. Isso vai ficar claro conforme falarmos de cada um dos estágios. E lembre-se: seja qual for a idade atual de sua filha, é esclarecedor ver o que ocorreu antes e o que virá depois e o porquê. Uma nota de rodapé: Existe um ir e vir entre os estágios e alguns períodos de regressão ou de aceleração, dependendo da garota e do seu ambiente. Assim, não espere que todas as garotas sigam essa linha à risca.

### *Estágio 1: Consciência de Si Mesma (do Nascimento aos 2 Anos)*

Observe uma recém-nascida olhando para seus dedos como se fossem objetos externos, não muito consciente de que fazem parte de seu corpo. É aí que tudo começa. Logo ela vai puxar a orelha do pai e ver que a sensação não é a mesma de quando puxa sua própria orelha. Por fim, vai dar um puxão na orelha do irmão, sabendo bem de quem é a orelha e quem vai gritar de dor. Tudo isso ilustra claramente o propósito desse estágio inicial: o que sou e qual é a linha que me separa dos outros? Embora essa tarefa continue por toda a vida, é a versão mais básica da separação entre o *self* e as outras pessoas que caracteriza o marco do desenvolvimento nesse primeiro estágio.

Conversei com uma mãe que estava sentada com a filha de quatro meses no colo, enquanto seu filho de 5 anos brincava por perto. Ele parou, deixou seus brinquedos e inclinou-se para a irmãzinha, fazendo uma careta. Ela sorriu e enfiou o dedo no olho dele! A mãe precisou conversar bastante com o filho para explicar por que ela fez aquilo, que não foi com o propósito de machucá-la e que os bebês não sabem que as outras pessoas sentem alguma coisa. Ele olhou surpreso para sua mãe e disse: "Puxa, ela tem muita coisa para aprender!"

### *Estágio 2: Brinquedo Paralelo (de 2 a 3 Anos)*

Quando a menina se conhece fisicamente e sabe um pouco do que esse *self* pode fazer e sentir, ela geralmente é colocada em proximidade com outras crianças. É aí que os adultos na vida delas começam a agir com boas intenções e a cometer erros.

O primeiro erro clássico é tentar fazer com que a criança passe rapidamente pelo estágio do brinquedo paralelo e chegue logo no próximo estágio que parece ser, aos olhos dos adultos, o modelo positivo do brinquedo cooperativo. Por exemplo: já ouvi pais e professores instruírem uma criança de 2 anos a "brincar direitinho", e depois repreendê-la ao primeiro sinal de conflito com a outra criança.

Um dia, durante uma visita a um maternal, vi uma mãe voluntária repreendendo duas menininhas que estavam fazendo cabo-de-guerra com um bichinho de pelúcia: "Se vocês não brincarem direitinho, vou tirar o ursinho e terão que ficar sentadas vendo as outras crianças brincarem!"

Quando apressamos uma menina nesse estágio, ou em qualquer outro, reduzimos a aprendizagem que pode e deve ocorrer nesse nível. O propósito do brinquedo paralelo é simplesmente este: estar em uma atividade paralela – não em uma interação colaborativa. Essa existência paralela é a maneira de uma criança começar a sair do egocentrismo total para observar e começar a compreender os outros. No exemplo do maternal, pelas idades das meninas, seria melhor ter dois bichinhos de pelúcia. Então as meninas poderiam ter brincado perto uma da outra, cada uma observando como a outra brincava e aprenderiam algo sobre bichinhos de pelúcia e sobre outras meninas, sendo um início. (Um conselho: o brinquedo paralelo será ainda mais tranqüilo se os bichinhos forem *exatamente* iguais!)

As crianças de 2 anos geralmente vão brincar com as mesmas coisas e na mesma sala, mas não vão conversar ou interagir muito. Na verdade, é importante *não* tentar fazer as crianças dessa idade compartilharem alguma coisa. Esse não é o momento de pôr duas crianças com um brinquedo. Esse estágio é designado para que elas percebam a existência de outras pessoas no mundo parecidas com elas, que gostam de brincar e de falar também, e que elas não são o centro do universo. Com essa base, a menina pode gradualmente passar para o próximo estágio.

### *Estágio 3: Brinquedo Interativo (de 3 a 6 Anos)*

Na literatura, ele costuma ser chamado de *brinquedo cooperativo*. Embora esse seja o objetivo final desse estágio, ou o objetivo do desenvolvimento, o trabalho real desse período é a interação para gradualmente criar as habilidades que levam ao brinquedo cooperativo. Esse é o meio para o objetivo final. Agora é o momento de permitir, ou até mesmo de criar, uma situação de recursos limitados, os quais, nesse contexto, não são recursos inadequados. Simplesmente significa não ter o mesmo número de objetos ou brinquedos e de crianças que querem usá-los.

Colocar diversas meninas de 3 anos – às quais chamaremos Mary, Terri, Sherry e Joan – juntas em uma mesa com folhas de papel e um conjunto de canetinhas é um bom exemplo (E você *pode* fazer isso em casa!). É só pela experiência que a Mary aprende, por exemplo, que, se for pegar a canetinha vermelha e a Terri também a quiser, Terri vai bater nela. Por outro lado, se Sherry e ela quiserem a mesma canetinha, Sherry vai sorrir e deixar a canetinha para ela. Joan, por outro lado, vai chorar e esperar que a professora venha e arrume as coisas. Eu poderia prosseguir, mas pode-se ver que através dos dias, semanas e meses desse tipo de interação, a menina começa a aperfeiçoar seu conhecimento sobre os outros seres humanos e então pode começar a colocá-lo em ação. Se Mary quer a canetinha vermelha e Terri a está usando, ela pode decidir evitar o conflito potencial com Terri e terminar de usar a verde primeiro. Se Sherry está com a vermelha, então Mary pode pedir para usá-la, antecipando o sucesso. Por outro lado, Mary pode ter o temperamento, ou estar com vontade, de ver Joan chorando ou de descobrir se Terri sempre bate quando é confrontada.

Os adultos têm um papel importante nesse estágio de muitos conflitos. Se uma criança está parada no tempo e seu conhecimento sobre os outros parece não aumentar, é preciso uma mediação.

Aqui vai a descrição de como foi um dia na escola, quando duas meninas do pré e a professora estavam no corredor fora da sala. Uma menina estava furiosa, a outra estava em prantos e a professora estava no meio.

"Jo, quero que diga a Ellie por que você a empurrou para fora da balança", disse a professora.

"Porque ela não me dava a vez!"

"Ellie, você pode dizer a Jo por que não dava a vez para ela?"

"Porque ela ficou o tempo todo na balança ontem e era a minha vez!"

"Jo, você disse a ela que queria balançar?"

"Não."

"Ellie, você disse a Jo por que não queria dar a vez para ela?"

"Eu não consegui, ela me empurrou e me machucou!"

É possível ver como a conversa prosseguiu, usando a receita clássica "use suas palavras", que nenhuma das meninas estava fazendo naquele ano. Se fosse o primeiro episódio e elas tivessem começado a discutir e a brigar por causa disso, seria uma boa idéia deixá-las resolverem entre si. Sempre que possível, é importante que os adultos deixem esses pequenos episódios de conflito e de aprendizagem acontecerem sem interferir no trabalho artesanal do desenvolvimento. Se um adulto controlar a situação, ou se o conflito for muito grande, então a aprendizagem nesse estágio fica diminuída. Mas, se com o tempo, a menina não estiver aprendendo a lidar com os conflitos, a orientação – não a punição – a ajudará a se tornar competente e confiante para passar para o próximo estágio.

## Aprendizagem com a Observação e a Interação

Durante os anos de formação, a qual abrange diversos estágios do desenvolvimento social, o acesso da garota à aprendizagem de lições sociais fica mais rico por meio da melhor observação e interação. A maioria das garotas é mais apta para perceber os sinais emocionais das outras pessoas do que os garotos. Uma ampla pesquisa mostrou que geralmente as mulheres podem ver e ler as expressões faciais e a linguagem corporal com muito mais facilidade do que os homens. Então, as garotas aprendem bastante pela observação e interação. Entretanto, algumas crianças – menos meninas do que meninos – simplesmente não têm essa habilidade perceptiva, parecendo incapazes de entender os sinais sociais e as nuanças das reações das outras pessoas.

Essas crianças costumam precisar de um ensino direto, parecido com a colocação de um holofote sobre os detalhes que a maioria das crianças consegue ver com iluminação normal. Por exemplo: voltando para as nossas meninas de 3 anos em volta da mesa, se Terri não continuar apenas a bater, mas começar a bater mais forte ou com mais freqüência quando as coisas não forem como ela quer, é hora da mãe ou da professora intervir de maneira a orientar, não a punir. Esse é um ponto-chave no desenvolvimento de uma criança socialmente eficiente. Muitos adultos partem para a censura ou para a punição durante a fase de aprendizagem da criança e a lição fica reduzida ao entendimento da força e da punição do adulto.

No caso de Terri, em vez de dizer que ela é má, tirá-la da brincadeira ou remover-lhe a canetinha, é muito mais eficiente colocá-la junto a Mary e mediar a interação para que ela possa vivenciar os detalhes da interação eficiente e comece a aplicá-los. Essa é a clássica conversa "use suas palavras", cujo melhor sentido seria uma conversa chamada "ouça suas palavras", porque nessas conversas a menina aprende a usar sua voz, a expressar seus sentimentos, a ouvir suas palavras e a procurar soluções. Mary, na mesa de arte, aprende a dizer a Terri: "Quando você me bate, machuca, e eu fico brava e não quero brincar com meninas que batem". Terri recebe permissão de expressar sua necessidade e seus sentimentos: "Mas eu não quero dar a canetinha vermelha. Estou precisando dela!" A professora ou a mãe pode mostrar que só há uma canetinha vermelha e pedir idéias sobre como resolver o problema para que as duas usem o vermelho em seus desenhos.

Algumas garotas só precisam ver e ouvir os detalhes e ser guiadas pelo jardim de modo totalmente mais tranqüilo. Outras, podem ser presidentes do Clube do Jardim sem muita prática! Nos dois casos, dá para ver por que essa é uma fase tão importante no desenvolvimento social. O objetivo, como em todos os estágios, é que a garota acumule conhecimento suficiente para passar para a próxima fase, embora a aprendizagem pela interação seja um trabalho para a vida toda.

### Estágio 4: Amizades Transitórias (de 6 a 8 Anos)

Este é o começo dos anos de La Basque. A tarefa do desenvolvimento durante eles é experimentar todos os sabores da amizade. Como é possível saber quais sabores realmente agradam (ou desagradam), sem experimentá-los todos? É importante permitir e estimular as garotas a serem mais flexíveis (alguns diriam volúveis) nas suas escolhas de amizades, em vez de ficarem exclusivamente com uma amiga em particular ou um grupo pequeno.

Novamente, os adultos às vezes agem de maneira contraproducente ao propósito desse estágio. Costumamos estimular a garota a limitar seus interesses às crianças que gostamos, ou aos filhos de nossos amigos. Ou então usamos a abordagem da relações-públicas indireta, colocando um sinal positivo na amiga de nossa escolha, dizendo frases como: "A Marsha é bacana, não?" Nesse estágio, ainda é bom convidar todos da classe para uma festa e você deve encorajar sua filha a fazer coisas com muitas garotas diferentes.

A professora da quinta série que se preocupou por achar Jenny "volúvel" e indecisa quanto às amizades estava perdendo o propósito desse estágio e subestimando o valor das explorações sociais. Este realmente é o momento de praticar para ver como ela interage e se liga a todos os tipos de pessoas, para ajudar a garota a saber do que gosta e do que não gosta e o que ela valoriza nos seres humanos. Levando ao extremo, é parte do processo seletivo das escolhas de interação na vida. Dá para ver como esse estágio leva automaticamente para o próximo.

### Estágio 5: Grupos de Amigas (de 8 a 10 Anos)

Depois de ter provado todos os sabores, pode ser que os de fruta sejam os preferidos da garota. Então, ela estreita suas escolhas para morango, cereja, tangerina e carambola. Esse estreitamento dos sabores ou dos tipos de pessoas é a próxima fase na inteligência social da aprendizagem. Não é que ela não goste dos outros sabores ou não aprecie suas diferenças – é que sua preferência natural é pelos sabores de fruta.

Trina era uma garota muito animada que convidou todo mundo da classe para suas festas de aniversário na primeira e na segunda séries. Na terceira série, ela disse à mãe que queria convidar cinco amigas para dormirem em sua casa. Sua mãe ficou preocupada se isso não seria o começo de uma panelinha e se deveria ser desencorajada a fazê-lo.

Enquanto isso, Brady estava em prantos porque não foi convidada para a festa de Trina, que era considerada uma de suas amigas. Afinal, elas sentavam perto na aula e às vezes se viam no sábado, quando os pais de Brady tinham de trabalhar.

Trina e Brady estavam no meio do estágio dos grupos. Geralmente, as escolhas das amizades ou das relações não são lógicas no começo, ora baseadas em um acúmulo de evidências, ora de características. Porém, é de alguma forma mais mágico que isso. Se você perguntar a uma garota por que certas meninas estão em seu grupo ou por que ela quer passar mais tempo com algumas garotas do que com outras, ela pode até tentar responder, mas, afinal, dirá: "Porque gosto mais delas".

Esse estágio não deve ser confundido com o estágio das panelinhas, que logo será discutido. Os grupos de amigas são mais fluidos que as panelinhas, mais abertos, menos impermeáveis. O grupo não entra em pânico se o sorvete de chocolate aparece durante um passeio no shopping. A tarefa de desenvolvimento é reduzir o número de amigas a um grupo agradável que seja pequeno o suficiente para se conhecer melhor, em vez de todos os sabores do universo. Isso permite que a garota chegue abaixo da superfície das interações e comece a conhecer o conteúdo e o caráter de outra pessoa; é o começo da verdadeira amizade, das verdadeiras relações.

### *Estágio 6: Melhores Amigas (de 10 a 12 Anos)*

Agora, ela sabe que gosta dos sorvetes de frutas. Mas, de todas as alternativas, está claro que nada se compara ao sorvete de morango. O de cereja chega perto, mas simplesmente não é morango. A garota ainda se compromete com seu grupo de amigas (talvez até incluindo o chocolate do dia no shopping), mas é com o morango que ela fica horas conversando. Ela fica o dia todo na escola com o sorvete de morango e, assim que chega em casa, pega imediatamente o telefone para ligar para ela ou manda um e-mail. É interessante que esse tipo de amizade de vinte e quatro horas também serve como prática na escolha de um parceiro, mais tarde, na vida. Como é cedo demais para ter uma relação profunda com alguém do sexo oposto, essa relação intensa com o mesmo sexo ajuda na aprendizagem da garota sobre como interagir no nível íntimo com outro ser humano.

Para a maioria das garotas, existe uma necessidade tão grande, um desejo tão forte de ter uma melhor amiga que muitas delas acham que algo está errado se não a tiverem. O potencial para conflito e sofrimento está alto como nunca nesse estágio, a garota tendo ou não uma melhor amiga. Se ela tem, a forte ligação pode causar grande sofrimento quando as coisas não forem bem. Se ela não tem, pode se sentir incrivelmente solitária ou diferente. Algumas garotas, uma certa minoria, não têm essa mesma necessidade de intimidade nesse momento da vida. Elas são o que eu chamo de generalistas.

As generalistas têm um temperamento que faz com que apreciem todos os sabores e mantenham seu leque social bem aberto. Elas também cumprem uma função muito importante no setor social durante esse estágio, bem como no próximo.

Depois de discutir sobre a teoria da La Basque com um grupo de garotas da quinta série, uma delas me procurou. Disse que agora estava se sentindo muito melhor por não ter a melhor amiga que gostaria. Disse que era um sorvete de cereja e que quem ela gostaria que fosse sua melhor amiga escolheu o sorvete de morango. Conversamos sobre o fato de que ela não poderia mudar o paladar dessa menina. Ela tentou de tudo para ser sua melhor amiga – sempre foi legal, ajudou na lição de casa, ouviu muitas de suas histórias chatas, agüentou seu irmão menor etc. Foi essa nova compreensão da teoria dos sabores que aliviou um pouco a dor da rejeição. Ela terminou dizendo: "Tem alguém por aí que vai adorar sorvete de cereja!" (E tinha).

Outra garota passou por mim no corredor e voltou para me perguntar se eu sabia que ela era generalista. Eu disse que sabia e que sempre ficava impressionada com a maneira como ela se relacionava com todos. Ela disse que costumava se sentir muito esquisita por não ser como a maioria das garotas e que gostava de estar com todo mundo e não era muito seletiva. Agora, praticamente se sentia orgulhosa por ser generalista, depois que eu expliquei que ela era a "cola" da classe (porque, quando uma garota não consegue encontrar seu sorvete de morango, ou o sorvete se mudou para Chicago, sempre pode encontrar uma amiga em alguém generalista).

### Estágio 7: Panelinhas (de 12 a 14 Anos)

Amebas. Quando eu andava pelo corredor da sétima e da oitava série era isso que via passando pelas salas. Essa entidade que parecia uma massa amorfa também era intimamente ligada, quase um organismo fundido. O núcleo da ameba mais próxima de mim era composto por duas garotas bem baixas que o restante da ameba tentava ficar perto e conversar, às vezes andando de lado como caranguejos para ficar no seu campo visual. Uma das duas do núcleo deixou seu caderno cair e várias das bordas se agacharam rapidamente para pegar os papéis. Mesmo se essas garotas não estivessem tão próximas geograficamente, eu saberia que elas formavam uma panelinha pela maneira como se vestiam, andavam e "tipo assim" usavam as mesmas expressões. Não muito atrás delas, estava um grupo de garotas não muito ligadas, mas que pareciam um desses organismos que se vê no microscópio tentando entrar pela membrana da ameba. Elas chegavam perto, mas nunca penetravam na fronteira.

Talvez seja porque, na nossa cultura e sociedade, passar para o namoro e o casamento não acontece mais durante a pré-adolescência como aconteceu por muitos séculos. Agora, existe um período de tempo enorme entre a melhor amiga e a escolha do companheiro. O que define esse intervalo? Essa é a definição clássica da adolescência: o aumento da independência. É a idade em que as crianças começam a desarmar figurativamente os adultos no caminho para sua própria vida adulta. Os adultos deixam de ser fonte de conhecimento e se tornam estranhos seres que simplesmente não têm contato com a realidade. Ao mesmo tempo, existem mudanças físicas enormes e um aumento do estresse e das expectativas sociais sobre os adolescentes. Que hora para soltar as âncoras dos adultos! Então, para substituir essa estabilidade, como foi discutido nos capítulos das adolescentes e pré-adolescentes, elas entram no casulo das panelinhas. Cercar-se de pessoas parecidas e que falam e agem igual faz o mundo parecer mais seguro e permite que o movimento de afastamento da influência dos adultos significativos seja mais tranqüilo.

Então, por definição, as panelinhas precisam ser fortes e impermeáveis para protegerem os organismos inseguros que formam a panelinha. De fato, a maioria dos especialistas concorda que, quanto mais impermeável e forte é a panelinha, mais inseguros são seus membros. Infelizmente, esse tipo de união é geralmente visto como o grupo mais popular e cobiçado. As garotas que não fazem parte da panelinha popular costumam se sentir menos populares, mais temporárias e com sua vida social em risco. Mesmo sendo mais maduras pelos padrões adultos, elas se sentem menos seguras na companhia da panelinha. O resultado final é que as panelinhas obtêm uma força e uma influência incríveis, geradas pelo medo. As garotas da panelinha costumam fazer coisas prejudiciais que jamais fariam sozinhas, em razão do medo de serem expulsas pelos outros membros.

Ouvi a líder de uma poderosa panelinha fazendo um comentário malicioso sobre sua professora de latim. Eu conhecia uma das meninas da panelinha que adorava latim e também essa professora em particular, mas, em vez de dizer isso, ela apenas concordou com a cabeça e sorriu. Essa é uma versão mais suave da pressão que os membros das panelinhas enfrentam. Pode-se ver um medo e uma submissão similar da maioria da classe quando um pequeno grupo de garotas de uma panelinha em especial usa sua força negativa. Em uma classe da oitava série, a panelinha forte deixou claro que elas eram "donas" do melhor espaço no corredor e era melhor ninguém sentar ali, mesmo quando estivesse vazio. Observei que todas as outras alunas da classe, e algumas eram bem capazes e fortes como indivíduos, estavam conformadas com essa regra não-escrita.

As garotas que não fazem parte da panelinha procuram imitar suas normas (coloração protetora) ou tentam ser invisíveis de alguma forma e voar abaixo do seu radar. É extremamente raro que uma única garota vá contra as normas da panelinha na sétima ou na oitava série.

Isso é parte do que faz este período tão difícil para a observação dos adultos e parte da razão pela qual, dentre milhares de mulheres que entrevistei, somente três disseram que desejariam fazer a sétima e a oitava séries novamente! Vamos recordar a tarefa positiva deste estágio social: o casulo da panelinha ajuda a estabilizar suas ocupantes até que estejam fortes e independentes o suficiente para saírem do grupo ou ficarem sozinhas. A tarefa dos adultos na esfera da influência das panelinhas é, em primeiro lugar, aceitar essa importante função e, em segundo, demarcar quando a influência da panelinha passa de desagradável para extremamente prejudicial.

O diretor de uma escola independente me telefonou com um mistério a ser resolvido. Era uma escola que, como parte do processo de admissão, costumava convidar os alunos em perspectiva para visitá-la por um dia. Nessa oitava série, pouquíssimas alunas que visitaram decidiram entrar para a escola. Com a investigação, ficou claro que a panelinha mais forte fazia de tudo para que as candidatas tivessem um dia ruim durante a visita, para que não houvesse novas alunas desafiando-as. Entretanto, as garotas que não faziam parte da panelinha poderiam ter se beneficiado com novos membros disponíveis no grupo social, mas elas não ousaram ser amigáveis com as visitantes.

É preciso coragem dos pais ou da escola para lidar com a força de uma panelinha, da qual, geralmente, não temos muito controle. Essa é uma das razões por que é mais prático e eficiente lidar com as questões dos indivíduos a menos que se trate de uma situação muito prolongada e extremamente negativa. Nesse caso, a escola realmente demarcou o território. Os diretores conversaram com todas as garotas da sala, falaram o que estava acontecendo e que o impacto negativo sobre a escola era sério. Explicaram que cada candidata que escolhesse não entrar na escola seria entrevistada e qualquer um que tivesse atrapalhado a visita receberia suspensão etc.

Os pais têm ainda menos capacidade de interferir ou intervir no comportamento da panelinha. Com mais freqüência, como já disse, conversar com a filha e discutir como lidar com as situações é a melhor medida. Ouvir se sua filha for o alvo da mesquinharia da panelinha ou impor conseqüências se ela fizer parte da mesquinharia são caminhos viáveis. Às vezes, afastá-la totalmente da influência da panelinha é a única alternativa em situações muito graves, como a influência das drogas e do álcool (Preste atenção na história de Marta no Capítulo 9, "Pais sob Pressão").

Essa versão extrema da força da panelinha realmente salienta as maiores possibilidades dessa influência. Mas as influências da panelinha costumam ser menos ameaçadoras e mais superficiais, como falar ou se vestir de modo igual. Nesses casos, geralmente aconselho os pais a não brigarem. Em outras palavras: se sua filha só tem que usar o mesmo tênis que todo mundo usa, não vale a pena fazer um discurso sobre independência. Por outro lado, se sua filha quiser juntar-se à panelinha que vai furar o pneu da professora, é hora de dizer: "Pense por si mesma e não siga o grupo!"

### Estágio 8: Grupos de Amigos com Interesses Comuns (os 14 Anos para Sempre!)

Quando você está quase puxando os cabelos por causa da influência das panelinhas, a garota passa para este próximo estágio, mais ou menos no começo do ensino médio. Ela não precisa mais do casulo da panelinha e, na verdade, a acha sufocante. Agora ela começa a se relacionar com colegas interessados nos mesmos tipos de coisas que ela. E, mais do que nunca, seus amigos podem ser garotas ou garotos. Se, por exemplo, a garota gosta de teatro e de artes, começa a se relacionar com o pessoal do teatro. Se é uma ávida atleta, seu grupo será composto por outros jogadores. Isso não é exclusivo e existem algumas trocas interessantes. Entretanto, a partir dessa idade, a principal escolha das amizades tem a ver com as semelhanças de interesses, de paixões ou de filosofia de vida.

Qual é a tarefa de desenvolvimento deste estágio? Não tenho certeza. Como ele ocupa a maior parte da vida do adulto, talvez ofereça os benefícios dos grupos e das panelinhas sem o lado ruim: aceitação, atividade e criatividade social sem a insegurança, a estreiteza e a mesquinharia. Seja o que for, é simplesmente um fato na vida social. Alguma coisa precisa ser a cola das relações. No caso dos parceiros, é o amor e/ou o sexo e depois, possivelmente, a família. A respeito de outras relações, é uma questão de sangue (familiares) ou de interesses comuns (amigos).

### Estágio 9: Aceitação (Quase) Universal

Uma das qualidades mais especiais no último ano da escola é que esse é o momento em que as fronteiras das panelinhas e até das amizades baseadas nos interesses enfraquecem ou desaparecem, e as adolescentes mais velhas se encontram em uma aceitação quase universal de todos os tipos de seres humanos. Você se lembra da mágica do último ano? Elas estão prestes a deixar suas famílias, suas escolas, seus professores e seus amigos. Essa separação iminente faz com que as formandas passem a maior parte do ano gostando, aceitando ou tolerando positivamente a maioria das pessoas ao seu redor. Agora, as garotas que nunca conversaram com outras garotas ou garotos em sua sala vão se formar *juntos*. Elas conseguem ser generosas também; mesmo aquelas garotas e garotos estranhos não são tão ruins assim. Os professores e os pais recuperam temporariamente seu status. É um momento muito emocionante e holístico.

Embora os adultos geralmente redescubram este estágio bem mais tarde – e por razões similares, com outros olhos –, o brilho da aceitação universal costuma enfraquecer e a amizade fundamentada no interesse retoma seu papel dominante, quando todo mundo começa a se concentrar no trabalho individual, na faculdade ou em outra atividade pós-ensino médio. Porém, tenho ouvido mulheres jovens e mais velhas afirmando ter muita satisfação em grupos de pessoas diversas unidas não pelos interesses tradicionais, mas pelo valor interno da aceitação universal e pelas oportunidades que ele apresenta para o crescimento na vida.

## Padrões de Amizade: Uma Questão de Sofisticação e Encontros Inesperados

Geralmente me pedem para identificar os maiores erros que nós, adultos, cometemos ao falar com uma garota sobre amizade ou ao responder à aflição da filha por causa de uma amizade. A maioria dos pais tem a própria coleção dos maiores erros, das vezes que disseram ou fizeram algo para melhorar as coisas e só as deixaram piores – ou simplesmente fizeram papel de bobos ou de radicais no dia seguinte.

Em um nível mais profundo, o maior erro que acontece é a má compreensão da correlação entre as qualidades pessoais e a popularidade. Os pais e os professores costumam acreditar que existe uma alta correlação entre as duas coisas. Todos dizemos para as garotas serem legais, gentis e respeitosas com os outros e então elas serão felizes e terão amigos. Ainda assim, todos conhecemos muitas meninas que se encaixam nessa descrição e acreditam não terem amigos ou que ninguém as convida para fazer nada.

O desenvolvimento social e a amizade estão bastante relacionados, mas também diferem o suficiente para a discriminação precisar ser clara. O desenvolvimento social é o processo de longo prazo que, com o tempo, causa o aumento das habilidades e da inteligência nas interações sociais. Ter habilidades sociais eficientes é o melhor prognóstico para o sucesso geral na vida e faria todo o sentido assumir que uma pessoa com boas habilidades sociais seria popular e faria bons amigos. Bem, sim e não. Até que as garotas sejam fortes o suficiente para lidar com sérios conflitos e pressões sociais e sejam firmes no que acreditam moralmente, a força é o melhor prognóstico de quem vai ser popular e ter muitos amigos.

Durante a maioria dos estágios de desenvolvimento social, o que eu chamo de *sofisticação social* parece ter o maior peso. Embora seja difícil de definir, é fácil de ver. Essas garotas são as que parecem saber tudo sobre a última moda, ou mais, o que elas usam se torna moda na escola. São as que afrontam e não hesitam em usar duras palavras para manter suas seguidoras na linha e mandar outras garotas se afastarem. Têm carisma e são divertidas. Determinam o ritmo e as regras no ambiente social. Embora haja muito que a escola deva fazer para moderar essa força, é muito difícil. As escolas entendem que seu foco deve ser acadêmico e costumam não entrar na rede social, e os pais não têm meios eficientes para lidar com esse cenário social por conta própria.

As garotas sofisticadas socialmente são as líderes notórias do grupo. Entretanto, fora desse círculo de liderança e do grupo de força, a aceitação nos grupos e as amizades que deles emergem são mais obra do acaso e *não* estão necessariamente relacionadas às características positivas que nós, adultos, gostaríamos que os filhos tivessem. Por exemplo: primeiro, as líderes do grupo mais forte permitem a entrada de outras associadas no seu grupo. Depois, as outras garotas começam a se relacionar com as meninas que sobraram, procurando vínculos e formando outros grupos ou pares. É realmente uma hierarquia social. Se você pedir para qualquer garota classificar os subgrupos de sua classe ou escola por ordem de popularidade, ela consegue fazê-lo, sem problemas.

Onde fica a mãe que quer ajudar sua filha a lidar com o cinza nessa área social? Bem, não estou dizendo que devamos parar de estimular as garotas a respeitar os outros. E a regra de ouro sempre valerá ouro. Mas precisamos parar de dizer às garotas que, se forem legais e gentis, terão amigos, porque não é verdade. Se uma garota é vista como alguém leal, de confiança e respeitosa com os demais, ela pode ou não ter muitos amigos durante os anos de escola, até mesmo no ensino médio. Contudo, provavelmente será reconhecida como líder natural pelos outros alunos, verá que garotas e garotos vêm conversar com ela ou pedir ajuda na lição e que as pessoas gostam dela.

Julie, na sétima série, conversava comigo de tempos em tempos sobre não ter amigos. Mesmo assim, quando sua sala fazia uma votação para escolher representantes para conversar com os professores sobre o clima da escola, ela se surpreendia ao ser uma das duas escolhidas. Nenhuma das mais populares era escolhida para essa tarefa. Nesse caso, estava claro que as alunas queriam alguém que fosse uma representante clássica: alguém em quem pudessem confiar, que fosse levar a tarefa a sério, que soubesse o que era bom para as alunas de sua série.

Ninguém escapa do sofrimento social; ele simplesmente acontece para tipos diferentes de garotas em momentos diferentes. As garotas populares e mesquinhas da quinta à oitava série têm grupos de amigos bem reduzidos do ensino médio em diante. Geralmente, muitas das garotas que se sentem sozinhas nas séries anteriores têm bons amigos no ensino médio. Como adultos na vida das garotas, somos mais eficientes se as ajudarmos a ver que, às vezes, o que fazem ou dizem não traz amigos no complexo cenário social. Quando entendem a natureza da hierarquia dos grupos sociais e muitas das escolhas ditadas pela força e pela escolha ilógica do sabor do sorvete, boa parte do sofrimento passa. A garota pode então parar de pensar que algo está errado com ela. A garota sozinha se sente sozinha, mas a verdade é que ela tem bastante companhia; a *maioria* das garotas se sente socialmente negligenciada durante muito tempo dos anos escolares.

Uma das atitudes mais positivas que os pais podem tomar para manterem suas filhas socialmente saudáveis e desenvolvendo boas habilidades de interações sociais, bem como mantendo as opções de amigos, é dar oportunidade e acesso aos grupos de jovens fora do ambiente escolar. O ambiente social da escola se torna uma rede social muito hierárquica e estática. Entrar em outros grupos, como acampamentos, igreja ou templo, um time do bairro ou aulas de artes aos sábados é muito menos complicado e bem mais aberto.

Certa mãe veio me procurar depois que a filha teve uma ótima experiência no acampamento, fez amigos facilmente e estava muito feliz, comportamento que contrastava totalmente com seus sentimentos em relação à sua adequação social na escola. Ela falou sobre como essa experiência mudou a vida da filha, como ela se sentia saudável e tranquila agora e que ela, a mãe, temia o começo das aulas, quando o cenário social retornaria.

Conversamos sobre a importância de continuar com experiências que proporcionem interação fora da escola para sua filha manter essa nova visão de si mesma.

## Da Calmaria à Tempestade: Quando a Amizade Machuca

O segundo maior erro que nós, os adultos bem-intencionados, fazemos é intervir e interferir nos conflitos cedo demais e com muita freqüência. Somos programados para proteger e cuidar dos filhos. Então, quando vemos uma garota sofrendo por motivos sociais, nosso reflexo é tentar consertar a situação ou pelo menos ajudar. Ah, aí está a falha: *o conflito é bom!* Os desentendimentos e a necessidade de lidar com palavras duras e com o mau comportamento das outras pessoas é o que permite à garota descobrir como reagir e como negociar em águas internacionais. O ditado "Sem dor não há conquista" é apropriado aqui. Se nos metemos cedo demais para acabar com o comportamento ou com a interação, ou para punir ou consertar, a garota fica menos eficiente e menos capaz de lidar com conflitos e mais dependente dos outros. Se ela não souber lidar com eles, é provável que queira evitá-los, e uma garota que costuma evitar conflitos começa a construir sua vida com submissão. Agradar demais, como veremos no Capítulo 8, traz muito mais riscos para a saúde e a segurança da garota do que qualquer conflito normal.

A chave retorna àquela maldita linha tênue. Quanto sofrimento social, e por quanto tempo, você pode permitir que aconteça? E a resposta é a mesma: depende! Entretanto, a diretriz básica é a duração e a intensidade do sofrimento. Se for uma discussão por causa de um brinquedo, deixe acontecer e observe como os fatos se desenrolam. Se sua filha chegar em casa chorando quase todos os dias e isso estiver acontecendo há um mês, é hora de intervir. O desafio está em descobrir como intervir e transformar essa descoberta em uma experiência positiva para a sua filha. Na maioria dos casos, o sofrimento social decorre da vida escolar, mas a fase passa, assim como a dor. Como o controle ou a esfera de influência dos pais é muito limitado, é importante ter contato com a escola em todos os anos escolares de sua filha. Seja com a coordenadora, com a professora ou com a orientadora educacional, você deve ter alguém que a ajude a descobrir a melhor maneira de proceder. Sem essa informação interna, os pais só podem agir ouvindo e absorvendo o sofrimento da filha.

Na maioria das situações de conflito social, é importante observar e esperar um pouco. Se você tiver o tipo de filha que imediatamente procura auxílio, seu trabalho será mandá-la de volta, dizendo, por exemplo: "Acho que vocês duas conseguem encontrar uma maneira de lidar com isso". Se sua filha gosta de agradar e constantemente desiste em uma situação de conflito, sua reação não é intervir no momento, mas sim conversar com ela sobre como lidar com situações semelhantes da próxima vez que ocorrerem. Esses são os princípios básicos da administração de conflitos que todas as garotas precisam desenvolver. Também é apenas outra versão da Teoria da Gangorra. Nosso trabalho como adultos é ajudar a equilibrá-la. Se ela se esquiva, gentilmente a fazemos voltar para o combate com algum arsenal verbal. Se quer agradar, praticamos a forma como ela deveria se posicionar, sem ofender; se gosta de briga, ensinamos a contar até dez (ou nos termos da administração de conflitos, mediação verbal), antes de dar coices.

## Quando as Más Amizades São Boas

A gafe mais clássica dos pais na área social é tentar influenciar as escolhas das amizades. A mãe cuidadosa quer que sua filha se relacione com outras crianças de bom caráter. De certa forma, todos desejamos que a aprendizagem social siga um percurso suave. Mas lembra da La Basque? Se as meninas não experimentarem todos os sabores cedo, não saberão discriminar as pessoas muito bem depois. Acredito que as más amizades sejam boas, da mesma maneira que os conflitos são bons. É melhor aprender a lidar com eles do que passar a vida tentando evitá-los. Mas, assim como com o conflito, existem alguns parâmetros para as más amizades. Se você pudesse escolher o melhor momento para fazer escolhas erradas, que resultassem em inteligência social, seria antes dos 15 anos. Na maioria dos casos, as conseqüências são mínimas. Se você fizer escolhas ruins mais tarde, elas podem resultar em conseqüências muito mais sérias, como alcoolismo, drogas, gravidez e relações com parceiros ruins.

Assim como no conflito, ter uma amiga que a leva a cabular aula, que fala mal de você pelas costas ou faz qualquer uma das inúmeras coisas que achamos ofensivas quando adultos, é importante em dois aspectos. Primeiro: a garota é quase forçada a pensar no que fazer nessas situações, o que aumenta suas habilidades de enfrentamento. Segundo: ela obterá informações preciosas sobre os tipos de seres humanos, o que aumenta sua inteligência para escolher com quem se relacionar mais tarde. E o sofrimento ou o conflito parece se fixar na memória, a longo prazo, bem mais do que os conselhos dos pais.

A filha de Linda, Haley, de 7 anos, era amiga de muitas meninas da mesma idade que moravam perto de sua casa. As meninas costumavam brincar na casa de Haley, e Linda estava a par de suas conversas e conflitos. Uma delas, Sonya, não era "meu tipo", como disse Linda. Ela se gabava de seus brinquedos, de suas viagens, do trabalho de seus pais e de praticamente tudo que surgisse na conversa do grupo. Também era nítido que toda vez que um jogo não estava como queria, ela encontrava uma maneira de pôr fim a ele, geralmente criando um conflito que deixava as outras meninas em desavença, até que o jogo virasse discussão. Finalmente, uma noite, depois de ver o desânimo de Haley com uma das táticas diversivas de Sonya que estragou a tarde, Linda sugeriu a Haley que simplesmente não a convidasse mais.

"Não, mãe, está tudo bem", disse Haley. "Nós já decidimos que, da próxima vez que ela fizer isso, simplesmente vamos dizer que não vamos parar de jogar – é ela quem precisa parar de arrumar confusão!"

"Mas você sabe que não *precisa* convidá-la mais", disse Linda. "Talvez ela precise aprender que sua falta de consideração traz conseqüências de que ela não gosta."

Mas Haley tinha uma estratégia diferente. "Mãe, ela não tem outras amigas e seria mesquinho deixá-la de lado. De agora em diante, quando ela fizer coisas assim, vamos mandá-la parar ou ir para casa. Ela pode escolher."

Nas semanas (e agora posso dizer nos *anos*) que se passaram, os conflitos com Sonya vinham e iam e, embora as meninas não tenham se mantido no grupo coeso que formaram quando novas, sempre que se encontravam, incluíam a Sonya, mesmo quando ela era desagradável. E, sempre que seu comportamento passava dos limites, elas a endireitavam. Durante os anos,

Sonya lutou com muitas questões difíceis, mas a interação contínua com essas garotas provou ser uma valiosa aprendizagem – para todas elas.

No campo das amizades da filha, os pais lutam da abundância à escassez e em todos os graus intermediários. No final, nossas garotas vão escolher os próprios amigos, aprender as próprias lições e desenvolver sua própria inteligência. Se tivermos sorte, elas vão compartilhar tudo isso com a gente, às vezes com uma claridade surpreendente.

"Acabei de fazer as pazes com minha mãe, depois de uma longa briga, basicamente porque dei mais peso aos meus amigos em uma decisão do que a ela", disse Elizabeth, de 17 anos. "A questão não foi exatamente essa, mas praticamente qualquer coisa que cause briga entre pais e adolescentes envolve esse tema e a pergunta básica: 'Os amigos são mais importantes que a família?' Bem, acho que sempre parece que são, mas penso que a única razão pela qual nós, adolescentes, confiamos tanto no que nossos amigos dizem é porque estamos testando o que nossos pais nos ensinaram, para ter certeza de que é o certo."

## Pérolas para os Pais e Pérolas para as Garotas

- Divida com ela a descrição do sorvete da La Basque para o ambiente social ou deixe que ela leia sozinha. Se o momento for propício para uma conversa, pergunte se ela conhece um morango ou um chocolate. Pergunte qual é o sabor *dela*.
- Se ela estiver passando por um sofrimento social comum, deixe-a ver a luz no fim do túnel, explicando o próximo estágio.
- Abra sua casa para os amigos dela com a maior freqüência possível.
- Tente ouvir em vez de consertar.
- Deixe que as escolhas das amizades partam dela.

CAPÍTULO 8

# Querendo Agradar: Além da "Tirania da Bondade"

*"A pior coisa de ser uma garota é que você precisa sempre pensar na sua aparência e se as pessoas gostam de você. Você precisa ser legal o tempo todo ou as pessoas dizem que você é ruim, e é difícil ser legal com todo mundo o tempo todo. A coisa que gostaria de mudar em mim mesma é que gostaria de ser mais legal."*

— Laura, 15 anos

No começo, pensei que Pat era uma líder tão forte no grupo que Cindy concordava com tudo que ela dizia porque era mais fácil do que discutir. Mas depois eu a vi no almoço. Outra menina tinha esquecido o guardanapo e Cindy já correu e disse: "Deixa que eu pego!" Talvez tenha sido educada, tentando ser prestativa, pensei. Tivemos uma sobremesa maravilhosa aquele dia: biscoito gigante de chocolate, um só por pessoa. Jan disse que queria muito outro biscoito porque ela detestava o restante do almoço. Cindy disse: "Pode comer o meu, eu não gosto tanto assim". Nos dias anteriores que tivemos biscoitos, eu a vi gemer com cada mordida. Hum! Daí veio o episódio que a marcou como alguém que agrada demais. Karen chegou atrasada para o almoço e queria ficar em uma determinada mesa, mas não havia lugar. Cindy não disse nada porque queria muito ficar com esse grupo. Mas a denúncia foi ver que todo mundo, sem falar nada, olhou para Cindy, quando ninguém ofereceu o lugar. Cindy apenas sorriu e disse: "Claro", embora ninguém tenha pedido para ela fazer nada. Parece a primeira série? Não, era o *segundo* ano do ensino médio!

Carol Gilligan foi a primeira a usar a frase "tirania da bondade" para descrever a maneira como a nossa cultura retarda o crescimento emocional das garotas por treiná-las para agradar, moldando seu comportamento, suas expectativas e até mesmo seus sonhos para obsequiar e agradar aos outros. Durante toda a história e até os anos 50, as meninas eram criadas para ser gentis dessa forma, submissas, e para dedicar seus talentos à casa. Os anos 60 e 70 foram libertadores em muitos sentidos, mas a expectativa subjacente continuou sendo de que as garotas podiam ser liberais *e* gentis; elas podiam ir atrás do ensino superior, de uma carreira e até do amor livre, mas, se quisessem chegar a algum lugar, era melhor serem legais. Nos anos 80 e 90, as garotas viram o mundo das carreiras e da competição se abrir ainda mais. Ouviram o mantra social de serem verdadeiras consigo mesmas e usaram sua voz para falar ao mundo. Mas os exemplos que viam eram mulheres estressadas ao extremo por tentar agradar a *todos*, no emprego *e* em casa.

Neste primeiro momento do novo milênio, será que vamos continuar transmitindo a mensagem de que, para ter valor, as garotas precisam agradar aos outros primeiro, ao máximo? Ou poderemos criar garotas em uma nova posição, intermediária, que alimente sua auto-estima, sua auto-expressão e o prazer de modo saudável ao cuidar dos outros sem a ânsia de agradá-los a todo custo?

## O Que Há de Tão Ruim em Querer Ser Boa?

Quase todos preferimos ser estimados a não o ser. É normal buscar a aprovação daqueles a quem você respeita. Então, o que há de tão ruim em querer ser estimada? Você não quer que sua filha se preocupe com as outras pessoas? Claro que quer! Não nos sentimos mais felizes como pessoas quando cuidamos dos outros? Claro que sim! O mundo não seria um lugar melhor se *todo mundo* se esforçasse um pouquinho mais para agradar? Claro que sim! Mas as pessoas que fazem isso com maior tendência ao excesso são as garotas, e o problema é que, quando uma garota investe muito de sua energia emocional para agradar aos outros, é sinal de que ela sente que *tem* de fazer isso para conseguir aprovação. Ser ela mesma não é bom o suficiente. Uma garota que sente a necessidade de agradar vai sacrificar muito dela mesma – seus sentimentos, sua intuição, seu julgamento, suas ambições e seus sonhos – para deixar os outros felizes.

A auto-estima é parte importante da vida emocional da garota. Na vida daquela que só agrada, é uma parte distorcida. Criamos nossa auto-estima ao fazer o que nos torna confiantes, competentes ou emocionalmente completos de forma equilibrada. A garota que é confiante e competente, mas não muito ligada aos outros, não se sente tão bem quanto aquela que tem auto-estima. Entretanto, com as que agradam, a parte da ligação está distorcida: passam tanto tempo agradando aos outros (mantendo-se ligadas a eles) que a competência e a confiança ficam atrofiadas.

Pode parecer que as garotas que agradam se sentem muito bem com elas mesmas, examinando os elogios ao seu comportamento, à sua ajuda e ao seu altruísmo, mas o contrário é verdadeiro. Sua auto-estima é geralmente muito baixa e há um ciclo vicioso: quanto mais tentam agradar e negam suas outras necessidades para fazê-lo, pior se sentem. A auto-estima leva uma surra toda vez que colocam os sentimentos e os desejos de outras pessoas na frente dos delas, marginalizando-se no esforço de se manterem vinculadas. Agradar não é substituto para o leque total de experiências e de sentimentos que genuinamente constroem a auto-estima.

Como se consegue diferenciar uma garota que luta para agradar daquela que simplesmente está cooperando e colaborando? Evitar conflitos é um dos sinais, como uma menina pequena que sempre deixa alguém cortar a fila na frente dela na escola, uma menina de 8 anos que sempre deixa seu irmão escolher o programa que vão assistir na TV ou uma pré-adolescente que sempre diz às amigas: "Tanto faz, o que vocês quiserem fazer está bom". Na verdade, variações deste tema são um sinal por toda a vida de que alguém pode estar precisando de ajuda para se livrar da tirania da bondade. "Tanto faz para mim". "Seja lá o que você quiser está bom". "Você escolhe..."

Certamente, existem momentos em que essas respostas são apropriadas porque a escolha é de fato uma prioridade baixa e a garota realmente não se importa e não tem razão para tanto. Só precisamos ver a freqüência e a consistência de tais respostas.

Muitas garotas nem têm consciência de que fazem isso, mas, quando conseguem ver o próprio comportamento, explicam que agem assim porque é "mais fácil" ou porque "se sentem melhor". Se você, como mãe, alguma vez deu um biscoito para sua filhinha para conseguir alguns minutos de paz ou tirou do chão a roupa suja da sua filha adolescente porque era mais fácil do que brigar com ela; se você já disse sim quando realmente queria dizer não, então você conhece essa sensação.

O comportamento que visa agradar parece mais fácil porque elimina o conflito e permite que a relação continue de forma mais suave. E é melhor porque o conflito gera sentimentos negativos e concordar produz sentimentos positivos. Então, o pagamento para quem agrada é, em primeiro lugar, ter uma vida mais fácil e produzir sentimentos positivos; em segundo lugar, ela se sente melhor porque, quando agradamos a alguém, geralmente sentimos que o resultado é a pessoa gostar ou nos amar mais. E ser amada está em alto patamar na hierarquia dos objetivos das mulheres.

Dizer que agradar é um problema pode ser uma surpresa, se você nunca havia pensado no fato. A maioria das pessoas não pensa. Em todos os meus anos de educadora e psicóloga, a tendência a agradar não é algo com que os pais e os professores costumam se preocupar. Afinal, as garotas assim são tão legais, tão submissas. As garotas que se esforçam para agradar não costumam ser identificadas como problemáticas porque seu comportamento é raramente problemático para mais alguém. Mas, quando se entende as razões para tal comportamento – que se trata do reflexo da baixa autoestima da menina e de seu medo de perder os vínculos –, então é possível ver o potencial para os problemas a caminho, e é disso exatamente que se trata a questão. O problema em agradar é para onde ele leva. Deixe-me contar duas histórias.

Durante o período em que fui entrevistadora para o estudo da Universidade de Harvard sobre as meninas, o que mais me surpreendeu foi como as garotas levaram a sério essa pesquisa e respondiam nossas perguntas com franqueza e honestidade brutais. Eu havia conhecido essas garotas quando fui psicóloga escolar e sua diretora por quase dez anos. Ainda assim aprendi coisas novas sobre elas nas entrevistas. A entrevista que foi o exemplo típico de uma garota que quer agradar demais foi a da Kim, uma moça de 17 anos, inteligente e sofisticada.

A pergunta da entrevista pedia às garotas que pensassem em uma ocasião na qual enfrentaram um dilema moral e que descrevessem o que fizeram. Foi difícil para Kim pensar em um exemplo, mas então ela escolheu uma ocasião que disse ser "meio que um dilema moral porque eu precisei decidir se fazia algo que era errado ou não". Prosseguiu, contando que ela e seus amigos passavam a maioria dos fins de semana em festas, nas casas dos amigos, bebendo cerveja e se divertindo. Em uma noite de sábado, o garoto que ela estava namorando bebeu demais na festa. Quando foi cambaleando para o carro, ela sabia que ele não devia dirigir, mas ela não tinha habilitação e todas as outras pessoas estavam bebendo. Ela sabia que não devia ir com ele, mas não conseguia dizer nada. Entrou no carro e eles partiram, saindo da pista diversas vezes, mas finalmente chegando em casa.

Quando perguntei a Kim por que fez isso, ela disse que não queria aborrecê-lo. "Mesmo sob o risco de perder a própria vida, você preferiu entrar no carro para que ele não ficasse aborrecido?", perguntei. "Sim", ela respondeu, sem hesitação. "Você faria a mesma coisa novamente?", perguntei. De novo, outro sim.

Mais recentemente fui a um treinamento para mulheres que queriam atravessar o país de bicicleta. Entre essas mulheres fortes e interessantes estava Candace, a primeira mulher a atravessar os Estados Unidos com uma bicicleta adaptada. Eu havia lido sua biografia antes de ir para o treinamento, então sabia que sua deficiência física era devida a um acidente. Acabamos passando bastante tempo juntas e me senti à vontade para pedir a ela que me contasse sua história. Ela contou.

Naquele tempo, ela era *crupiê* no Lake Tahoe. Como ela disse, "unhas compridas, saia curta e muita maquiagem!" Seu namorado e o amigo dele vieram buscá-la bem cedo – 3 ou 4 horas da manhã – para dar uma volta nas montanhas ao norte de Lake Tahoe. Quando ela entrou no pequeno carro esporte, viu que ele havia bebido bastante e mal conseguia conversar ou manter os olhos fixos em um lugar. Ela lhe disse que iria dirigir e que ele podia descansar. Ele disse que não, que queria dirigir e que estava bem. Seu amigo ainda falou, com sarcasmo: "Se você está com tanto medo, vá sentada atrás – e coloque o cinto – porque vamos fazer um passeio louco!" Candace ficou onde estava, na frente, e não colocou o cinto. Ela não queria parecer santa, não queria estragar o passeio e arruinar a diversão. Quando estavam fazendo uma curva na serra, o namorado perdeu o controle e o carro capotou. Com a força do impacto, ela bateu e trincou a coluna na porta. Os dois rapazes só sofreram arranhões. Para se ajustar à sua nova vida como paraplégica, ela diz brincando que precisou abandonar as unhas compridas e o salto alto – eles se arrastam no chão pelo assento de seu novo meio de transporte, a cadeira de rodas.

Candace é muito ativa hoje em dia, nos eventos esportivos para deficientes, e segue sua carreira de palestrante em escolas onde conta o que sabe sobre cintos de segurança e proteção, e os perigos ocultos de ser uma garota que quer agradar. Penso em Candace e em Kim, a garota de 17 anos da minha escola que arriscou sua vida para satisfazer o capricho do namorado bêbado e que o faria de novo para evitar desagradá-lo. É muito difícil não ver a implicação inacreditável da reação de Kim: querer agradar está tão profundamente enraizado e é sentido como algo mais importante do que um risco à vida de alguém. Certamente, um componente é que ninguém acredita de verdade que vai sofrer um acidente e se machucar seriamente. Contudo, nos dois casos, as duas mulheres tiverem medo suficiente para ficarem bastante incomodadas, mas ainda assim sentiram que desagradar a quem gostavam era um sentimento pior que o medo. Isso é muito forte e, literalmente, mortal.

Mesmo quando os riscos não parecem ameaçar a vida, impõem conseqüências eternas. Vejo o ato de agradar como uma questão que traz benefícios a curto prazo, mas danos a longo prazo. A curto prazo, agradar funciona. Causa menos conflito, as coisas fluem mais tranqüilas, os outros reagem mais positivamente. Contudo, é também uma programação emocional traiçoeira que leva a padrões de comportamento muito difíceis de serem mudados; padrões que ficam enraizados e eventualmente se tornam praticamente automáticos, sem muito o que pensar.

Uma colega minha, muito inteligente e brilhante, lembrou o dia em que reconheceu em si mesma a vontade de agradar, após anos se esforçando para ganhar o respeito da maioria masculina que dominava seu departamento. "Eu ia a uma reunião atrás da outra do comitê e educadamente passava minhas idéias, mas elas eram sempre ignoradas até que um dos 'velhos conhecidos' a divulgasse como se fosse dele e então a idéia era considerada brilhante", disse. "Eu não estava tão preocupada em não ser reconhecida e me fazia bem pensar que, o que era de fato idéia minha, era valorizado pelo grupo. Mas sem esse reconhecimento, eu perdia oportunidades de participar da implantação que vinha depois. Um dia, percebi que estava sempre tentando dizer as coisas sem ser de forma ameaçadora para ser aceita e 'entrar para o time'. Mas ninguém se sentia ameaçado por mim. Eu é que queria desesperadamente fazer parte e ser estimada. E pensei: por que estou fazendo isso? Ninguém vai encontrar a cura para o câncer por 'ser legal'. Foi quando parei de me preocupar se parecia audaciosa ou confiante demais para o gosto deles. Comecei a falar, mostrando que era dona das minhas idéias e me arriscando. Alguns dos velhos conhecidos demoraram a me reconhecer, mas a minha experiência de falar o que pensava fez uma tremenda diferença para mim e, por fim, eu me tornei um membro mais reconhecido e valorizado pelo grupo."

Uma amiga que está lutando com o divórcio contou como foi difícil descobrir que ela quis agradar a vida toda: "Sou uma garota obediente desde que consigo me lembrar, mas só recentemente consigo ver a verdade: tenho sido um capacho para todos na minha família – não só para meu marido, como para meu irmão e irmã e até para os meus pais. Sempre me achei boa companhia – prestativa e tudo o mais –, mas a verdade é que nunca disse não porque achava que não podia. Tinha medo do temperamento do meu pai, não queria desapontar minha mãe, não queria receber críticas do meu marido ou da família dele, magoar os sentimentos das outras pessoas nem parecer egoísta. Por mais assustador que seja esse divórcio, é um alívio finalmente parar de me sentir obrigada a agradar a todas essas pessoas. Sinto como se estivesse saindo da Idade das Trevas".

Essas são duas mulheres fortes e inteligentes que já estavam com mais de 40 anos quando reconheceram em si mesmas o comportamento de agradar a todos, o que as fez reféns por décadas. Essas duas mulheres, e a maioria das outras com quem conversei, não querem que suas filhas gastem tanto tempo e energia moldando suas escolhas e suas vidas para agradarem aos demais. As mulheres adultas, quando se dão conta, conseguem ver tudo que não conseguiam quando a necessidade de agradar ocupava sua visão: todas as maneiras como ajustaram seus sonhos e expectativas para agradar a uma professora, a um pai, a uma amiga, a um namorado, a um marido, a um chefe. Elas conseguem ver isso na forma como educaram seus filhos também, acordando após muitos anos de servidão à família para deixar todos felizes e manter o conflito no nível mínimo. "Que não aconteça com a minha filha" parece ser o desejo universal.

Muitas mulheres estão vivendo histórias como essas. Queremos mudar a linha da história para as garotas de hoje. Para conseguirmos, precisamos aceitar o valioso conselho de reconhecermos as coisas que não podemos mudar e mudar as que podemos. Que parte desse comportamento é da natureza, que parte é da criação e o que podemos fazer para chegar a um equilíbrio mais saudável entre essas influências na vida da mulher?

## Agradar por Natureza

Gostaria de jogar fora aquela velha cantiga de ninar que diz que as meninas são feitas de "açúcar, temperos e de tudo o que é bom", mas há uma semente de verdade nela.

As mulheres são genética e emocionalmente programadas para alimentar e cuidar de outros seres humanos. É o que acontece por se ter útero. Em todas as espécies, não só nos humanos, a fêmea tem de ser geneticamente programada e *querer* cuidar do seu bebê para garantir a sobrevivência da espécie. Na nossa espécie, esse querer se traduz em gostar demais de outros seres humanos. Embora formemos nosso laço emocional mais forte com nossos filhos, o gene dos cuidados da mulher faz com que as garotas e as mulheres cuidem de todos e o efeito dessas experiências de cuidado reforça esse comportamento. Simplificando: as mulheres são programadas para cuidar dos laços, das relações e de outros seres humanos. As pesquisas neurológicas atuais também oferecem evidências quanto a isso. Lembra aquela parte emocional do cérebro, a amídala? Um novo termo está sendo empregado pelos profissionais que vêem a evidência neurológica que delineia "o cérebro dela e o cérebro dele": Darwinismo Neural.

Estritamente falando, o córtex é a única parte do cérebro necessária para uma tarefa meramente racional. Mas, nas mulheres, as tomografias indicam que a parte emocional do cérebro parece fazer parte de quase todas as tarefas, mesmo as concretas. Então, por exemplo, se você perguntar às pessoas qual é a raiz quadrada de quatro, a maioria dos cérebros masculinos é ativada em diversas áreas do córtex. A maioria dos cérebros femininos é ativada em diversas áreas do córtex *e* do sistema límbico, o centro emocional do cérebro. Ela não está tentando apenas calcular a resposta, mas também está preocupada com o fato de que, se falar errado, a professora vai ficar brava; se falar certo, seu namorado vai pensar que ela é CDF!

Mas todos os humanos, *inclusive as mulheres*, são programados para se empenhar em sobreviver. Essa parte genética do nosso projeto leva a comportamentos que associamos com ser independente, resolver problemas, executar. Então, tanto os homens como as mulheres têm uma capacidade natural para ambos os comportamentos: para cuidar e educar e para ser forte e independente. Em termos da era do computador, Darwin talvez dissesse que a fêmea da espécie nasce com um *upgrade* para cuidar e educar; o macho contém maior número de conexões para a força e a independência. Faz sentido. Idealmente falando, então, se conseguíssemos cuidar eficientemente dos meninos e das meninas de maneira diferente para alcançar o equilíbrio em cada sexo, acabaríamos com meninos fortes e cuidadosos e meninas cuidadosas e fortes! Entretanto, não é o que nossa sociedade tradicionalmente tem feito. Pelas fortes influências sociais da comunidade, da família, da escola e da mídia, reforçamos o padrão dos estereótipos dos sexos e forçamos homens e mulheres a serem ainda mais estereotipados.

Assim, em todos os seres humanos existe uma gangorra formada que, nesse caso, reflete o peso que damos a nós mesmos e aos outros na nossa atenção, nosso pensamento e nosso comportamento. Quando a distribuição desse peso está eqüitativa – respeitamos nossas necessidades e vontades, mas também levamos em consideração as dos outros –, a vida fica equilibrada e nos revezamos nos altos e baixos. Quando pesamos mais um lado ou o outro, o lado mais pesado controla o equilíbrio e a ação da gangorra. Com o passar do tempo, conforme aprendemos a equilibrar o dar e o receber nas relações, é normal que o peso mude um pouco, mas outros fatores também afetam o equilíbrio.

Nossa visão do que está acontecendo no mundo com relação a nós mesmos muda constantemente, influenciada pelo sexo, idade, interesses, ambiente, acontecimentos e outras circunstâncias. Não é vulnerável, mas flexível. Contudo, se um lado pesa mais por muito tempo, o mecanismo de ir e vir da gangorra enferruja e fica emperrado, deixando o outro lado preso no ar. Então, para conseguir o equilíbrio novamente é preciso muito mais energia e ferramentas especiais. Agradar demais é assim: o peso do "outro" lado se torna tão pesado por tanto tempo que a garota fica presa no lugar, encalhada.

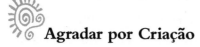 **Agradar por Criação**

A teoria do strudel nos diz que a maneira como o mundo reage a você, com o passar do tempo, torna-se parte da sobreposição de experiências que, somado ao que a natureza lhe deu, faz o que você é: seja uma mulher audaciosa, hesitante, confiante ou ansiosa. Para as garotas, o treinamento para agradar e ser legal começa cedo. "Seja gentil." "Seja boazinha." "Seja educada." "Comporte-se." As instruções dos pais, das escolas e do mundo são claras. Por exemplo: pesquisadores estudaram como os adultos conversavam com crianças bem novas. Os comentários para os meninos incluíam: "Que garotão!" e "Olha como você corre bem!" Para as meninas, os exemplos incluíam: "Ela não é um doce?", "Ela não é uma gracinha?" e "Que amor de menina!". As professoras das crianças novas dão continuidade à sobreposição: "Sua filha é ótima ajudante da tia, sempre posso contar com ela!" "Seu filho constrói excelentes prédios com os blocos!"

Certo ano, nos últimos dias de aula, escutei duas garotas da sétima série comparando os bilhetes que as alunas e os professores tinham escrito para elas. As duas garotas eram bastante esforçadas, inteligentes e comprometidas com os estudos, e tiravam notas excelentes. Os olhos da primeira garota brilharam, quando leu em voz alta o elogio da professora quanto à qualidade do trabalho que ela fizera naquele ano. A segunda garota suspirou, conformada, ao ler o comentário da professora: "A uma garota muito *legal*!"

É assim que a tendência saudável que a mulher tem para cuidar torna-se distorcida. Em termos simples: a maioria das garotas recebe treinamento demais do mundo para agradar, adicionado ao grande dom do cuidado a elas concedido pela natureza. O resultado final é que os dois ingredientes se combinam quase geometricamente para criar alguém que se preocupa demais em agradar.

Os garotos também ouvem, mas não no mesmo volume, na mesma intensidade e no mesmo contexto. Na verdade, se forem muito gentis, muito educados e muito comportados, serão chamados de "maricas". Para as garotas, durante a maioria dos anos de formação e da adolescência, parece não haver um limite máximo. Elas não podem ser "legais demais" ou "boazinhas demais". Ser quieta demais pode levantar algumas dúvidas, mas ser barulhenta ou agressiva demais levanta mais. E então, conforme a garota vai ficando mais velha, outra faceta social ganha maior força em sua vida: a que diz que as garotas também têm que ser fortes, independentes e firmes em suas opiniões. Mas, como Nora já disse neste livro, a garota não pode ser "nada demais", ou ninguém vai gostar dela.

Quando falamos do desenvolvimento infantil ou moral, pode-se dizer que o estágio no qual as crianças querem agradar a seus pais é fundamental para que se torne um membro efetivo da sociedade. Tanto as meninas como os meninos precisam ser elogiados pelos pais quando se comportam de forma adequada. E, enquanto uma criança é nova, os pais são o foco de sua vida; querer agradá-los é natural. Tudo é uma questão de quanto e para quê. Como disse anteriormente, precisamos deliberadamente encontrar o equilíbrio dos efeitos da natureza e da criação para nivelar os sexos.

Quando criamos diversas oportunidades para a garota ser mais competente, confiante e conectada, aumentando sua auto-estima, equilibramos a natureza com a criação.

## *Carpe Diem*: Aproveite o Momento para Ensinar os Comportamentos de Empenho e de Sucesso

Era um baile comum no ensino médio. As garotas ficaram de pé em um lado do ginásio, e os garotos do outro a maior parte da noite. Era o terceiro baile que eu acompanhava aquele ano. Certas coisas nunca mudam. No dia seguinte, um bando de garotas estava entrando na sala e uma delas dizia que os garotos foram covardes no baile. "Eles sempre esperam até a última meia hora para ter coragem suficiente de tirar alguém para dançar".

Aventurei-me na conversa, dizendo: "Por que vocês esperam tanto tempo?" Todas se viraram e olharam para mim. Terry abriu a boca para dizer alguma coisa, tinha um ar pensativo, mas só encolheu os ombros. No mês seguinte, outro baile. Terry e duas amigas foram até um grupo de garotos, logo no começo do baile. Todos eles se juntaram com as cabeças para dentro, fazendo um tipo de conferência. Quando a música seguinte começou, os seis foram para a pista e dançaram mais em grupo do que em casais. Em dez minutos, a pista estava lotada. No dia seguinte, todos na sala falavam que o baile tinha sido o melhor de TODOS!

Aquele foi um momento crucial, um momento que pode parecer insignificante no esquema dos acontecimentos do dia, semana, mês ou ano. Mas, sobreposto ao tempo, esse tipo de resposta que encoraja as garotas a lidar com a situação e que as faz descobrir do que são capazes transforma-as em pessoas mais competentes e confiantes, que criam as próprias relações de forma saudável.

## "Use as Próprias Palavras!" – Reescrevendo Nossas Respostas

Se queremos que nossas filhas resistam ao encantamento do fácil comportamento de agradar, precisamos dar a elas as palavras necessárias para compreender o problema e encontrarem novas respostas sozinhas. Transmita mensagens claras e diretas à sua filha sobre sua necessidade de agradar aos outros e a si mesma. Por exemplo: "Acho bom você se preocupar com os outros, mas também quero que pense no que é melhor para você. Para tomar decisões, é preciso pesar as duas coisas. É difícil saber o que é mais importante em todas as decisões, mas você precisa pensar sempre no assunto. E, se quiser conversar sobre qualquer coisa, estou aqui".

Não diminua a importância tanto do desejo de se agradar, como da vontade de agradar aos outros. Quando estão em equilíbrio, criam uma vida emocional saudável. Além disso, seguindo o tema dos momentos cruciais, esteja consciente da maneira com que responde à sua filha nas interações do dia-a-dia que envolvem conflito e cooperação. Ela precisa aprender as habilidades para resolver conflitos, que não são as mesmas para evitá-los ou se submeter a eles. Resolver conflitos significa reconhecer as próprias, bem como as necessidades dos outros, e lidar com o cinza entre as duas; ou não entrar em acordo, quando se trata de segurança pessoal ou integridade. Esteja atenta para como o mundo responde à sua filha. Estimule-a a falar por si mesma, mas esteja disposta a orientá-la, estando ao seu lado como defensora, ao falar com professores e com outros membros da família sobre essa questão.

As garotas lutam com esse problema todos os dias – e os pais também. Se queremos que pensem sozinhas nos momentos importantes, "usem o bom senso que Deus lhe deu" e tomem decisões acertadas, temos de criar oportunidades para que se exercitem. Temos de criar um laboratório para elas em casa e na escola. Nem sempre essa prática será agradável. Quando ensinamos os filhos a pensarem por si sós, estamos propensos a ficar irritados com os resultados.

É o que acontece com muita freqüência nas escolas cuja filosofia proclama o pensamento independente e a iniciativa. Mas a realidade nem sempre é bem acolhida. Em uma escola que tinha muitos anos de tradição no uso do uniforme, os professores do ensino fundamental ficaram chocados com o movimento das alunas para aboli-lo. Conforme começaram a formalizar sua proposta para levá-la à administração, muitos professores informalmente as desencorajavam e diziam frases como: "O uniforme ajuda na disciplina" ou "O uniforme é uma grande tradição desta escola e não vamos mudar" ou pior "Vocês só vão arrumar confusão se continuarem com essa idéia". Sendo o uniforme uma boa idéia ou não para a escola não é a questão aqui. O fato de as garotas da escola terem a coragem de desafiar uma tradição de tanto tempo e de tomar as providências para confrontá-la foi incrivelmente positivo. Alguns professores reagiram, dizendo frases como: "Se vocês acham que têm um bom argumento para sustentar sua posição, sigam em frente" ou "Fico feliz em ver que vocês se preocupam com a escola e com o ambiente escolar para fazer isso". Tomar partido ou dizer que a idéia é boa ou ruim não ajuda as garotas a se manterem no caminho de empenho e de sucesso. Entretanto, encorajá-las a questionar e não simplesmente concordar com tudo o que o mundo oferece é muito saudável.

O pai de uma das minhas alunas veio me ver um dia. Ele estava tão irado que mal podia falar. "Como você se atreve a ensinar a minha filha a responder para mim?", gritou. Pedi que me explicasse isso um pouco melhor. Ele disse que estava cansado, quando chegou em casa do trabalho, e só queria paz e tranqüilidade. Então, disse à filha para parar de ver TV e ir para o quarto fazer lição. Ele esperava o tradicional "Está bem, pai", mas ficou surpreso – e infeliz – quando ela respondeu que preferia fazer a lição depois do jantar. Ele repetiu a ordem, certo de sua resignação. Mas ela disse que não era uma boa idéia porque também teve um dia muito duro na escola e precisava de um descanso. Nesse momento, o pai partiu para o clássico "Faça o que eu mandei!", e quando foi confrontado com a resposta típica "Por quê?", falou automaticamente: "Porque eu mandei". Depois disso, ela subiu brava para o quarto e ele ligou bravo para marcar um horário para conversar comigo sobre essa reação atípica de sua filha.

Perguntei o que o incomodava mais. Ele disse: "Duas coisas. Primeira: ela sempre fez o que mandei; e segunda: ensinei meus filhos a me obedecerem e agora a escola está enfraquecendo minha autoridade".

Perguntei se o tom de voz de sua filha tinha sido respeitoso e se o que ela disse tinha validade. Ele arregalou os olhos e disse que esse não era o ponto principal; ela deveria obedecê-lo e pronto. Percebi que aquela seria uma longa reunião e decidi voltar atrás e guiá-lo mais deliberadamente pelo processo de raciocínio sobre a questão.

"Você se lembra de quando veio matricular sua filha nesta escola? Você tinha tanto orgulho dela, disse que era inteligente, boa e podia fazer qualquer coisa. Você disse que queria que ela estivesse em um lugar que a ajudasse a fazer o que ela quisesse na vida."

Ele concordou, mas disse que isso não incluía desobedecer ao pai.

Expliquei que questionar o pai não é o mesmo que desobedecê-lo. Na verdade, pelo que vejo, questionar alguém que se respeita e ama profundamente é muito difícil para uma garota. Se você puder questionar seu próprio pai, legitimamente, já estará no caminho certo para se tornar capaz de "fazer o que quiser na vida". Expliquei que essa era a razão pela qual a escola encorajava as garotas a questionarem a todos. A parte difícil somos nós. É muito difícil para os adultos na vida das crianças verem suas ordens sendo desafiadas. Significa que precisamos ter bons motivos para nossas ordens ou estarmos prontos para aceitar que não temos razão. É muito mais fácil ter uma criança submissa, não importa se você é pai, professor ou molestador de crianças. A última palavra o afetou. Ele saiu com relutância, dizendo: "Vou dizer a ela que só queria um pouco de paz e tranqüilidade".

Acho que esse pai é um homem corajoso e inteligente, que vai conseguir criar uma filha corajosa e inteligente. É preciso muita coragem emocional para sair do "Porque eu mandei" e passar para a necessidade humana de descanso e relaxamento, depois de um longo dia. Dialogando com sua filha, ele vai facilitar seu questionamento e encorajá-la a compreender as pessoas.

A reação desse pai em particular pode parecer exagerada, mas eu o compreendo. Ele foi com a família para os Estados Unidos saindo de um país onde a expectativa patriarcal dos filhos era a obediência absoluta – especialmente das meninas. Entretanto, a verdade é que uma versão dessa mesma obediência está em todos os tipos de famílias. O treinamento para agradar está enraizado na linguagem e no tecido da nossa cultura e na maioria das culturas do mundo, ainda hoje.

## Treinando para Abandonar o Comportamento de Agradar: Três Coisas a Fazer, Três a Não Fazer

Aqui vão três coisas diretas a fazer e três coisas simples a não fazer, que você pode usar em casa para criar um ambiente em que sua filha possa ser ela mesma, sem ficar querendo agradar.

### *Três Coisas a Fazer*
#### Ame, sem restrições

Em primeiro lugar, ame sua filha pelo que ela é, sem restrições. "Eu te amo" não deve ser dito ou acrescentado ao seu comportamento agradável ou ao seu bom desempenho. Gostaria de compartilhar o conhecimento do Dr. Carl Rogers, um psicólogo dos anos 60 e 70 que foi aclamado por sua teoria e prática da "consideração positiva incondicional", o que significa que toda pessoa precisa de alguém que a ame totalmente, apesar de suas falhas e defeitos. Toda garota precisa de respeito e cuidado incondicionais, sólidos como uma rocha. Não confunda essa postura com o reforço positivo por um trabalho bem-feito. O cuidado e o amor de um pai não devem ser dados como um doce, quando a filha chega em casa com uma nota máxima ou com um namorado que não tem um *piercing* no nariz. Ao contrário, esse é um sentimento geral e um laço de confiança determinado durante os momentos em que não há desempenho ou julgamento.

Aqui estão três frases que funcionam como chantagem emocional, seguidas por três que comunicam mais claramente as mesmas situações:

1. "Você não é uma boa menina."
2. "Estou desapontada com você."
3. "Espere até eu contar para o seu pai o que você fez."

Todos já dissemos frases semelhantes, mas, para as garotas, pode realmente ser uma chantagem emocional. Em vez de usá-las, veja como estas frases reescritas resolvem os problemas:

1. "Quando você bate na sua irmãzinha, pode machucá-la e não posso deixar você fazer isso."
2. "Quero conversar com você sobre por que é importante fazer a lição de casa e não mentir para a professora quando ela perguntar sobre isso."
3. "Vamos conversar sobre como você vai contar para o seu pai o que aconteceu hoje."

A mudança nas palavras é essencial. As primeiras atingem seu amor e sua relação, trincam a base fundamental para a relação que a orientação e o ensinamento (outras palavras para a criação) devem ter. Elas enfraquecem a garota, fazendo com que queira agradar em razão da chantagem emocional.

As últimas três frases são exemplos de como o retorno claro e específico pode permitir que a garota cometa erros e julgamentos errados e ainda assim sinta que é amada e apoiada – e orientada. Esse sentimento traz segurança e ao mesmo tempo determina os padrões de disciplina e de aprendizagem.

### *Permita e aceite uma variedade de comportamentos*

É complicado. Não estou dizendo que você precisa aceitar comportamentos ultrajantes ou rudes, mas precisamos tomar cuidado para não limitar demais nossas expectativas e fronteiras para garotas. Muitos no mundo tentam moldar as jovens para serem submissas. Como pais e professores, precisamos criar locais onde a garota possa se arriscar, cometer erros e praticar alguns comportamentos desafiadores.

Uma garota da sexta série chegou em casa, um dia, e contou à mãe que sua professora de música talvez telefonasse por causa do que dissera durante a aula, dando a entender que sua professora não estava nada feliz. Acho que todos os pais têm uma reação instintivamente negativa com relação a um comentário desses. Segurar a reação é importante. A garota prosseguiu explicando o que aconteceu. A professora entregou as provas que as alunas fizeram e começou a ler as notas, de A a F, seguidas do nome de quem as tirou. Essa garota levantou a mão e disse que a professora não devia fazer mais isso e explicou o porquê!

Mãe e filha tiveram uma discussão produtiva, primeiro sobre por que ela se sentiu impelida a dizer o que disse à professora e depois sobre as alternativas que poderia ter usado. Deveria ter falado em público ou conversado com a professora depois? Após pesar todos os aspectos da discussão, a garota decidiu procurar a professora no dia seguinte. Primeiro pediu desculpas por tê-la colocado em xeque na frente dos outros alunos, e depois teve uma conversa interessante com a professora sobre por que sentiu que aquela técnica não era apropriada.

Vamos ver mais três frases comuns que podemos trocar por outras, mais eficientes.

*1.* "É errado responder aos adultos."
*2.* "Seja boazinha."
*3.* "Nunca fale com estranhos."

Ouvimos essas frases quando éramos crianças ou as dissemos quando adultos. Novamente nossa linguagem precisa se ajustar e se modificar para que as garotas mais sensíveis não incorporem esses provérbios, de modo a diminuir seu repertório de habilidades e de comportamentos. Por exemplo:

*1.* "Sue, finja que eu sou sua professora de música e diga exatamente o que você disse a ela para que eu possa ajudá-la a entender o que aconteceu."
*2.* "É importante respeitar os outros e ser gentil, mas também é importante manter-se firme nos seus princípios, mesmo se alguém achar que você não está sendo legal."

> **3.** "Existem momentos em que conversar com estranhos não é uma boa idéia. Mas também existem momentos em que conversar com estranhos é necessário ou a coisa certa a se fazer."

Bem, tenho certeza de que você já está pegando o jeito. O mundo tem muito mais aspectos cinzentos e não muitos pretos e brancos. Ajudar sua filha a compreender e a lidar com as áreas cinzas vai ajudá-la a ser mais forte e bem-sucedida.

### *O importante é saber jogar*

A terceira atitude é reforçar o valor de ganhar *e* de perder, de vencer *e* de falhar. Se você só reagir positivamente às notas máximas ou ao gol no jogo de futebol, provavelmente vai impulsionar sua filha a ser alguém que só quer agradar. A idéia de que "não importa ganhar ou perder, o importante é saber jogar" não vale só para o bom esportista: vale para todos! Quando se trata de ser assertiva com ela mesma, a garota precisa ser encorajada a entrar em campo, tentar, arriscar-se, falhar e tentar novamente, mas permanecer no jogo. As mulheres são tão sensíveis, e tão ligadas às pessoas que amam, que essas pessoas precisam ser cuidadosas ao encorajar sua força, bem como o cuidado.

> **1.** "Você precisa estar entre os melhores alunos."
> **2.** "Quero que você seja a melhor patinadora da sua faixa etária."
> **3.** "Você conhece o ditado: 'Não existe mulher magra demais nem rica demais'."

Sempre haverá alguém mais inteligente, mais habilidosa, mais bonita. Logo, esse tipo de comentário é muito desencorajador. Não é saudável para uma garota pensar que *deve* ser a vencedora ou a melhor para ganhar sua aprovação. Se você tiver expectativas elevadas demais com muita freqüência, ela vai desistir de tentar.

> **1.** "Vou ler o comentário de cada professor antes de ler as notas, para saber se você se esforçou."
> **2.** "Quero que você aprenda a ser a melhor patinadora que puder."
> **3.** "Existe um peso saudável para o seu corpo e, como sua mãe, vou ajudá-la a ser saudável."

### Três Coisas a Não Fazer

#### Não veja sua filha como uma extensão de você mesma ou como sua propriedade

"Quero que minha filha tire notas melhores". Às vezes, as frases que começam com "Quero", relacionadas à sua filha, realmente querem apenas dizer: o que você quer, como mãe. Às vezes, esse pensamento é absolutamente altruísta, mas às vezes é apenas o reflexo do que é importante para você, o que é muito difícil de ver e de encarar. O mundo é um lugar bastante competitivo e é fácil se iludir com as aparências e com o que os outros pensam. Os pais se preocupam não só com o que o mundo pensa de sua filha, como também com o modo com que esse pensamento se reflete em suas vidas. É humano sentir-se assim, mas também é importante ser capaz de ver quando o que você quer para a sua filha não é necessariamente o melhor para ela.

A álgebra avançada lecionada na oitava série é um exemplo perfeito disso.

A mãe de Sharon exigiu que a filha assistisse a essa aula, embora as notas e o desempenho da garota até aquele momento sugerissem que matemática ainda não era sua praia. Afinal, sua mãe dizia que *ela* tinha cursado todas as matérias avançadas na escola e sua filha também era capaz. Às vezes, basta ouvir suas palavras para ver onde está a necessidade.

#### Não prepare a armadilha da motivação

Usar seu vínculo com sua filha – seu amor – para premeditadamente reforçar o comportamento agradável pode ser muito traiçoeiro, a longo prazo. Os professores podem cair facilmente nesse jargão porque alunos bons e quietos tornam os grandes grupos mais fáceis de se lidar. Na minha escola, enquanto crescíamos, tínhamos notas de conduta no nosso boletim, as quais denotavam se éramos quietos, obedientes e se não questionávamos. Não refletiam nossas brigas no parquinho porque um aluno estava insultando outro e tínhamos a coragem de tomar uma atitude a esse respeito.

Como sempre, tudo é uma questão de equilíbrio. O ponto importante aqui é que as garotas, em especial, reagem à forte motivação de agradar as pessoas, especialmente àquelas cujas opiniões são valorizadas. Como os pais, os professores e muitas pessoas usam esse vínculo e o que eles incentivam tem efeitos duradouros.

Às vezes, nós, mães, confiamos em uma solução rápida, como colocar a criança na frente da TV em um dia que temos muitos afazeres. Esse tipo de ausência breve da nossa filosofia geral do que é bom para os nossos filhos não causa efeitos sérios a longo prazo. Mas mesmo as soluções rápidas que usam a armadilha da motivação levam as garotas na direção do comportamento de agradável demais.

### Não deixe seu pêndulo balançar muito longe

Remover diretrizes e limites claros, permitindo uma variedade ampla demais de comportamentos não só vai incentivar a voz da garota, como também os berros, lamentos e ordens constantes de outras pessoas. De acordo com a maioria dos critérios psicológicos, pedagógicos e paternos, o equilíbrio é a chave. E é verdade. A vida dos pais competentes é semelhante à de um equilibrista na corda-bamba cuja grande finalidade é determinar limites e oportunidades para a criança.

Alguns dos comentários mais comuns, cheios de boas intenções, mas maldirecionados, são:

*1.* "Você pode fazer tudo que quiser."
*2.* "Seja honesta com você mesma!"
*3.* "Pareça estar sempre bem."

Quando as mensagens que as garotas escutam freqüentemente são equilibradas, elas se tornam aptas a encontrar o equilíbrio: independentes, mas respeitam as pessoas, arriscam-se, sem correr riscos desnecessários, são cientes das expectativas da sociedade, mas mantêm sua individualidade.

*1.* "Você é capaz de fazer muitas coisas e penso que seja saudável ter objetivos altos para a sua vida."
*2.* "É importante ter valores claros e saber o que é importante para você."
*3.* "Sua aparência é a primeira coisa que as pessoas usam para julgar. Então, existe um preço a pagar se sua aparência não combinar com a situação."

Nossa sociedade e a maioria das outras espalhadas pelo mundo continuam colocando muita pressão sobre as garotas e as mulheres para que se submetam à autoridade: que vistam, falem, andem, pensem e sonhem o que agrada aos outros. Podemos não conseguir mudar o mundo para as garotas, mas, na nossa casa, na escola, e em nossa relação com elas, podemos mudar o seu mundo tornando-o um lugar onde possam prosperar como pensadoras cuidadosas, carinhosas e independentes e como defensoras de seus melhores interesses.

### Pérolas para os Pais e Pérolas para as Garotas

- Seja um exemplo de equilíbrio na linha de continuidade de agradar.
- Limite o uso da palavra *boazinha* e seja mais específica. Por exemplo: em vez de "seja boazinha", diga "ofereça à sua amiga um..."
- Estimule sua filha a fazer perguntas, mesmo aos adultos."
- Procure exemplos de mulheres fortes (boa sorte!) em filmes e em programas de TV e fale por que você gosta de ver garotas e mulheres retratadas como personagens ativas e inteligentes.
- Convide sua filha um pouco mais velha a ler este Capítulo e a dizer como se sente pressionada a agradar. Não reaja defensivamente nem com críticas; ouça e aprenda.
- Sempre que possível, crie a rotina de perguntar: "Conte-me alguma coisa que fez hoje e da qual ficou orgulhosa".

CAPÍTULO **9**

# Pais sob Pressão: Como Raciocinar Quando a Preocupação Entra em Cena

*"Parecia legal na hora."*

— Angie, 15 anos

*"Como me preocupo? Deixe-me dizer como..."*

— Mãe de três meninas

Uma de minhas lembranças mais antigas é de quando tinha cerca de 2 anos, e estava sentada no colo da minha mãe enquanto ela bebia café e jogava cartas com outras jovens mães do bairro. Essa turma se reunia quase todos os dias para tomar café, caminhar ou jogar cartas, mas principalmente para conversar. Não me lembro muito bem dessas reuniões, mas, pelo que minha mãe me contou, boa parte da conversa era sobre nós, as crianças. Esses momentos eram para compartilhar histórias das mudanças no desenvolvimento, das preocupações e conselhos que agora percebo como eram necessários e especiais. O ditado que diz: "É necessário uma aldeia para educar uma criança" tem sido tão usado por políticos, que fazem campanhas por dinheiro e programas, que pode ser difícil perceber nessas palavras a verdade humana mais íntima em favor de pais e professores – mas ei-la: quando reunimos nossa sabedoria, nossas crianças são beneficiadas; agimos melhor quando podemos dividir o peso das nossas preocupações e ansiedades, usando alguns comentários objetivos para ver os problemas com maior clareza e aprendendo com as experiências alheias para orientar nossas reações.

Para a maioria dos pais de hoje, falta a aldeia. Ou, quando está presente, às vezes se torna parte do problema tanto como da solução. Quando tantos adultos estão estimulando o consumismo evidente, encorajando atividades mistas que facilitam a prática sexual precoce, incentivando a competitividade excessiva entre as crianças nos esportes, na escola e nos interesses extracurriculares; abandonando os limites, as regras e as conseqüências para seus filhos, e afastando-se da verdade sobre o uso de álcool e drogas em sua comunidade – ou em suas próprias casas –, onde está o cuidado da aldeia? Diante da crise ou sob pressões e preocupações, freqüentemente os pais se sentem isolados e inseguros.

Quatro mulheres que conheço se reúnem todas as manhãs de segunda-feira para tomar café. São mães de seis garotas, entre 10 e 18 anos e três garotos aproximadamente da mesma faixa etária. Diversamente das mães da época dos meus pais, elas não vivem próximas umas das outras e seus filhos freqüentam escolas e igrejas diferentes. Uma católica, outra protestante, uma judia e a outra mantém a perspectiva familiar ecumênico e espiritualista. E mesmo assim elas se conheceram em encontros variados aqui e ali e criaram a própria aldeia de pessoas selecionadas. Compartilham os valores centrais da vida e da tarefa de ser mãe e se apoiam na honestidade, na confiança e carinho uma com as outras. Quando se reúnem nas manhãs de segunda-feira, a conversa caminha com firmeza pelas vitórias e derrotas da semana, aprofundando-se maior atenção às novas e mais recentes preocupações com os filhos.

Na conversa de uma determinada manhã, por exemplo, somente sobre assuntos de meninas, as mães discutiram os incidentes recentes com suas filhas ou com as meninas no ciclo de amigas delas, que geravam uma preocupação justificada sobre cortes (automutilação), depressão, comportamento suicida, anorexia, uso de drogas, crueldade social, menstruação aos 10 anos e algumas influências da "turma da pesada". São mulheres ativas, inteligentes, amadurecidas, instruídas, atenciosas e mães envolvidas, mesmo assim, desafiadas pela extensão, complexidade e seriedade dos problemas que suas garotas enfrentam hoje. Embora veteranas da década de 60, elas não se sentem capazes de reagir contra os riscos mais perigosos e potencialmente letais do mundo contemporâneo das meninas. Por discutir os problemas sinceramente nesse grupo de quatro, elas são capazes de encontrar idéias, informações e inspirações. Sentem-se fortificadas e muito mais preparadas ao final do café do que se sentiam quando começaram! O melhor de tudo, segundo elas, é que são capazes de trazer perspectiva e uma dose extra de calma e clareza para as discussões subseqüentes que terão com suas filhas.

Qual seria sua reação se você descobrisse, por si mesma ou por outra pessoa, que sua filha está mentindo para você? Que ela está roubando artigos nas lojas ou dinheiro da sua bolsa? Que secretamente ela vomita depois das refeições? Falta às aulas? Corta-se? Conversa sobre suicídio nos e-mails para os amigos? Usa álcool ou drogas? Qual seria sua reação se as notas dela começassem a cair, se os amigos parassem de telefonar ou se seu temperamento ficasse marcantemente deprimido ou irritadiço?

Até mesmo os pais mais experientes e inteligentes podem se sentir temporariamente paralisados, desorientados, em pânico, ou pelo menos inseguros sobre como devem proceder frente ao problema. A sabedoria e as habilidades que acumularam com a criação dos filhos, lidando com vários e diários desafios, desde sua infância, parecem ter evaporado. Existe um axioma no mundo da terapia que pressupõe que quando estamos bravos, aborrecidos ou em qualquer outro estado emocional extremo, ficamos imediatamente emburrecidos e não devemos tomar decisões importantes nem tentarmos raciocinar sobre problemas complexos. Quando perdemos a cabeça, em um momento de raiva ou medo, o que perdemos é a nossa capacidade de reagir com clareza de pensamento frente a uma questão complexa.

As ciências relativas ao cérebro nos diz que a amídala – o centro das emoções –, quando altamente ativa, pode nublar o processo de raciocínio e a emoção pode nos levar a ignorar o pensamento e a agirmos com muita rapidez. Trata-se de um recurso embutido do cérebro humano – tanto para os pais como para os filhos. Se um ser humano sente medo, por exemplo, ao ver um urso cinzento, não é hora de pensar muito sobre a vida do urso, é hora de correr! O pensamento não foi projetado para um bom desempenho em momentos de alta emoção. Portanto, embora a emoção esteja designada a motivá-la a agir, e você deva obedecer à sua mensagem, a sabedoria diz: Caminhe tão cuidadosamente quanto puder.

Freqüentemente uso esse ditado como um meio de explicar para as garotas por que é melhor, quando se está brava ou aborrecida, acalmar-se antes de reagir com as primeiras palavras ou ações que vierem à mente. No momento do caos, não estamos no melhor do raciocínio, o que também é verdadeiro para os pais sob pressão. Em uma crise, que é qualquer situação semelhante tanto para os pais como para a filha, nossos instintos paternais e nossa inteligência ficam emburrecidos, gerando um ciclo de emoções contraproducentes.

O que mais vejo em minhas conversas com os pais sob pressão é o *medo* de lidarem mal com a situação, tornando tudo ainda pior. Eles também temem que a situação possa ter um efeito de longo prazo na auto-estima de suas filhas ou em suas opções na vida. Sem direções claras para a maioria dos problemas, a confusão e a incerteza aumentam, já que até mesmo os profissionais da área discordam quanto aos diferentes aspectos do problema e da melhor atitude a ser tomada. A especialista que está no meio de tudo – a própria garota – pode não ser capaz nem estar disposta a contribuir para esclarecer o problema. A ansiedade é o empurrãozinho da natureza, o sentimento que deveria nos impulsionar à ação. Entretanto, sem uma trilha aberta para sair desse lugar ameaçador, a ansiedade gera mais medo e ficamos presos nesse ciclo vicioso, essa crescente espiral de medo, confusão, incerteza e ansiedade.

Embora algumas preocupações se desenvolvam com o tempo, esse processo de pânico pode se desenrolar, como os pais sabem, em um espaço de 1,5 segundo. Como um piloto que atinge uma turbulência inesperada, é preciso um esforço consciente para desativar a reação do medo, agarrar o manche e seguir em direção a um espaço aéreo mais calmo – tudo no primeiro segundo.

Sob ponto de vista de uma garota, essa mesma situação aparentemente aterrorizante pode ser apenas desconcertante, não um grande problema. É por esse motivo que é importante sempre comparar sua percepção com o ponto de vista da sua filha.

Certo dia, eu tomava café com uma amiga que é mãe de uma garota do segundo ciclo do ensino fundamental. Quando sua filha entrou na sala para pegar um biscoito, a mãe disse: "Dra. Deak tem muita experiência com os professores. Você quer falar com ela sobre o problema que tem com sua professora de matemática?"

A reação da filha foi um sorriso e a frase: "Não, não é realmente um problema". Incrédula, a mãe disse: "Mas ontem à noite você chorou e disse que não queria mais voltar à escola para não ter de enfrentá-la!"

A reação: "Bem, é, mas hoje de manhã eu descobri com a Mary que ela diz coisas daquele tipo para a maioria dos alunos; então não vejo porque dar tanta importância para o fato!" E saiu, batendo os pés, deixando sua mãe um tanto perplexa, confusa e exasperada.

Por outro lado, o que uma mãe vê como algo sem importância, pode ser visto pela garota como o fim da vida, literalmente. É por esse motivo que geralmente uso um colar legítimo com uma pedra de diamante para me lembrar que o mundo é um lugar de fenômenos – o que acreditamos molda nosso pensamento e nossas atitudes; se uma garota sente que seu mundo está chegando ao fim, não interessa o que seus pais pensem. Craig, um amigo de longa data, telefonou para falar sobre sua irmã mais nova, que estava no último ano do ensino médio. Tricia andava atordoada pela casa há várias semanas; o namorado com quem tinha planejado casar-se havia dito que estava apaixonado por outra pessoa. Quando se expressava, ela dizia coisas para seus pais como "minha vida acabou". Sua mãe ouvia e sofria muito e, com o passar dos dias, consolou-a, como qualquer um de nós faria, dizendo que o tempo cura tudo e que haveria outra pessoa para ela, com a intenção de suavizar o sofrimento da filha. Gradualmente, Tricia parou de falar sobre sua dor. Sua família começou a respirar melhor. Quando Craig ligou, Tricia estava no hospital, recuperando-se de uma overdose de pílulas para dormir. Ela pediu para se encontrar comigo quando tivesse alta na semana seguinte, pois não havia se dado bem com o profissional designado a ela no hospital. Outros fatos posteriormente aconteceram nessa história, mas a questão é que sua família acreditou que se tratava apenas de uma das lições previsíveis da vida com a qual a garota aprenderia e cresceria. A propósito, o colar foi um presente que Craig me deu quando sua irmã sorriu e foi ao cinema pela primeira vez!

Às vezes, um problema sério está claro e centralizado; é óbvio que a garota está com problemas e tanto os pais como ela mesma concordam que é sério. Transtornos alimentares estão nessa categoria. As garotas admitirão que estão empenhadas em ficar magras e perder peso. Em estágios anteriores, quando os hábitos alimentares irregulares ou exigentes estão relacionados com o fato de ver as roupas da filha ficarem cada vez mais folgadas, os pais já começam a se preocupar mais.

Esse foi o caso de Chrissie e seus pais. Quanto menos ela comia na frente deles, mais a forçavam a comer. Ela concordou que não estava comendo o suficiente e prometeu que comeria mais na escola, na próxima refeição ou mais tarde, que não se preocupassem. Esse tipo de falso acordo por parte dela faz parte da síndrome. Nas minhas conversas com garotas em situações semelhantes, elas falam sobre jogar com os pais vigilantes, compreendendo sua preocupação, até mesmo concordando. Mas, na verdade, elas não sentem que têm um problema, porque acreditam que podem parar a dieta quando quiserem. Entretanto, a motivação para ser mais magra não diminui.

Assim, Chrissie passou a não comer nada durante todo o dia na escola e comia muito pouco no jantar, para controlar a preocupação dos pais. Mais tarde, admitiu que também controlava sua preocupação quando os pais estavam mais calmos. Mas, como a perda de peso continuava, a reclamação insistente dos pais aumentou em freqüência e duração. Foi quando a saída aparentemente mais fácil teve início: jantar e depois vomitar a comida. A perturbação dos pais cessou.

## Procura-se: Sabedoria Psíquica, Perspectiva de Longo Prazo

A charada que os pais devem resolver é a tensão entre intervir prematuramente e permitir que o desenvolvimento e o processo do tempo entrem em ação. Por um lado, pode-se fazer uma analogia com a tendência de desenvolver a cárie no dente. Se você intervir logo, pode evitar que a cárie se espalhe; se esperar demais, pode perder o dente todo. Em situações difíceis para sua filha, se intervir logo, muitos problemas serão mais fáceis de remediar e você diminuirá o risco de ver o problema em questão ampliar. Por outro lado, quando os adultos intervêm cedo demais e com freqüência nos momentos de luta de uma criança, ela é dirigida para o caminho da dependência e da ineficácia. Essa é uma questão significativa, especialmente para as garotas e seus pais, porque, de vários modos, nossos meios de comunicação, nossas famílias e nossa sociedade continuam a ecoar a reação tradicional da "dama em perigo", assumindo que as garotas são indefesas e precisam ser salvas ao primeiro sinal de alerta.

A maioria das minhas sessões com pais tem sido sobre interromper seu ciclo de preocupação ou desamparo, e transformá-lo em um processo de reação mais produtiva. Quer o problema se encaixe na categoria séria (sexo, álcool ou drogas, transtornos alimentares e depressão), quer se encaixe na categoria situacional (conflito social, briga entre irmãos, pressão dos amigos), quer sejam questões cotidianas (o que não é muito provocante para usar na escola, qual o horário apropriado de as crianças voltarem para casa), no fundo, a estratégia dos pais é a mesma: ver a situação com clareza, engajar-se com cuidado e deixar espaço para que a garota aprenda e solucione problemas, tudo da melhor maneira possível. Claro que um transtorno alimentar, uma péssima amizade ou a escolha do que vestir são questões diferentes, em sentido e profundidade, mas todas representam experiências importantes de crescimento que tanto os pais como as garotas enfrentam, sozinhos ou juntos. Todos esses problemas e conflitos, e como devem ser abordados pelas garotas e seus pais, não apenas compõem o repertório comportamental de uma menina, como também formam uma atitude em relação a si mesma, ao mundo e ao julgamento pessoal que uma garota usará por toda sua vida.

Não importa quanto uma garota tente resistir à sua ajuda, nenhuma criança quer acreditar que está tão confusa, tão mal ou tão envolvida com um problema que esteja além de qualquer ajuda. Quando as meninas ficam sob pressão ou quando estamos preocupados com elas, seja qual for a razão, a maneira com que reagimos tem significado e se torna parte importante da experiência de aprendizado e da eficácia em potencial de qualquer estratégia.

## Além do Caos: Encontrando Perspectiva sob Pressão

Todos os pais têm histórias sobre as vezes em que a inexperiência e as impressões erradas os levaram a tomar uma atitude que mais tarde descobriram ser desnecessária, exagerada ou até engraçada. Todos os pais também têm histórias sobre as vezes em que um problema se curou por si só – o que significa que as filhas o resolveram sozinhas ou simplesmente o superaram. Entretanto, conforme as garotas ficam mais velhas e o panorama mais complexo e, de várias formas, mais arriscado, é mais difícil sentar e esperar que as coisas se resolvam.

Para nós que vivemos ou trabalhamos com meninas, o otimismo e a preocupação estão no ar que respiramos: otimismo, na sensação estável e fundamentada que vem com o sentimento de que nossas garotas são indivíduos criativos e capazes, com amplo acesso a um mundo de oportunidades; preocupação, no ruído de fundo que ouvimos em sua vulnerabilidade e na dura realidade da vida feminina no mundo contemporâneo. Então, certo dia, uma pergunta assinala uma ameaça mais imediata: se sua filha de 12 anos deixou de tomar café por três manhãs seguidas e parece recentemente preocupada com seu peso e aparência, ela está nos primeiros estágios de um transtorno alimentar? Se você sente cheiro de maconha nas roupas da sua filha adolescente, ela tem problemas com drogas? Se suas notas se tornaram uma fonte de tensão para ela, ou entre ela e você, ela está com problemas escolares?

O que pode parecer um caso sério de depressão pode ser uma reação temporária às dificuldades do dia-a-dia na pressão escolar ou nas amizades. Com um convite para uma festa ou uma nota A em uma prova, é surpreendente a rapidez com que a assim chamada depressão clínica se dissipa. Por outro lado, o que pode parecer simples cansaço por não dormir o suficiente pode realmente ser sintoma de uma depressão ou do uso de drogas ou álcool. Nada é simples ou linear nas vidas dos jovens hoje em dia, especialmente com as garotas, quer você sinta que está lidando com um problema sério quer não. A reação de uma menina, sua atitude, humor e envolvimento podem variar em um ritmo alucinante de um dia para o outro.

É como disse certa mãe frustrada: "Há momentos em que não se pode distinguir uma cebola de um pedaço de torrada".

Eu gostaria de dizer que a observação ou as pesquisas disponíveis oferecem uma maneira definitiva de decodificar os comportamentos alarmantes que vemos no dia-a-dia de nossas garotas. Seria muito mais fácil se tivéssemos um manual de observação e ação para cada problema, como por exemplo estes aqui:

> *Exigência ao Comer:* *2 anos – Espere e observe por dois dias, então ligue para a vovó*
> *10 anos – Espere e observe por duas semanas, então ligue para o pediatra*
> *16 anos – Espere e observe por três semanas, então ligue para o psicólogo*

Em vez disso, temos a ambigüidade e a necessidade de lidar com o cinza, primeiro em nossas mentes e na nossa compreensão da situação e depois com nossas meninas, em qualquer maneira de melhor ajudá-la.

O primeiro passo, então, é respeitar nossos instintos e experiências. A mãe de uma menina de 12 anos me ligou, certo dia, e começou nossa conversa desculpando-se por ter ligado. Ela não queria parecer "com uma daquelas mães exageradas", disse, mas estava preocupada com a filha. Ela explicou-me que a garota parecia cada vez mais retraída e apática e que estava preocupada se ela pudesse estar sofrendo de depressão. Então, a mãe prosseguiu – "embora provavelmente não fosse nada"– e detalhou uma lista de fatos acontecidos recentemente que, um a um, não pareciam problemáticos, mas estando em seqüência e ela conhecendo a personalidade e o histórico da filha, deixaram-na preocupada. Esse histórico incluía duas mudanças nos últimos cinco anos, o que exigiu um total de três transferências de escolas para a filha; a mudança da sua melhor amiga para outro estado, dois anos antes, o sofrimento do pai com câncer, quase ao mesmo tempo, e que agora está sob controle, a morte de um avô muito querido, cerca de um ano mais tarde, e, mais recentemente, a lesão que sofreu, a qual acabou com seu passatempo favorito e única atividade física significativa que era a patinação no gelo. E, finalmente, o médico determinou que ela usasse óculos, por causa de um pequeno problema na visão. Em algum lugar no meio de tudo, o gato fugiu de casa, e – ah, sim – ela teve sua primeira menstruação.

Quer sua filha estivesse clinicamente deprimida quer não, ficou claro que ela estava lidando com uma sucessão de acontecimentos que, especialmente na vida de uma menina dessa idade, eram difíceis e bastante deprimentes. Essa mãe tinha bons motivos para estar preocupada e nenhuma razão para pedir desculpas!

Quando a preocupação se instala e não desaparece, é geralmente um sinal de que o fato merece uma atenção mais profunda. O córtex é uma maravilhosa máquina do pensamento racional, mas os sentimentos de preocupação são alocados no cérebro inferior e a pequena amídala volta a trabalhar, portanto os pais não devem ignorar suas reclamações persistentes. Esses sinais e sentimentos intuitivos estão embutidos no sistema por alguma razão, embora nem sempre sejam alimentados por dados (caso contrário o córtex assumiria o controle!). Meu melhor conselho é sempre agir frente a essa preocupação. Mesmo que não haja nada sério, a ação ajudará na sua saúde mental. O benefício adicional, claro, é que provavelmente sua filha também será ajudada.

## As Perguntas de Intervenção: Fazer ou Não Fazer? Quanto e Como?

Quando trabalhei em uma grande escola pública, tínhamos tantos encaminhamentos de alunos para serviços de orientação que simplesmente éramos incapazes de cuidar de todos eles. Sob pressão para priorizar de acordo com a severidade e usando os critérios que pudéssemos, começamos a trabalhar em alguns casos, relegando os demais à estante, literalmente, esperando chegar a eles mais tarde. No meio do ano, decidimos avaliar a diferença entre o progresso das crianças que foram encaminhadas, mas não receberam intervenção (o grupo da estante), e daquelas do grupo de intervenção direta. Embora não fosse um estudo científico, ficou claro que muitos dos alunos da "estante" melhoraram sem intervenção direta e alguns de ambos os grupos não apresentaram melhora significativa, com ou sem orientação. Às vezes, as crianças crescem naturalmente e resolvem seus problemas; outras, precisam de ajuda para solucioná-los.

### *Stacy: Atolada na Tristeza*

Lynne, uma mãe geralmente calma e atenciosa, telefonou-me certo dia, para dizer que sua filha da sétima série, Stacy, chegava em casa da escola todos os dias e chorava. Ela era o tipo de garota normalmente um pouco quieta e com uma ou duas boas amigas. No verão passado, uma amiga se mudou e a outra decidiu freqüentar outra escola. Desse modo, Stacy foi para a sétima série sem amigas. O ano continuou com a choradeira, a tristeza e a solidão. A falta de alegria afetou seu interesse nas atividades fora de casa, bem como no ambiente familiar. A oitava série não foi muito melhor. Seus pais tentaram orientá-la, mas não tiveram sucesso. Antidepressivos foram prescritos pelo médico, mas tiveram pouco efeito positivo. Na nona série, Stacy fez amizade com duas novas garotas. Elas faziam tudo juntas. Stacy começou a sorrir e a rir novamente, tinha energia para praticar esportes e um garoto percebeu seu lindo sorriso e convidou-a para ir ao cinema. A vida estava ótima! A depressão de Stacy melhorou e nunca mais voltou de maneira significativa. É óbvio que ela passou por um momento difícil, depressivo, mas nenhuma das intervenções teve sucesso milagroso. Foi o fato de encontrar uma conexão satisfatória com outras garotas que provou ser o momento da virada para Stacy.

### *Marta: Via Expressa para Problemas*

Há vários anos, conheci uma família com quem estive envolvida em conversas periódicas como diretora de seus filhos porque os pais tinham se divorciado e se esforçavam muito para manter o processo de separação o mais leve possível para as crianças. Mas não parecia tão leve para Marta. Ela era a mais emotiva e sensível. A princípio, ficou realmente brava e não se comunicava com nenhum dos pais de maneira civilizada. Ela foi para o ensino médio e seu grupo de amigos deixou de ser composto pelos companheiros que conhecia desde o ensino fundamental. Sua mãe sentiu a mudança e começou a se preocupar. Marta não mostrava mais tanta raiva, simplesmente se mantinha cada vez mais distante. Ficava fora de casa até o mais tarde possível, passava todo o tempo do dia com esse grupo de amigos ou em seu quarto, com a porta trancada, e não compartilhava nada com a família.

Cheryl, a mãe dela, me ligou. Ela precisava de alguém com quem conversar e eu conhecia bem sua filha e sua família. Ela não sabia especificar fatos, mas tinha a sensação de que a situação estava se tornando realmente séria. O quarto de Marta sempre foi seu espaço privado e agora Cheryl tinha vontade de entrar para dar uma olhada e realmente vasculhá-lo, o que deixou-a surpresa, pois nunca tivera essa vontade antes. Enquanto conversávamos, ela acabou confessando que tinha vasculhado as coisas de Marta e encontrado cerveja no armário e nas gavetas. Contou-me como Marta ficava cada vez mais fora de casa com as amigas e que ouvira rumores de que essas garotas tinham problemas com alcoolismo e freqüentemente faltavam à escola.

Encorajei Cheryl a telefonar para o colégio e conversar com a orientadora de Marta, a psicóloga ou com uma professora que a conhecesse bem. Ela o fez e me telefonou de volta, em pânico. A psicóloga contou-lhe que as notas de Marta tinham caído drasticamente, faltara e chegara atrasada várias vezes nos últimos dois meses e que ela estava prestes a ligar para a família para ver se havia algo de errado. No seu desespero, Cheryl foi para casa, retirou toda a cerveja e o telefone do quarto de Marta e esperou que chegasse da escola. Confrontou-a assim que entrou pela porta, falando abertamente sobre suas preocupações, o que a psicóloga dissera, o que encontrara em seu quarto, e acabou colocando a filha de castigo – inclusive sem ver ou conversar com as amigas depois da escola – até que mais adiante a desculpasse.

Por esse tempo, Marta já formara um vínculo bastante dependente com as amigas e com a bebida. Era simples: quando estava com as amigas ou um pouco "alta", sentia-se bem. Assim, a atitude repressiva da mãe só a motivou a ir mais fundo no poço. Ela bebia com as amigas no banheiro da escola ou fugia de casa quando a mãe não estava. Então, dois fatos sucederam-se rapidamente. Marta chegou da escola bêbada e, em uma briga feia com a mãe, golpeou a parede com o punho e quebrou vários ossos da mão. Quando voltaram do hospital, havia uma ligação do diretor da escola dizendo que Marta fora suspensa porque tinha sido pega com cerveja em seu armário.

Nesse ponto, Cheryl decidiu entrar no circuito. Telefonou para o pai de Marta – seu ex-marido – e pediu que ele e a esposa se unissem a ela para conversar com as professoras e a orientadora de Marta. Na reunião, ficou claro que o grupo de amigas de Marta tinha profunda influência em todos os seus membros. Não era apenas o problema com o álcool. Foi a necessidade de Marta pertencer e finalmente participar de um grupo que a fez sentir-se benquista. Esteve solitária e perdida desde que seus pais se separaram e não teve nenhuma amiga próxima durante o segundo ciclo do ensino fundamental. Então, a qualquer custo, ela ficaria com suas amigas, seja lá o que precisasse fazer. Como Cheryl trabalhava em uma empresa um pouco distante de casa, havia muitas oportunidades para Marta burlar o castigo.

A decisão final tomada pelos adultos da família foi retirar Marta da influência desse grupo de amigas. A mãe concordou que ela fosse morar com o pai, o qual vivia do outro lado da cidade, de modo que ela freqüentaria outra escola. O pai foi conversar com o orientador da nova escola, para pedir ajuda e apoio ao apresentar Marta para algumas garotas com quem poderia fazer amizade. Felizmente, esse orientador sabia como lidar com esse tipo de problema, e deu um jeito para que Marta fosse convidada a participar da equipe do jornal na qual conheceu e fez amizade com várias garotas que gostavam da escola e eram divertidas.

Com Stacy, intervenções progressivas passo a passo pareciam surtir pouco ou quase nenhum efeito. Dois anos são um longo período para uma garota lutar com a solidão e a depressão, e seus pais lutaram durante todo esse tempo, também, desesperados em fazer alguma coisa para ajudar a filha. No final, parece que a simples amizade – que precisa se desenvolver naturalmente – foi o remédio que a curou. Entretanto, ninguém sabe qual papel o processo desempenhou – qual parte da recuperação de Stacy poderia ter sido causada pela combinação de coisas da idade, do desenvolvimento, dos hormônios, antidepressivos, do próprio temperamento e da sua experiência de sentir que os pais a amavam e se preocupavam o suficiente para continuar tentando. Será que Stacy teria se recuperado da mesma forma caso não houvesse intervenções de nenhum tipo? A verdade é que não há como saber.

Com Marta, caso não houvesse intervenção, duvido que tivesse se saído tão bem. Será que a mãe de Marta deveria ter vasculhado o quarto da filha? Será que os pais podem ter esse tipo de atitude? Perguntas como essas são complexas demais para serem respondidas simplesmente com sim ou não. Parece que a resposta sempre começa com "Depende..." Em geral, você demonstra respeito e confiança nos filhos ao permitir privacidade e uma sensação de espaço próprio. Portanto, vasculhar o quarto de uma criança com freqüência só por curiosidade não é uma maneira de educá-la com eficiência. Mas, se existem problemas contínuos e preocupações que uma pessoa de fora consideraria objetivamente como "causa justa", então entrar no quarto da filha e dar uma olhada pode ser necessário e útil. Assim como em todas as decisões difíceis de tomar na nossa tentativa de ser adultos inteligentes, precisamos ser capazes de explicar por que fazemos o que fazemos. Nossos filhos não precisam concordar, mas, no fundo, têm a sensação de justiça que prevalecerá quando a tempestade acabar dentro de uma semana, um ano ou mais.

Frente ao que a mãe de Marta descobriu, os dados sugeriam a necessidade de uma intervenção abrupta. Por outro lado, essa mudança radical poderia tê-la motivado a ir mais fundo em sua reação negativa no seu novo ambiente familiar e escolar. Não havia como seus pais terem certeza, naquela época, de que as modificações a levariam a dias melhores.

Portanto, se as respostas podem ser tão diferentes, variando de garota para garota, o que podemos aprender com suas experiências?

Primeiro ponto: comunique suas decisões conscienciosas, preocupações e carinho. Não permaneça em silêncio nem pareça estar indiferente a qualquer situação que faça com que você ou ela se preocupem. O silêncio e a indiferença *são* uma reação, carregam um significado. Expresse seu carinho, mesmo que, a princípio, meramente diga: "Você parece um pouco (quieta, cansada, triste, irritada, brava). Se você quiser conversar comigo sobre qualquer coisa, estou aqui".

Segundo ponto: faça sua análise, depois faça o que sente que é certo. Então, prepare-se para tomar uma atitude diferente se as coisas não melhorarem. Como os adultos nas vidas das crianças, estamos tentando garantir que cresçam com saúde e não vaguem para muito longe, em águas turbulentas. Em momentos difíceis, precisamos fazer o que for necessário. Observamos a situação, reunimos dados e conhecimentos, analisamos nossas opções e tomamos uma decisão que acreditamos ser boa no momento. Quando não parece estar funcionando bem, tentamos recolher os cacos e seguir em nova direção. É tudo o que qualquer um de nós pode fazer. Esse processo de observar e reunir informações é outra versão do processo de lidar com o cinza, como descrito no Capítulo 1. Mas, quando a situação apresenta um desafio maior e a preocupação aumenta, sempre ajuda ter uma idéia de como redobrar nossa atenção de maneira razoável e responsável.

## Lições do Lago

Uma amiga minha que vive perto do Lago Michigan descreveu como costumava ficar de olho em sua filha de 6 anos, enquanto brincava ao longo da margem nas ondas que quebravam e rolavam sobre a praia. Sua filha estava aprendendo a nadar e gostava de se afastar um pouco para praticar suas braçadas, mas mãe e filha concordaram com algumas regras básicas de segurança que incluíam não ir mais fundo do que a altura do peito. Desde que sua filha brincasse em águas bastante rasas, a mãe ficava tranqüilamente sentada em sua toalha de praia. Mas, caso a filha fosse mais para o fundo, onde o lago era irregular e sujeito a subcorrentes, a mãe passeava casualmente para perto, basicamente mantendo a mesma distância de sua filha, mas redobrando sua atenção. Seu pensamento é que ela poderia ficar distante o suficiente para sua filha ter liberdade e aprendesse a nadar nas ondas, mas perto o bastante para ajudá-la, caso tivesse problemas.

"Lições do Lago" similares se aplicam a pais sob pressão.

## Caminhando pela Praia

A vida tem momentos estranhos, incômodos e difíceis e uma garota precisa vivenciá-los, se quiser descobrir estratégias para vencê-los. Emoções negativas são naturais, normais, acontecerão com freqüência e são o que eu chamaria de sentimento adequado. Se ela tirou um D na prova de ciências, é normal que fique aborrecida; é saudável. Ela pode estar triste, mas não precisa ser salva. Tendemos a querer que nossos filhos não vivenciem sentimentos negativos, o que é bastante compreensível. Os adultos têm uma reação instintiva de estender a mão a alguém ferido, especialmente se for jovem e mais ainda sendo os próprios filhos. Quanto maior a dor percebida ou real, mais sentimos a necessidade de entrar em cena para ajudar, consertar ou remover o que a está causando. Então, podemos dizer que nos primeiros momentos de preocupação, seria sábio chegar um pouco mais perto para ficar de olho nos acontecimentos e passar um tempo observando e raciocinando sobre a situação, até conversar sobre ela, sem correr para intervir.

Enquanto você está observando a situação mais de perto, é um bom momento para mostrar-se disponível. Tente estar próximo e passar mais tempo junto a ela para ter algumas pistas do quão aborrecida ela está e o que pode estar acontecendo. Converse com seu marido, companheiro ou qualquer pessoa que você considere um bom orientador para validar suas preocupações ou oferecer-lhe uma perspectiva diferente. Esse processo pode continuar por algum tempo, mas acaba assim que as coisas melhoram ou quando sua preocupação mais suave transforma em emergência iminente. Então, é hora de agir.

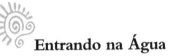 **Entrando na Água**

Agir de acordo com suas preocupações não significa necessariamente mergulhar de cabeça e exigir uma explicação sobre o que está acontecendo nem tentar resolver ou mudar a situação imediatamente. Na verdade, quase sempre é mais eficiente agir de modo contrário. Quanto mais preocupada você está ou quanto mais séria aparenta ser a situação, mais importante se torna o fato de você entrar devagar no processo, em vez de mergulhar de cabeça para um dramático salvamento. Discutir o problema com sua filha, junto da família e com um casal de amigos adultos em quem confia, fundamenta sua perspectiva sobre o assunto de maneira útil.

Como abordar sua filha sobre as suas preocupações? Algumas meninas são muito parecidas com o caranguejo-ermitão e precisam sentir-se seguras para se aventurarem a sair da concha. Dizer quanto você se preocupa, que está um pouco inquieta e perguntar se vocês podem conversar a esse respeito, pode trazê-las para fora. Outras garotas são mais diretas e responderão simplesmente à sua preocupação: "O que foi?" O ponto principal desse passo é engajar-se em um tipo de conversa direta com ela, para que você possa dimensionar melhor o que está acontecendo e, se houver um problema, determinar qual é e o que fazer em seguida.

## Indo Mais Fundo

Assim como em todas as fases, se sua preocupação continuar, independentemente do que sua filha diga, vá mais fundo. Voltando à história de Marta e seu alcoolismo com as amigas, ela a princípio deu a resposta básica à mãe: "Deixe-me em paz, eu estou bem", mensagem que não ajudou Cheryl em nada. Ela foi atrás de orientação fora de casa, nesse caso, seu ex-marido e alguns outros amigos que conheciam Marta muito bem. Quando suas preocupações foram confirmadas, ela foi mais fundo e conversou com o orientador da escola. A essa altura, muitos pais teriam escolhido o caminho da terapia. Os de Marta saltaram esse passo da intervenção porque sentiram que uma mão quebrada era evidência suficiente de que essa situação punha em risco sua segurança física e queriam ver uma mudança imediata no seu curso. Entretanto, obter aconselhamento profissional, seja para você, em termos de como lidar com uma preocupação séria, seja para sua filha diretamente, é o principal passo no momento em que você chega a esse nível de preocupação.

## Chamando o Salva-Vidas

Se a situação da sua filha continua a ser preocupante, seja por seu comportamento e sofrimento extremos devido ao panorama, seja porque não mostrou nenhuma melhora ou por parecer que está piorando, é hora de buscar ajuda externa. Voltemos à Tricia e sua tentativa de suicídio. Teria sido ótimo se sua família tivesse buscado ajuda profissional no momento em que ela parecia afastar-se para águas mais profundas em relação ao rompimento com o namorado. Mas eles não tinham idéia da profundidade das águas, naquele momento. Foi somente depois da ingestão das pílulas que se deram conta de que ela, bem como eles, precisava de uma intervenção profissional mais direta.

Com Chrissie, a anoréxica que se tornou bulímica, a profundidade do problema era muito mais visível. Os pais viram que ela perdia peso num ritmo acelerado. Com o passar dos dias, também viram outras cenas que os fizeram preocupar-se ainda mais:

- Evitar lugares onde há comida: Chrissie costumava fazer a lição de casa na cozinha, mas agora fazia no quarto.
- Beber grandes quantidades de água. A coca-cola light era sua favorita; agora sua melhor amiga era uma garrafa de água.
- Hálito cheirando a pasta ou antisséptico bucal: Chrissie fazia isso sempre que ia ao banheiro. Assim como os alcoólatras tentam encobrir o cheiro do álcool, as garotas com transtornos alimentares encobrem o cheiro do vômito.

Seus pais não suportavam mais a preocupação, a tensão, o rosto pálido e a falta de interesse de Chrissie. Passaram a pedir conselhos a amigos, ao orientador da escola e a uma amiga que é assistente social. Eles sabiam, a partir do padrão de comportamento de Chrissie, que ela atravessara o limite entre a experiência com o comportamento anoréxico e se tornara efetivamente uma anoréxica-bulímica. Portanto, precisava de ajuda profissional.

Foi somente depois que toda a família iniciou a terapia que realmente entendeu esse limite que Chrissie tinha atravessado. Depois que uma pessoa não come o suficiente por um bom período de tempo e perde uma quantidade significativa de massa muscular, a química do cérebro é afetada e a percepção distorcida. Nesse caso, Chrissie já tinha chegado a esse estágio e não era mais capaz de ver sua situação com exatidão. A intervenção dos pais com a ajuda profissional foi essencial.

## Quando é Hora de Pedir Ajuda, Quem Procurar

As palavras de minha mãe, como sempre, vêm a mente. "Melhor prevenir do que remediar". Ou, na minha área, "Na dúvida, procure ajuda!" Mas de quem? Um orientador da escola? Um psicólogo? Uma assistente social? Um psiquiatra? Um pediatra? No caso de Tricia, houve um encaminhamento a um psiquiatra no hospital, e por lógica teria seguido com um psiquiatra ou psicólogo depois que já estivesse em casa, mas não foi meu título profissional que a trouxe até mim. Ela confiava no irmão, que confiava em mim. Ela sentiu essa conexão e, felizmente, sentiu a mesma conexão comigo. *E com as garotas, conectar-se com a pessoa com quem se está trabalhando é a variável mais importante.*

Peça referências às pessoas em quem você confia. Encontre alguém que tenha bastante experiência com o problema que você está enfrentando, tenha ótimas avaliações dos clientes e entreviste o profissional para ver se haverá um bom encaixe entre essa pessoa e a menina que você ama. Não existe um único profissional que seja capaz de lidar com todos os problemas e todas as garotas.

Também tenha em mente que cada tipo de profissional traz uma perspectiva diferente ao diagnóstico e plano de tratamento:

Pediatra: o estudo das doenças infantis

Assistente social: questões especialmente relacionadas a fatores sociais e culturais

Psicólogo: comportamento humano e sentimentos

Psiquiatra: medicina em relação ao comportamento e aos sentimentos

Ademais, cada categoria de profissional opera de maneira geral ou como especialista em determinada área. Por exemplo: alguns assistentes sociais se especializam em crianças que sofreram abuso, alguns psicólogos, na área de transtornos de aprendizagem, alguns psiquiatras, na área de distúrbios de pânico, alguns pediatras, na área de déficit de atenção. Existem problemas que são muito específicos e precisam de cuidados especializados. Problemas de aprendizagem e distúrbios alimentares estão nessa categoria.

Um dos pontos principais com as meninas é que elas precisam gostar e respeitar a pessoa com quem estão trabalhando e não se trata apenas de uma questão de capacidade e talento. Ao conversar com as garotas, precisa haver um vínculo, uma conexão, um carinho, de preferência com uma pessoa que seja inteligente e talentosa, acima de tudo. Essa é a ordem do dia. Então, jogue sua rede para pescar referências, utilize seu tempo para entrevistar os profissionais e acompanhe tanto o terapeuta como sua filha para ver se a combinação deu certo.

A mudança é demorada e é importante dar tempo suficiente para que qualquer profissional trabalhe. Se sua filha disser que não gosta do orientador ou do terapeuta, ou que seu trabalho em conjunto não é útil, pode ser difícil distinguir se essa é uma percepção válida à qual você deve dar ouvidos ou não. É óbvio que sua filha pode resistir ou relutar contra a mudança, caso contrário não estaria nessa situação, para começo de conversa. Isso também acontece com as mudanças de locais, como a de escolas, para Marta. Tudo foi muito difícil no começo, Marta não queria que as coisas funcionassem, mas seus pais se mantiveram firmes e estabeleceram um limite de tempo que não era negociável: ela tinha de que ficar ali até o final do ano escolar, o que significava seis meses. Quase contra a vontade, Marta começou a gostar do que fazia na escola e muito lentamente passou a brigar menos com as pessoas. O mesmo se dá ao procurar um profissional. Converse com esse orientador externo para determinar desde o começo qual deve ser o período de experiência e avise sua filha que ela terá de segui-lo, como qualquer outra regra básica, para dar chance às pessoas e aos fatos e cumprir os compromissos.

## Sob Pressão para Estar à Altura da Escola

Problemas sérios de saúde e segurança merecem atenção quando chegam a discussões relacionadas aos pais, mas provavelmente a fonte predominante de preocupação e tensão crônicas entre pais e garotas hoje em dia seja sua atuação na escola.

Pergunte a qualquer educadora madura, e ela levará as mãos à cabeça quando você tocar no assunto de notas e provas, assim como o fará a maioria dos pais. Na nossa cultura e nesse momento em nossa sociedade, esses valores são apenas um fato da vida, mas trazem consigo uma série de altos e baixos para todos os envolvidos.

Os Smiths marcaram uma consulta comigo por estarem em pânico com o desempenho escolar de sua filha. Fiquei perplexa, porque sabia que Noreen era uma aluna boa e consciensiosa e eu acabara de ler seu nome na lista de honra ao mérito. Essa escola todo ano aplicava testes padronizados para avaliar as realizações e enviava os resultados aos pais. Os Smiths vieram com as notas na mão. O relatório dizia que Noreen estava acima da média em tudo; suas notas variavam entre 60% e 90%. Os Smiths estavam aborrecidos porque as notas não combinavam com a média de pontos de Noreen e queriam saber o que isso significava e no que influenciava para as notas dos futuros testes, se interferia na possibilidade de fazer cursos avançados no ensino médio (agora ela estava na sétima série) e se revelava um problema de aprendizagem.

Noreen também estava aborrecida, disseram, e preocupada com a maneira com que os professores veriam sua habilidade e capacidade como aluna. O Sr. Smith era presidente de várias organizações da comunidade. Eu sabia que Noreen respeitava seus pais e os via como pessoas de sucesso e que queria o mesmo para ela. Preocupava-se muito em estar à altura de seus exemplos. Eu acreditava que a diferença entre suas notas no teste e na escola se devia à sua motivação e trabalho árduo. Ela era inteligente, mas não um gênio. Portanto, seu aproveitamento de 100% na escola era pela combinação de capacidade e trabalho árduo.

Conforme conversávamos, ficou claro que os Smiths eram muito carinhosos e nunca exerceram uma pressão evidente sobre Noreen. Nem era preciso: toda a família, incluindo seu irmão mais velho, era modelo de alto nível de sucesso. Quando perguntei aos Smiths por que se preocupavam com as notas do teste, eles basicamente disseram que não queriam quaisquer obstáculos no caminho de sucesso de Noreen. E, se algo pudesse ser feito imediatamente para remover esses obstáculos específicos, queriam fazê-lo. Sob o imenso senso de responsabilidade dos pais, no entanto, estava o medo de que Noreen não pudesse ser capaz de se realizar. Também admitiram que seria devastador tanto para eles como para a filha se ela não pudesse futuramente estar nas classes avançadas (e tudo o que isso significava).

Quando pressionados novamente para me dizer o que o sucesso significava para eles e por que era importante, eles, como a maioria dos pais, chegaram à conclusão: "Queremos que Noreen seja feliz". Mas seu pai acrescentou: "E, para ser feliz no mundo, é preciso ter sucesso".

Ali estávamos nós: dois pais preocupados, uma garota que dava o melhor de si na escola e se saía muito bem, e uma evidência preliminar de que ela teria de se esforçar muito para ficar no topo da pirâmide acadêmica, porque não era brilhante em tudo. Os Smiths vieram até mim na esperança de ouvir que havia uma maneira de Noreen melhorar as notas do teste ou que se houvesse algum problema de aprendizagem seria resolvido com sessões particulares de estudo. Mas em vez disso, era o espinhoso, e comum, problema de estar à altura de padrões que não consideram a vasta diferença entre indivíduos.

O assunto se transformou em várias conversas com os Smiths e Noreen. Revimos sua documentação escolar e reconhecemos o modo incrível com que havia trabalhado e obtido sucesso por tantos anos. Passamos a discutir sobre o melhor de cada um e como, às vezes, é difícil não estar na lista dos melhores da classe. Algumas discussões foram centralizadas em como realizar provas padronizadas e técnicas que ajudam a melhorar as notas de alguma maneira. Mas também passamos boa parte do tempo conversando sobre os objetivos de Noreen e sua família para o futuro e qual o melhor direcionamento para atingi-los, com os talentos e habilidades que ela possuía.

Por fim, Noreen continuou se esforçando da mesma maneira e recebendo boas notas. Mas acredito que ela e seus pais passaram a apreciar melhor suas conquistas pelo que realmente significavam. E, quando avaliações como uma nota B ou 70% em um teste padronizado surgiram, incomodaram-nos muito menos.

## Ensinando e Aprendendo Lições para a Vida

Em um momento ou outro, todos erramos em nossos julgamentos ou damos um passo errado e encontramos águas profundas. O mesmo acontecerá com sua filha e também com você. Cometer erros, dar passos errados, ter atividades nada inteligentes e às vezes até perigosas fazem parte da negociação com a vida e da descoberta de nossos pontos fortes e fracos, como filhos *e* pais. Não existem respostas perfeitas, mas, se houver um exemplo de pais perfeitos, são aqueles que se preocupam o suficiente para vencer os momentos difíceis: prestam atenção, escutam os filhos, acompanham as preocupações e os incluem no processo de aprendizagem.

Finalmente, a influência dos pais foi vista de maneira separada para mães e pais nos capítulos anteriores. Esse também é um conceito relevante, aqui. Sendo pai, ao reagir à pressão ou aos problemas, você não está apenas agindo por si, mas está servindo como um ensaio para sua filha; um aprendizado prático, na verdade, que vai modelar a maneira de ela pensar e atuar sob pressão, de formar seu julgamento. Lembre-se: qualquer desafio que sua filha enfrente oferece uma oportunidade para aprender – tanto para você, como para sua filha!

---

### Pérolas para os Pais e Pérolas para as Garotas

- Dê ouvidos aos seus instintos.
- Não banque o salva-vidas. Você não pode resolver nem ser tudo o que sua filha precisa quando ela está com problemas. Conheça suas limitações, procure apoio e assistência quando a preocupação começar.
- Fique ligada. Converse com sua filha sobre suas preocupações e entre em contato com sua rede de adultos confiáveis para verificar a veracidade de suas emoções e julgamentos.
- Encoraje o crescimento que vem pelo trabalho árduo, pela luta e até mesmo pelos erros. Deixe-a cair e lidar com as conseqüências naturais tanto quanto possa agüentar.
- Quando precisar dizer "não" e cair na impopularidade da sua filha, acrescente: "Seria mais fácil ceder e dizer 'sim', mas amo você o suficiente para fazer o que é realmente difícil para mim".
- Quando não estiver no meio de uma crise, diga que ela sempre pode conversar com você sobre qualquer coisa e que significaria muito para você se ela o fizesse.
- Vá sempre ao quarto dela para dizer boa-noite, especialmente se passaram um dia difícil juntas.

CAPÍTULO **10**

# Garotas em Ação: A Mágica do Fazer

*"Eu nunca esquecerei a sensação de ser forte, o sentimento que vem quando você completa sua tarefa e é muito recompensada. Isso vale um milhão de dólares!"*

— Emily, 14 anos

Anos atrás, quando eu trabalhava em uma escola de ensino médio, pediram que eu visse uma garota cujo número de faltas batia todos os recordes. Cecelia veio, preguiçosa, falar comigo em um dia em que conseguiu ir à escola. Na verdade, ela foi levada até mim. Perguntei quais eram as conseqüências de faltar às aulas de maneira contínua. Ela deu risada e disse: "A gente leva suspensão!" Esse era o sonho de todo aluno ausente.

Enquanto me preparava para iniciar uma longa sessão, encontrei na sala um garoto chamado Joey, que estava tentando conversar comigo porque ia muito mal na escola. Seus pais tinham acabado de se separar e ele estava realmente perdido. *Ahá!* Disse aos dois que precisava ir rapidamente até o banheiro e pedi a Cecelia que ajudasse Joey com sua lição de matemática por alguns minutos, enquanto eu estivesse fora. Bem, eu sabia que precisava ficar longe dos dois por um pouco mais de tempo. Voltei meia hora depois para encontrá-los com as cabeças inclinadas sobre um pedaço de papel.

Enquanto saía, Joey abriu um sorriso lindo para Cecelia e disse: "Você vai estar aqui amanhã?" Eu não poderia ter dito um texto melhor!

Mas Cecelia, a adolescente largada, bocejou e disse: "Talvez sim, talvez não".

Joey fez cara de cachorro sem dono e saiu. O sinal tocou, Cecelia levantou e saiu lentamente sem dizer nada. No dia seguinte, ela não foi à escola, mas, quando apareceu novamente (com certa ajuda da coordenação), descobriu que Joey havia pendurado um desenho dele no seu armário. Foi o que bastou e a história teve final feliz para essa dupla professor–aprendiz.

Em seu trabalho com Joey, Cecelia descobriu aquilo que chamo de "mágica do fazer", a etapa mais importante de experiência que uma garota pode ter para desenvolver uma forte auto-estima. Lembre-se dos três Cs da auto-estima: competência, confiança e conexão. Cecelia, levada de volta à escola por essa via tortuosa da conexão com Joey, foi capaz de vivenciar a própria competência – em matemática e na sua capacidade de ajudar alguém com problemas na escola – e desenvolver a confiança em si mesma como uma pessoa valiosa naquele contexto.

*Fazer* desenvolve os três Cs de maneiras diferentes, com resultados que transformam a vida de uma garota. Em termos da ginástica emocional, *fazer* permite-nos trabalhar os três diferentes músculos emocionais que geralmente são desenvolvidos de maneira desigual nas garotas. Em termos de química e matemática, a mágica do fazer pega 1 + 1 + 1 e mistura tudo em um 10 perfeito!

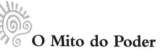
## O Mito do Poder

Cada um de nós tem uma lista de palavras ou frases que simplesmente acionam nossos botões: deixam-nos fervendo e determinados a quebrar o recorde. Uma das minhas frases é *dar poder*. Quando você liga um liquidificador elétrico, dá-lhe o poder de fazer milk-shake; quando você enche o tanque do carro, coloca a chave na ignição e pressiona o acelerador, você concede ao carro o poder de se mover. Suponho que o termo possa ser usado de poucas maneiras para se referir às condições humanas: injeções de insulina dão poder ao corpo para que ele decomponha as moléculas de açúcar ou, para usar um exemplo restrito a mim, a terapia de reposição hormonal pode dar poder à minha memória de curto prazo para que ela funcione melhor!

Não costumo ser chata em relação às escolhas de palavras o tempo todo, mas há muita conversa sobre conceder poder às garotas e a frase em si leva a muitos mal-entendidos e maneiras ineficientes de pensar sobre o que podemos fazer para ver as garotas se tornarem seres humanos saudáveis e prósperos. A palavra-chave aqui é "tornar-se". Esse termo realmente conota um processo, algo que acontece com o tempo e está relacionado ao desenvolvimento ou crescimento do organismo. Não podemos dar poder às garotas. Não existe um botão mágico, nem combustível, nem injeção, nem pílula. O poder, a confiança ou competência crescente de uma garota certamente está relacionado ao que acontece em sua vida, incluindo o que nós, e os outros, fazemos ou dizemos; mais especificamente, no entanto, o poder emerge de como ela reage ao mundo e como se vê, sendo agente ativo no mundo. Não podemos *fazer* com que seja competente. Não podemos lhe *dar* confiança. Não podemos *forjar* a conexão entre ela e os outros.

Podemos criar ambientes que apóiem e encorajem as garotas e intencionalmente fornecer oportunidades para que se engajem ativamente na mágica do fazer. Freqüentemente, quando os pais ou uma professora vêm até mim com uma "garota-problema", para quem "nada parece funcionar", uma dose concentrada de terapia da ação – fazer – coloca a garota em contato com as próprias fontes, o que é sempre um primeiro passo significativo na direção certa. A terapia da ação não precisa incluir terapia no sentido tradicional, embora possa acontecer. A parte crítica é a ação em si – o fazer – e o compromisso de ajudar uma garota a se conectar com as oportunidades, ou criá-las, para uma autodescoberta por meio do envolvimento ativo.

## Carência de Poder na Auto-Estima das Garotas

Embora não haja estudos científicos controlados rigidamente para provar, a maioria dos profissionais da área e observadores cuidadosos dos seres humanos concordariam que a auto-estima é o ingrediente-chave para uma garota de sucesso. Entretanto, começando com o estudo marcante de

1991, intitulado *Shortchanging Girls, Shortchanging America*[1], da American Association of University Women, houve numerosos estudos que reúnem dados demonstrativos de que a auto-estima das garotas, em geral, é mais baixa que a dos garotos, em todas as idades. Uma análise mais detalhada indica que a auto-estima das garotas cai drasticamente por volta dos 10 anos e durante a adolescência.

Não há muitos trabalhos realizados para além da adolescência, mas meu trabalho como terapeuta e discussões com várias mulheres adultas me levam a estimar que, para muitas, alcançar o nível de auto-estima que saborearam antes dos 10 anos freqüentemente leva várias décadas. Na minha geração, existem muitos relatos de mulheres que não alcançam esse nível novamente antes dos 40 anos. É um período muito longo – três décadas – para não estar funcionando com carga total de auto-estima.

Não é de surpreender que se deseje dar poder a essa geração de garotas com tanta urgência! Sabemos que muitas delas, um pouco mais para a frente, ficarão três décadas sem poder. Gostaria de inventar um recarregador especial, como os usados para recarregar a bateria dos carros, no qual pudéssemos ligar todas as garotas durante a noite enquanto estivessem dormindo e *voilá!* uma unidade feminina completamente carregada com auto-estima, pronta para o mundo a cada dia! Por mais estúpido que pareça, já vimos fantasias equivalentes na educação e nos nossos melhores, mas equivocados, esforços de vez em quando.

## "Sentir-se Bem Consigo Mesma" Não é Suficiente

Na década de 80 houve grande tendência nas escolas para a chamada *educação afetiva*. Reduzindo esses programas à sua essência, eles foram projetados para fazer com que as crianças se sentissem bem consigo mesmas. Em geral, fundamentavam-se na premissa de que, se as crianças se amassem e se sentissem amadas, teriam uma ótima auto-estima. O ser, a análise do ser e a apreciação do ser eram freqüentemente o centro dos programas educacionais bem-sucedidos. Entretanto, ficou bastante claro que não eram eficientes. Concentrar-se no ser não aumenta a auto-esti-

---

1. A pesquisa pode ser encontrada em inglês em www.aauw.org/research/SGSA.pdf. (N. do T.)

ma, mas pode aumentar o egoísmo. Conectar-se com outro ser humano, fazer parte de um grupo ou comunidade, dar e cuidar são todos exemplos de conexão. É voltando-se para o exterior e não para o interior que o ser é aprimorado. Na verdade, conforme nós, enquanto cultura e sociedade, crescemos no materialismo e nos concentramos mais nas necessidades do ser, existe uma evidência inicial de que estamos facilitando o egoísmo – não a auto-estima – em nossas crianças. Não estou dizendo que você deveria parar tudo o que faz e diz para fazer com que uma garota se sinta amada – o que seria essencial para o bem-estar dela, mas não o suficiente para aprimorar sua auto-estima.

Então o que seria? Qual a alternativa para aquele recarregador mágico que dá poder às garotas? Quando faço essa pergunta aos meus ouvintes, invariavelmente alguém sugere que é a aparência ou a beleza. Minha resposta: Marilyn Monroe. A rainha sexy do cinema das décadas de 40 e 50, que viveu uma vida recheada de decepções profundas, divórcios e drogas, antes de morrer "dormindo" pouco depois de completar 36 anos. A beleza não lhe foi o suficiente.

Existem muitas mulheres incrivelmente belas com péssima auto-estima. Na verdade, para algumas mulheres, ser muito atraente pode até surtir efeito adverso na auto-estima. Conversei com muitas adolescentes que repetem a suposição de que sua popularidade com os garotos e, portanto, sua popularidade em geral, é devida à sua aparência. Com o tempo, isso pode levar uma menina a questionar seu valor como pessoa ou acreditar que a aparência é tudo o que importa para o mundo. É o que também acontece com as garotas na outra extremidade da linha, que percebem que o mundo não as considera atraentes. Você nunca viu uma garota deixar passar a oportunidade de fazer o que queria porque estava aborrecida com sua aparência? Será que qualquer um de nós *não* conhece uma garota que teve semelhante atitude? (Toda mulher conhece uma, e provavelmente tenha sido uma delas em algum momento.)

Se a atração não assegura a auto-estima, então a pressão de nossa sociedade para que as garotas sejam o mais belas possível é problemática. As meninas acreditam que só serão felizes se forem mais magras ou mais bonitas ou se tiverem os seios maiores. Não estou dizendo que não haja correlação entre nossa aparência e o que sentimos a nosso respeito. Todas sabemos que se nosso cabelo estiver ruim pode exercer um efeito dramático na nossa confiança e nível de conforto. Atributos físicos podem afetar nosso autoconceito geral, especialmente quando somos mais jovens e estamos tentando nos misturar na camuflagem do nosso grupo de amigos. Não é o suficiente para garantir a auto-estima.

A inteligência e o dinheiro também não.

Dinheiro e auto-estima? Ganhar dinheiro é uma coisa; recebê-lo é outra. Para muitas garotas, hoje, um ou ambos os pais trabalharam arduamente para conseguir a segurança financeira e a fartura e, por essa razão, sentem-se muito bem. O fato de batalhar e vencer ajudou a aprimorar a sensação de conquista e auto-estima dos pais, mas o fato de cercar-se de bens materiais freqüentemente não impressiona os filhos, que se sentem beneficiados e vazios. O dinheiro só complica os problemas de auto-estima, especialmente no mundo das meninas, onde ele pode comprar as fachadas da moda, mas poucas vezes é investido em experiências construtivas.

Inteligência e auto-estima? Tem certeza de que se logra alguma coisa sendo inteligente? Não necessariamente, ainda mais se for uma garota. Nas gerações anteriores de mulheres, boa parte do problema era a capacidade da mulher, freqüentemente maior do que a existência de oportunidades para ela. Hoje, com as portas abertas e com a aceitação social de garotas inteligentes estar o tempo todo em alta, a inteligência tem um peso muito mais positivo como ferramenta. Mas esse fato não é verdadeiro em todo lugar que uma garota vá, seja na escola, na igreja, na comunidade e na própria família; nem mesmo na mente de toda garota. Se a inteligência fosse refletida diretamente no nosso nível de auto-estima, então toda mulher com um alto QI teria uma auto-estima incrível, toda mulher com um QI moderado teria uma auto-estima moderada e toda mulher com um QI baixo teria uma baixa auto-estima – e esse não é o caso. A inteligência pode ser uma faca de dois gumes aqui; as pessoas que descrevemos como dotadas, sendo consideradas como uma população, relatam mais problemas mentais, sociais e de saúde do que a população em geral. Assim, embora as mulheres inteligentes possam ter boa auto-estima, não é o QI que a produz.

Muitas vezes tentamos animar uma garota, dizendo que ela é maravilhosa, inteligente, legal, preciosa ou também muito estimada. Geralmente é um sinal de que o adulto que está falando reconhece que sua auto-estima está baixa e tenta o velho método da educação afetiva – *Se disser tudo isso, ela acreditará em mim e começará a acreditar em si mesma.* Uma menina nunca ficou machucada por ouvir a expressão genuína de uma apreciação, mas elogios, por si só, não mudam o modo de ela se ver. A auto-estima é o conceito definitivo, o projeto que deve ser feito por si mesmo.

## Emily: Da Região Agreste para a Busca da Autodescoberta

Emily tinha 13 anos, estava brava e triste com o divórcio dos pais e por causa da mudança que a separava de suas amigas mais próximas, quando foi enviada para um acampamento selvagem em Idaho, para passar seis semanas de muito desafio. Nos primeiros dias, os campistas aprenderam o básico sobre preparar mochilas e como sobreviver, e praticaram o trabalho em equipe e a responsabilidade em um terreno geográfico duro e impiedoso. Dia após dia, conforme ficava mais forte fisicamente, ela também começou a sentir um tipo diferente de força interna que antes não tinha se dado conta de que possuía. Em determinado momento, após longa caminhada, ela torceu o tornozelo na trilha, mas ainda conseguiu carregar sua mochila e parte dos pertences de outro campista, de modo que o time conseguiu chegar ao acampamento central antes que a comida e a água acabassem. Outros momentos ao longo do percurso forçaram-na a procurar energia, paciência e coragem, atributos que ela não sabia ter. O que ela encontrou dentro de si mesma surpreendeu-a, a princípio, para depois deixá-la maravilhada.

Quando voltou para casa, seis semanas depois, nada mudara muito por lá, mas ela descobriu que tinha mudado consideravelmente e disse, recordando a experiência em uma conversa cerca de um ano depois:

"No ponto em que estava antes, eu só procurava atenção", disse ela, referindo-se aos ataques de raiva e outros comportamentos autodestrutivos que costumava ter antes do acampamento de verão. Sua experiência com a região agreste ensinou-a muito sobre sobreviver em um ambiente difícil, e mais ainda sobre sua região interior.

"Aprendi que não é preciso obter atenção para estar feliz consigo mesma. Posso escalar uma montanha. Posso carregar uma mochila. Não preciso tratar as pessoas feito lixo para conseguir o que quero. Não importa minha aparência ou com quem estou lidando – só preciso olhar para dentro de mim mesma para encontrar a resposta."

Sua experiência levou-a para mais perto da natureza e para a natureza da experiência humana: "Tornei-me mais paciente com as coisas", disse. "Ao subir uma montanha, não se pode correr... é preciso acompanhar o grupo. É preciso pensar nas outras pessoas e não apenas em si mesma."

"Estar fora dos limites conhecidos transformou meu ponto de visão das coisas para uma perspectiva diferente", disse Emily. "Apesar de ir e vir para a escola, algumas vezes você tem pensamentos como 'Eu não posso passar nessa prova', e pensa menos de você mesma, mas agora eu posso dizer que já tinha andado vários quilômetros nessa trilha e não conseguia mais dobrar as pernas com tranqüilidade, mas continuei a caminhada. Caminhei 15 quilômetros com o tornozelo torcido. Essa sou eu. É assim que sou!"

## A Psicologia dos "3Cs" na Auto-Estima

Por que o *fazer* funciona? De onde vem a mágica? Pesquisas inovadoras na psicologia e na química do cérebro estão começando a dar atenção às áreas complicadas do cérebro e a questionar quanto do nosso pensamento e sentimento está relacionado com a neurologia e a química do corpo. A predisposição das mulheres para depressão, ansiedade e medo foi discutida nos capítulos anteriores. Esse é um problema real para elas, já que se relaciona com suas atividades diárias, as quais desenvolvem a auto-estima. Medo e ansiedade provocam fuga e evasão – não os riscos assumidos e a determinação necessária para enfrentar desafios que ajudarão no seu crescimento. Há fontes fidedignas de que a depressão é um inibidor da ação. Então, com os três elementos, o tipo de ação que é positivamente ativo é inibido pelo sistema límbico que estamos tentando aprimorar com sentimentos de confiança, competência e conexão.

É por esse motivo que a terapia de ação é tão importante e por que digo para as meninas: "Sei que você está com medo, triste, ansiosa, mas você precisa *fazer* assim mesmo".

A outra questão química e cerebral está relacionada com as endorfinas. A atividade física, especialmente a atividade física sustentada, faz com que o corpo produza endorfinas, as quais fazem o cérebro produzir mais serotonina. A serotonina aprimora a condução dos neurotransmissores e causa sensação de bem-estar. Portanto, *fazer* tem impacto fisiológico além de psicológico, provocando um conforto duplo para as mulheres. Ainda não há uma pesquisa conclusiva, mas faz sentido lógico dizer que, quando uma garota tem a sensação geral de bem-estar, está mais apta a tentar e fazer os tipos de coisas que constroem a competência, a confiança e a conexão.

### Faço, Logo Existo. Mas Fazer o Quê?

Se o fazer proporciona sentimento de mais confiança, competência e conexão, e sentir-se confiante, competente e conectada resulta em uma auto-estima sólida, então "fazer o que" é a próxima pergunta. A resposta não tão simples, mas simples de ouvir é: qualquer coisa que deixe uma garota sentir-se confiante, competente e conectada. E, assim como tudo relacionado aos seres humanos, varia tremendamente de indivíduo para indivíduo. Mas, ao olharmos para o mundo e o mundo das garotas, três categorias-chave emergem.

### O Fazer Atlético: Corpo São, Mente Sã

Acesso, sucesso e visibilidade mudaram o mundo das garotas e do atletismo. Agora é quase o oposto do que era há duas décadas: garotas não participam de esportes que não estejam na moda. Há muitos dados correlacionados indicadores de que as garotas participantes de esportes não apenas desenvolvem habilidades bastante úteis de liderança, solução de problemas e coordenação física, como também acrescentam confiança, competência e conexão a seu repertório. Na verdade, provavelmente mais do que qualquer outra categoria, os esportes possam fazer tudo isso. Desenvolvendo habilidades como jogadora de basquete, a garota se sente mais competente. Quando marca pontos ou bloqueia lançamentos, sente-se mais confiante; quando o time se reúne antes e depois do jogo, a sensação de conexão invade seu corpo. Até mesmo as meninas que estão na elite do basquete podem vivenciar os três Cs dessa maneira, especialmente se alguém que entende de garotas está treinando o time. Entretanto, estar em um time com um treinador muito crítico ou exigente pode causar efeito oposto em garotas sensíveis.

Observei uma garota de 10 anos lutar durante vários meses com a ginástica. O grande evento em sua escola era a apresentação de ginástica olímpica, depois das férias de primavera. Cada garota deveria desenvolver a própria rotina e realizá-la na frente de uma grande platéia de alunos. No ano anterior, ela viu a maioria de suas amigas acrescentar um salto-mortal aéreo em suas rotinas. Ela não conseguia fazê-lo, mesmo depois de horas de prática, o que a incomodava. Nesse ano, ela precisava incluir o salto em sua rotina, mas, cada vez que treinava, nunca conseguia fazê-lo. Suas amigas e familiares esperavam que ela decidisse simplesmente não incluir o salto quando chegasse a hora da apresentação. Ela havia melhorado tanto, desde o ano anterior, e todos estavam tão orgulhosos dela que não queriam que isso prejudicasse sua experiência. Mas ela não abandonou essa parte da rotina.

No dia da apresentação, quando chegou sua vez, a multidão de duzentas ginastas ficou surpreendentemente quieta quando a música começou para a rotina de Kim. Enquanto ela estava em um canto do tapete, pronta para a corrida anterior ao salto-mortal, pude sentir sua determinação e a tentativa da platéia em levitá-la por telepatia. Ela subiu, virou e caiu com os dois pés no chão e os braços erguidos, como se faz ao finalizar acrobacias olímpicas. O aplauso tomou conta do ginásio.

Nem todas as tentativas atléticas terminam assim, mesmo as aparentemente bem-sucedidas. Outra garota mais velha era a melhor tenista da escola. O técnico e o time contavam com ela para ganhar as partidas. Conforme entrou no ensino médio e no time representante da escola, não havia altas esperanças no campeonato estadual; todos estavam convencidos de que ela ganharia as partidas. O diretor da atlética chegou até mesmo a conversar com todos os professores sobre não haver aulas no dia anterior ao início do campeonato para que todo o corpo estudantil pudesse ir assisti-lo.

Os pais de Kim disseram que tirariam o dia de folga no trabalho. Até mesmo seu irmãozinho tinha algo legal a lhe dizer.

Ela veio me ver no meio da temporada para que eu a ajudasse a descobrir como sair do tênis. Pensei que talvez precisasse de ajuda para lidar com a pressão. Era verdade; a pressão era realmente muito grande. Mas o verdadeiro problema era que o tênis havia se tornado uma experiência sofrida tanto no nível físico como no emocional e ela sentia que estava interferindo em seu aprendizado, seu sono, saúde e bem-estar geral. Ela estava no segundo ano do ensino médio e tudo o que podia ver eram mais dois anos de tênis no colégio e uma grande pressão para continuar na faculdade, até mesmo para conseguir uma bolsa. Essa garota não era motivada pela competição, nem pela vitória, nem para ser melhor que os outros. Ela jogava tênis porque era naturalmente boa nesse esporte, tinha prazer em praticá-lo e gostava da camaradagem do jogo. Tudo isso tinha se perdido no grande desejo da vitória.

Seja qual for o esporte que pretenda encorajar sua filha a fazer, você vai precisar considerar a questão do tipo físico. Algumas meninas saem-se melhor com esportes de equipe, como futebol e basquete, outras em times pequenos, como corrida ou tênis e outras ainda são melhores em esportes individuais, como arco e flecha e esgrima. O temperamento, a personalidade e a capacidade física são parte da análise sobre qual esporte ou esportes são adequados para cada garota. Não há respostas mágicas nem receitas; é necessário somente pensar sobre o assunto, exercitar-se e tentar. Pode ser mais fácil se as garotas começarem a praticar esportes como recreação desde cedo em sua vida, mas não de forma competitiva. Nessa fase, todas as garotas estão experimentando em um estágio de aprendiz e não há (nem deveria haver!) pressões para o sucesso nem para ser uma estrela. A exceção disso é a garota altamente talentosa e habilidosa. Se ela tem o potencial e a motivação para a natação olímpica, então a estrada está aberta porque *ela* aponta o caminho.

Seria ótimo se todas as garotas pudessem praticar qualquer esporte, em algum momento, mesmo se não forem atletas talentosas. Aprimorar os três Cs é uma enorme recompensa, mas há outros benefícios em potencial. A produção de endorfinas decorrente da atividade física dá um empurrão bastante positivo em sua atitude e a atividade física a ajuda a manter-se em forma e forte. Com o tempo, os dois componentes elevam a sensação de bem-estar.

Também existe algo sobre o movimento físico, o trabalho árduo, o suor e o cuidado com o corpo, sem mencionar a beleza, que tem um efeito positivo muito mais difícil de definir. Portanto, tente encontrar alguma modalidade adequada a ela no mundo dos esportes. Tenha em mente que há uma ampla gama de opções, desde os esportes tradicionais da escola até andar a cavalo ou jogar frisbee.

## O Fazer Criativo: Mente sobre Matéria

Escrever, pintar, dançar, cantar, tocar tuba, inventar e programar o computador são formas do fazer criativo e preenchem o reservatório dos três Cs. Mas o coloco em segundo lugar porque, apesar do fazer criativo ser uma fonte poderosa para os benefícios do fazer, também tem suas desvantagens. Freqüentemente, as garotas são muito críticas quanto à sua produção. Olham para o que pintaram ou escreveram ou como é o som de sua voz sob um olhar analítico. É o que também acontece nos esportes, mas há algo em sua prática que a garota entende como um processo. Embora os empreendimentos criativos sejam também um processo, exigem um produto imediato e discernível e é onde reside o problema. Existe algo concreto para ver e para ser visto pelos outros. Muitas garotas tendem a querer ser boas ou "certas" desde o começo.

Andi sempre gostou de projetos simples de cerâmica nos primeiros anos de escola e aos 13 anos queria aprender a fazer algo mais. Mas, quando sua mãe tentou persuadi-la a fazer um curso de verão, ela hesitou. Recusou-se a fazer a matrícula para uma turma aberta de crianças de 12 a 13 anos porque disse que seria embaraçoso ser uma das alunas mais velhas ali com tão pouca experiência. Quando a mãe encontrou uma classe aberta para adolescentes de 13 a 18 anos, Andi também se recusou, dizendo que seria a mais jovem e a menos experiente!

É por motivos como esse que recomendo aos professores de educação artística do ensino médio mudarem a pintura de natureza-morta para uma atividade como usar uma câmera digital para fotografia e brincar com as várias maneiras de distorcer as imagens no computador. Assim não haverá um produto definitivo que seja comumente reconhecido como "bom", o que aliviaria a tendência perfeccionista das garotas e conservaria sua produção criativa como uma experiência positiva.

Carol Gilligan, em colaboração posterior com um profissional do teatro, trabalhou com garotas e mulheres no palco para reforçar sua expressão por meio da fala e da atuação. Esse é o poder dessa veia criativa. Se você não quiser contar ao mundo como se sente em relação aos saltos altos ou não tiver coragem de dizer à sua melhor amiga que odeia quando ela faz gozação sobre seu cabelo ruivo, você pode subir a um palco e soltar a sua voz. Isso me faz lembrar de Katharine Hepburn, quando foi entrevistada na TV, falando sobre como era tímida em público, no começo, e como várias vezes vomitou antes de subir aos palcos. Mesmo assim, quando finalmente entrava em cena, provava ser dona de uma voz incrível e uma presença poderosa que acabaram por traduzir uma voz mais confiante fora dos palcos.

## O Fazer Conectado: Sentindo a Força da Contribuição e do Companheirismo

Esse é provavelmente o encaixe mais natural para a maioria das mulheres por causa de nossa predisposição para cuidar e nutrir a espécie. Por causa disso, o fazer conectado nos dá uma dose dupla de boas sensações. Participar do Hábitat da Humanidade, ensinar jovens e crianças na sinagoga, levar os animais para passear no parque local, proteger o mico-leão-dourado ou simplesmente ler para o seu pai porque sua doença o mantém na cama por longos períodos são todas as formas do fazer conectado.

Os ingredientes principais: o foco não é na garota e a atividade é significativa tanto para quem a que realiza como para quem a recebe. Um milionário não receberá energias positivas ao dar um dólar para uma pessoa na rua nem ao dar um milhão de dólares se essa atitude for tão-somente para manter as pessoas que precisam de auxílio longe da porta de sua casa.

Arthur Koestler, um filósofo brilhante e observador dos seres humanos, criou o termo *holon*, que significa algo ser ao mesmo tempo o todo e parte dele, assim como o dedo é uma entidade completa e ao mesmo tempo parte da mão, que também é uma entidade completa, mas igualmente faz parte do braço. Arthur e outros filósofos sugeriram que os seres humanos acreditam erroneamente que esse processo acaba quando chegamos ao indivíduo como um todo. Para ele, a progressão continua: somos parte de nossas famílias, nossas comunidades, nosso país, nosso mundo, nosso universo.

Alguns psicólogos vão além e sugerem que é essa conexão entre o indivíduo como parte e aquelas opções como todo que está mais relacionada ao significado da vida e da saúde mental positiva. Você se lembra da garota diagnosticada com uma depressão clínica que simplesmente desapareceu quando, por fim, sentiu-se conectada com as amigas? Esse cenário se apresenta várias vezes na vida de uma mulher. Por que uma garota fica tão desarvorada quando o namorado termina o relacionamento ou quando, muitos anos depois, seus filhos abandonam o ninho? É claro que existem muitas razões, mas essa desconexão entre as pessoas e os outros é um componente colossal. Adoro o velho ditado que diz: "A felicidade é ter alguém para amar, uma coisa para fazer e algo para esperar". Seu autor é aquela pessoa muito famosa chamada Sr. Anônimo.

Essa conexão "holônica" de uma garota com outra pessoa, grupo ou causa é o componente final de sua forte essência, de uma garota florescente. É o antídoto para a ênfase extrema no ser – minha aparência, como me sinto, quanta experiência tenho de vida – tudo o que leva uma garota ao egoísmo ou à insatisfação, a síndrome de "insuficiente, nunca suficiente". Por outro lado, a excessiva ou extrema conexão ou generosidade podem ser prejudiciais à sua essência e diminuir a sensação de competência e confiança necessária para ser uma garota próspera. Assim, o fazer conectado precisa ser equilibrado, não apenas em termos de si mesmo e dos outros, como também em termos de conexão para o potencial consumo da competência e da confiança. Uma garota que está conectada demais aos outros pode estar a caminho de ser alguém agradável demais e finalmente uma pessoa muito infeliz e ineficiente.

## Experiências Não-Relacionadas ao Ser: Atrativo no Mundo em Liberdade

No capítulo anterior, falei sobre como é importante que as adolescentes e pré-adolescentes encontrem um interesse ou uma paixão que sirva como âncora, algo em que possam envolver-se e que as ajude a seguir o curso emocional durante os típicos períodos turbulentos dos anos de crescimento. Em *O Resgate de Ofélia*, Mary Pipher chamou a essa âncora de "Estrela-guia".

Mihaly Csikszentmihalyi, autor, professor e antigo chefe do departamento de psicologia da Universidade de Chicago, criou o termo *fluxo*, significando o estado da mente em que estamos plenamente envolvidos em um excelente pensamento.

As garotas cuja âncora ou estrela-guia é a leitura, por exemplo, podem usá-la para desaparecer do mundo, ou libertarem-se dentro de outro, pois as fortalece. Uma amiga minha foi recentemente diagnosticada com câncer; o consumo de leitura da filha aumentou para um livro por dia. Conheço outra menina que vai direto para o celeiro se teve um dia ruim na escola. Limpar o celeiro, escovar o cavalo e dar um passeio envolvem-na no *fluxo*.

Gostaria que as garotas tivessem uma âncora e um fluxo de experiência também. Mas acredito que elas se beneficiem mais, especialmente na adolescência, quando juntam sua âncora e seu fluxo de energia – e focalizam a atenção no que chamo de experiências não-relacionadas ao ser. Especialmente durante a fase adolescente da auto-absorção e auto-análise, enfatizar atividades e outras pessoas que não a si mesmas fornece o equilíbrio de que precisam. Assim como ajudar Joey foi um avanço para Cecelia na história que abriu este Capítulo, as experiências não-relacionadas ao ser acrescentam uma dimensão importante à experiência de cada garota sobre si mesma em relação aos outros.

Janine estava envergonhada do seu 13º aniversário – seu bat-mitzvah – quando decidiu que, como mitzvah (serviço comunitário), queria ser voluntária na Sociedade Protetora dos Animais local. Ela sempre adorou animais, embora mormente fora uma leitora dedicada sobre o assunto que salvou alguns animais órfãos em seu bairro. Era jovem demais para certos aspectos práticos do trabalho no abrigo, mas o supervisor concordou em deixá-la levar os cachorros para passear se a mãe fosse junto. Assim, as duas deram início a um compromisso semanal de três horas no abrigo de animais, onde ajudavam a limpar e a cuidar dos cachorros.

Dentro de poucos meses, a atitude madura de Janine em relação ao trabalho e seu relacionamento natural com os cães ficou evidente para todos no abrigo e seus pedidos insistentes para assumir mais tarefas finalmente foram atendidos. Seu trabalho mais parece uma extensão de si mesma, diz Janine, e se tivesse que escolher, faria ainda mais. "Eu gosto da responsabilidade. Tenho um emprego, sou de confiança e trabalho com adultos – e alguns deles acham que eu tenho 18 anos!"

A mágica do fazer está disponível para todas as garotas e em variedade suficiente para suprir os interesses de qualquer uma delas. As atividades que elevam a competência, a confiança e a conexão, em vários níveis, incluem esportes, qualquer atividade baseada no desempenho (teatro, dança, ginástica), falar em público, artes marciais, paredes de alpinismo, matemática ou outro curso cujo conteúdo seja voltado para garotas, treinamento nos estilos de aprendizagem, cursos de habilidade de estudo e programas com mentores, programas Irmã Mais Velha/Mais Nova, terapia com amigos, voluntariado (trabalhar em um centro contra a fome em vez de simplesmente levar bons alimentos para a escola) e ser uma líder estudantil, que é um significativo papel.

### Garotas em Ação: Uma Incrível Jornada do Fazer

Gostaria de dizer que atravessei os Estados Unidos de bicicleta com as meninas e mulheres extraordinárias que participaram do projeto Outward Bound's Girls on the Move 2000, durante dez semanas do final do verão e começo do outono daquele ano. Mas não o fiz. Entretanto, como membro do comitê e palestrante de reuniões e programas por todo o país, acompanhei essas mulheres nos vários segmentos da jornada desde Portland, Oregon, até a cidade de Nova York. Apreciei a oportunidade de visitar essas quase 75 ciclistas e membros da equipe de apoio, mulheres de 17 a 72 anos, e seus admiradores de costa a costa.

Por mais em forma que estivessem essas mulheres, esse desafio não se tratava de condicionamento físico. O propósito do Girls on the Move era celebrar a capacidade das mulheres de serem ativas, promover a coragem de fazer coisas importantes e difíceis e ensinar a todas nós que as mulheres podem fazer qualquer coisa. Assim, durante todo o percurso, festivais, palestras e visitas de escolas fizeram parte do evento. As mulheres escreveram poemas e músicas e contaram histórias para milhares de meninas, mulheres, homens e garotos nas escolas e reuniões públicas em todo o país. Elas foram além do limite físico em níveis inacreditáveis. Aqui estão alguns exemplos desse grupo de pessoas impressionantes:

Eu (mulher de joelho fraco) freqüentemente estava no furgão com o cachorro-guia de Nancy, que estava do lado de fora, pedalando em sua bicicleta de dois assentos. Como é cega, não podia pilotar, mas pedalava como um relâmpago e estava feliz por manter uma conversa constante de motivação com sua parceira de bicicleta.

Heidi escalava montanhas por profissão. Mas nos recessos escolares, quando apresentou o alfabeto com música e dança, as platéias escolares aplaudiram de pé. Ela é ótima comunicadora e artista, e é surda-muda.

A mãe de uma garota pré-adolescente passou o tempo da viagem mostrando exercícios de força e alongamento para suas colegas. Entretanto, durante as festas nas principais cidades, era ela quem deixava a platéia encantada com sua história de ter sido mãe solteira na adolescência. Suas histórias de freqüentar a faculdade com o bebê e como conseguiu se tornar uma profissional de sucesso deixavam o grupo de jovens sentindo que poderia fazer qualquer coisa, já que uma mulher tão pequena possuía essa força interna e externa (a definição dos seus músculos era bastante visível).

E eu nunca esquecerei a dupla de mãe e filha, B. J. e Robyn. Ambas tinham sobrevivido a um terrível acidente de carro no qual a outra filha de B. J. – a irmã de Robyn – faleceu. Nesse acidente, B. J. quebrou a maioria dos ossos do corpo e não se esperava que pudesse sair da cama novamente, que dirá pedalar 5.500 quilômetros de um canto a outro do país. Não consegui acompanhar seu ritmo no pequeno percurso de que participei. E Robyn contava sobre sua luta contra um transtorno alimentar por ter a mente fixa em possuir um corpo magro perfeito, durante o ensino médio e a faculdade. Aqui estava essa linda jovem (por dentro e por fora) esbanjando personalidade, talento, charme e inteligência. Como poderia ela ter enfraquecido sua auto-estima?

Essas mulheres e outras 50 pedalaram até o coração sair pela boca, recebendo o aceno das pessoas por várias cidades do país, e pararam em muitas escolas e cidades para conversar, apresentar-se e liderar garotas em paredes de alpinismo e outros desafios. Elas se conectaram umas com as outras e com muitas das pessoas que conheceram pelo caminho.

Em algum lugar do centro-oeste, um garoto em uma cadeira de rodas foi até um dos festivais com a irmã e a mãe. Ficou perplexo ao ver Candace, a ciclista mencionada anteriormente, que usava uma bicicleta com pedais na mão porque estava paralisada da cintura para baixo. Ela conversou com o público sobre como adorava participar das paraolimpíadas todos os anos. Depois disso, esse garoto foi conversar com ela. Ainda trago a imagem das duas cadeiras de rodas juntas e os dois conversando, animados. Na manhã seguinte, quando fui ajudar a retirar as bicicletas dos caminhões para mais um dia de ciclismo, fiquei surpresa ao ver a bicicleta de Candace sendo pedalada no estacionamento, já que ela estava bem na minha frente em sua cadeira de rodas. Seu jovem admirador estava testando o equipamento; dissera à mãe que competiria nas próximas paraolimpíadas.

Poucas semanas depois de o evento terminar, quando todos voltavam para seus estados natais, retornando à vida normal, recebi um e-mail de uma das jovens ciclistas. Ela tinha acabado de receber um e-mail de uma jovem em Idaho. Simplesmente dizia: "É provável que não se lembre de mim, mas você veio conversar comigo em um dia que estava visitando minha escola. Você disse que eu fazia você se lembrar de quando era pequena, porque também era tímida e não conversava muito na escola. Só queria que soubesse que acho você o máximo e gosto do jeito como fala na frente de um grupo e faz todo mundo achar você interessante. Daí, eu tentei conversar mais na classe e todo mundo percebeu. Obrigada!"

Que evento maravilhoso para as mulheres que participaram e para as garotas que observaram: todos os três modos do fazer se fundiram em somente um.

## Quanto é o Suficiente?

Seja esportes, seja empreendimentos criativos ou de conexão, participar dessas atividades por tempo suficiente desenvolve a auto-estima essencial das garotas. Quanto é o suficiente? Por quanto tempo uma garota deve praticar esportes? Quantas atividades criativas ela deve realizar? Ser voluntária na cozinha comunitária do Dia das Crianças é conexão suficiente?

Minha avó, que nunca usou uma só receita na vida, provavelmente tenha chegado próximo de responder a essa questão, quando telefonei para ela, enquanto tentava fazer com que minha colomba pascal tivesse o mesmo gosto que a dela. "Quanto devo pôr de baunilha, vovó?" Quase pude ver aquele pequeno sorriso que freqüentemente estava em seu rosto.

"Bem", disse ela, "continue colocando até parecer que é o suficiente e tiver o gosto certo. Você saberá." Portanto, minha resposta para a pergunta quanto é suficiente é que você simplesmente deve continuar adicionando experiências, até que pareça ser o suficiente. Acredite em mim, você saberá!

---

### Pérolas para os Pais e Pérolas para as Garotas

- Você não pode dar auto-estima à sua filha, mas, se for crítica ou exigente demais, pode anulá-la.
- Você pode fazer sugestões ou apoiar suas escolhas (como pagar pelas aulas de esgrima), mas será melhor se ela escolher os próprios caminhos do *fazer*.
- Evite promover o produto final da atividade como único objetivo (Ex.: ganhar prêmios, medalhas, troféus ou receber créditos).
- Sirva de exemplo para uma vida ativa com equilíbrio entre a atividade física, o trabalho e a criatividade e a conexão.
- Faça um contrato com sua filha no qual ela se comprometa a fazer alguma atividade em cada estação do ano. E você também!
- Acrescente esta frase ao seu vocabulário: "Não há problema em se sentir mal/triste/preocupada/assustada por algum tempo, mas agora é hora de *fazer* alguma coisa..."
- Crie uma tradição familiar de fazer algum tipo de trabalho voluntário ou doação que envolva toda a família, pelo menos uma vez ao ano.

# Epílogo: Garotas em Progresso

Um homem que gastou milhões em dinheiro para ir ao espaço com os astronautas voltou e disse que a parte mais valiosa da experiência foi a mudança de perspectiva. Seria ótimo se houvesse uma varinha de condão que pudesse transportar os pais e adultos mais significativos nas vidas das meninas para um lugar onde todos pudessem ganhar a sensação de perspectiva. Todos nos envolvemos tanto com o cotidiano da vida (e isso é necessário) e com as decisões a serem tomadas – e também fazendo as camadas do strudel – que às vezes é quase impossível termos uma visão de longo prazo.

Estou muito impressionada com a sensibilidade, confiança e força de nossas jovens mulheres – a longo prazo. Alguns acontecimentos bastante difíceis, traumáticos e desafiadores ocorreram nas vidas de muitas meninas (ou foram elas que os criaram para suas famílias e escola!) e mesmo assim a maioria delas se transforma em adultos vigorosos e saudáveis. Muitas mães se questionaram se deveriam ser honestas e divulgar alguns erros que cometeram e os terríveis julgamentos que fizeram quando crianças ou adolescentes. Quando começam a relatar suas histórias, é impressionante compará-las com a mulher feita, sentada à minha frente. Trabalho com meninas há tanto tempo que quase vi essa metamorfose entre as que conheci quando crianças e reencontrei, mais tarde, como jovens mulheres!

Quando era administradora e estava entrevistando uma candidata ao cargo de professora, uma de minhas antigas alunas candidatou-se ao emprego. Ela confessou que quase não fora porque tinha sido uma aluna muito desordeira e estava certa de que seu histórico pesaria contra ela em sua tentativa de lecionar. Muitos flashes de memória dos anos em que ela nos enlouqueceu vieram à minha mente naqueles poucos instantes antes de responder. Suas referências como professora eram excelentes, as crianças adoraram o dia em que ela passou na classe e os outros professores sentiram que ela seria uma ótima aquisição para o corpo docente. Ela acabou sendo uma das professoras mais talentosas e amadas. Dez anos atrás os pais dela e eu teríamos ficado perplexos só de pensar nessa hipótese!

Nossas esperanças e sonhos como adultos nas vidas das garotas é que elas se tornem seres humanos saudáveis, felizes e prósperos. Rezamos para que todas as nossas preocupações, trabalho, cuidados e sonhos se traduzam em uma jovem mulher que interfira no mundo e esteja feliz em ser quem é. Queremos fazer um trabalho bom e responsável como pais. A parte difícil é a jornada, porque nunca se viu um caminho totalmente suave para qualquer garota ou para seus pais.

Se você usou seu tempo para ler este livro e pensar no efeito que tem sobre a garota que ama, as chances são muito altas de que tenha feito e continuará fazendo um bom trabalho. Saiba apenas que os obstáculos na estrada podem trazer alguns dias difíceis e exigir que você pegue um desvio ou que pare para descansar; mas quase sempre nos transformaram – garotas, pais e professores – em viajantes mais inteligentes e preparados para a jornada de uma vida.

Impressão e Acabamento
Oesp Gráfica S.A. (Com Filmes Fornecidos Pelo Editor)
Depto. Comercial: Alameda Araguaia, 1.901 - Tamboré - Barueri - SP
Tel. 4195 - 1805    Fax: 4195 - 1384

# CADASTRO DO LEITOR

- Vamos informar-lhe sobre nossos lançamentos e atividades
- Favor preencher todos os campos

Nome Completo (não abreviar):

Endereço para Correspondência:

Bairro:     Cidade:     UF:     Cep:

Telefone:     Celular:     E-mail:     Sexo: F ☐ M ☐

Escolaridade:
- ☐ 1º Grau
- ☐ MBA
- ☐ 2º Grau
- ☐ Mestrado
- ☐ 3º Grau
- ☐ Doutorado
- ☐ Pós-Graduação
- ☐ Outros (especificar): _____

Obra: **Filhas São Filhas — JoAnn Deak, Ph.D.**

Classificação: **Parenting**

Outras áreas de interesse:

Quantos livros compra por mês?: _____ por ano? _____

Profissão:

Cargo:

**Como teve conhecimento do livro?**
- ☐ Jornal / Revista. Qual? _____
- ☐ Indicação. Quem? _____
- ☐ Internet (especificar *site*): _____
- ☐ Mala-Direta:
- ☐ Visitando livraria. Qual? _____
- ☐ Outros (especificar): _____

Enviar para os faxes: **(11) 3079-8067/(11) 3079-3147**

ou e-mail: **vendas.mbooks@terra.com.br**

## M.Books

M. Books do Brasil Editora Ltda.

Av. Brigadeiro Faria Lima, 1993 - 5º andar - Cj 51
01452-001 - São Paulo - SP  Telefones: (11) 3168-8242/(11) 3168-9420
Fax: (11) 3079-3147 - e-mail: vendas.mbooks@terra.com.br

DOBRE AQUI E COLE

## CARTA – RESPOSTA
NÃO É NECESSÁRIO SELAR

O selo será pago por
**M. BOOKS DO BRASIL EDITORA LTDA**

**AC Itaim Bibi**
04533-970 - São Paulo - SP

DOBRE AQUI

End.:
Rem.: